高等院校跨境电子商务规划教材

电子商务数据
分析与应用

邹益民 李瑶锦 陈浙斌 ／ 主 编

马瑞学 葛振林 隋东旭 ／ 副主编

ANALYSIS AND
APPLICATION OF E-COMMERCE DATA

ZHEJIANG UNIVERSITY PRESS

浙江大学出版社

图书在版编目（CIP）数据

电子商务数据分析与应用 / 邹益民，李瑶锦，陈浙斌
主编. — 杭州 ：浙江大学出版社，2021.9
　　ISBN 978-7-308-21593-0

　　Ⅰ．①电… Ⅱ．①邹… ②李… ③陈… Ⅲ．①电子商
务－数据处理 Ⅳ．①F713.36②TP274

中国版本图书馆CIP数据核字(2021)第140941号

电子商务数据分析与应用

邹益民　李瑶锦　陈浙斌　主编

责任编辑	曾　熙（zxpeggy@zju.edu.cn）
责任校对	傅宏梁
装帧设计	春天书装
出版发行	浙江大学出版社
	（杭州市天目山路148号　　邮政编码　310007）
	（网址：http：//www.zjupress.com）
排　版	杭州林智广告有限公司
印　刷	杭州良诸印刷有限公司
开　本	787mm×1092mm　1/16
印　张	14.75
字　数	329千
版 印 次	2021年9月第1版　2021年9月第1次印刷
书　号	ISBN 978-7-308-21593-0
定　价	45.00元

随着大数据和人工智能时代的到来，数据分析在产品开发设计、市场规范、产品运营、客户管理等许多业务流程中的作用越发显现。越来越多的企业意识到数据的价值，通过数据驱动业务来实现数据化运营逐渐成为共识。在电子商务应用领域，尤其是网络零售业，通过对重要指标数据的分析能够了解企业的运营状况，准确地获取客户动向，发现更多潜在客户，从而帮助企业提升客户体验，更好地提升经营业绩。

本书采用理论实战与拓展实训相结合的方式设置体例，力图将复杂的数据分析问题用简单、浅显、易懂的案例进行全面、详细、深刻且独特的解析。本书共分为十章，主要内容包括绪论、电子商务数据的采集、电子商务数据清洗与处理、电子商务行业数据分析、电子商务运营数据分析、电子商务供应链数据分析、电子商务客户数据分析、电子商务利润数据分析、电子商务数据可视化、电子商务数据分析报告，全方位地介绍了电子商务相关数据知识。

在编写教材的过程中，我们积极吸取国内同类教材的经验，同时注意形成自己的特色。

第一，实用性强。本书涉及的都是电子商务数据中一些最基本、最核心的知识，没有把一些难懂的、边缘性的问题包括进去，同时将领先行业的数据分析和应用实训平台与Excel相结合，对电子商务数据进行更加全面、深入的使用分析。为了满足教学的需要，尽可能用文字、图表合理组合的形式，增强教材的可读性，体现了基础性和实用性。

第二，视角新颖。本书在经济全球化背景下，从电子商务数据的理论进展出发，系统阐述了电子商务的基本原理，侧重于探讨电子商务数据基础理论与电子商务数据实践的结合。本书在编写过程中，还注重将电子商务数据最新动态和变化纳入其中，启发学生思维，引导学生创新，注重实用性，使学生毕业与就业相融合。

第三，体例新颖。在编写体例上，采用"教辅合一型"，努力探索一种"讲、读、研、练"一体化新型教材模式，使本书从内容到形式都有所突破或创新，在每一章都以足够的篇幅设置了"章节目标""学习重点、难点""本章思维导图""知识链接""视野拓展""温馨提示"等，尽可能适应"教师精讲、学生多练、能力本位"的新型教学方法的需要。

第四，配套资源丰富。本书提供电子教案、多媒体课件、模拟试卷、拓展资料、操作视频等配套教学资源，读者可扫描"实训平台相关资源"二维码了解相关信息。

本教材由邹益民、李瑶锦、陈浙斌老师担任主编，负责全书的整体构思、章节设计、编写统筹与安排等工作，马瑞学、葛振林、隋东旭老师担任副主编。编者们均具有非常扎实的理论基础和丰富的教学经验。各位老师在编写本书的过程中，参阅了大量国内外的相关著作、教材、报刊及其他文献资料，在此表示衷心的感谢。同时也感谢浙江思睿智训科技有限公司提供的案例及数据实操素材。

在编写的过程中，我们尽量避免错误的产生。但由于水平有限，教材中难免存在一些问题和错漏，敬请各位专家与读者评判指正。

实训平台相关资源

编者

2021 年 5 月

目 录
CONTENTS

第一章

绪 论

章节目标

◎ 了解电子商务运营与基础知识。

◎ 了解电商数据分析的意义、方法和流程。

◎ 掌握电商数据分析指标与模型。

学习重点、难点

重点

◎ 掌握电商数据分析的指标和模型。

◎ 掌握电子商务数据分析的流程。

难点

◎ 电商数据分析模型的应用。

本章思维导图（见图1-1）

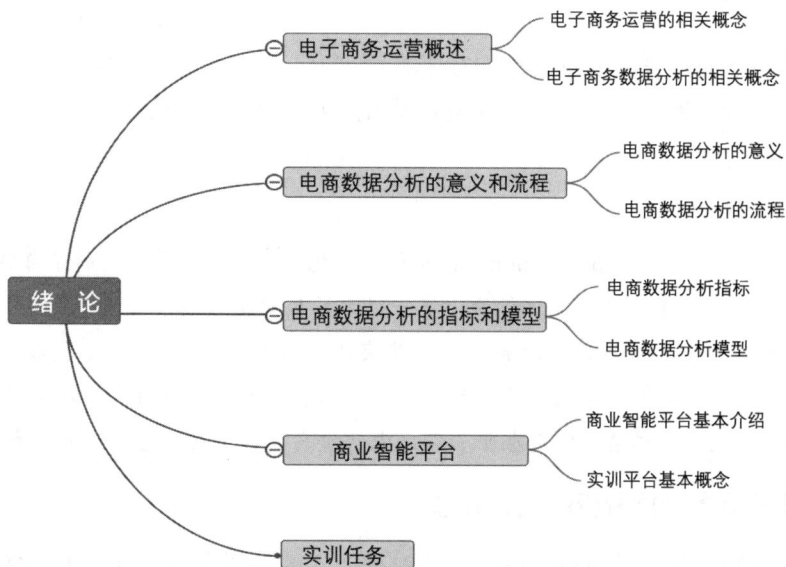

图 1-1　第一章思维导图

1

第一节　电子商务运营概述

随着计算机技术和信息技术的不断更新，社会对网络信息技术的需求越来越强烈，电子商务的产生和发展成为商品经济的必然。电子商务不仅改变了企业的生产经营方式，还使企业的管理更为科学合理，从而影响到整个社会的经济运转。

一、电子商务运营的相关概念

电子商务运营就是负责某个项目或是某个产业的电子商务运作。电商运营是一个核心岗位，该岗位的专业能力包含电子商务流程中的各种细节。

（一）电子商务运营的概念

电子商务运营最初叫做电子商务平台建设，包括搜索产品优化推广、电子商务平台维护重建、扩展及网络产品研发和盈利等内容。电子商务最初其实并非以网站为平台，而是以新闻组、电子邮件等渠道进行拓展。但是当前电子商务的主战场已经转到网站上，于是网站的推广成为电子商务运营与营销最主要的内容。电子商务运营是网络运营的一种，是借助于互联网完成一系列运营活动，从而达到运营目标的过程。

(i)　温馨提示

电子商务运营从名称上看可以分为两大部分，一部分指的是电子商务，另一部分指的是运营。电子商务是运营的内容。

（二）电子商务运营的工作内容

电子商务运营工作与企业运营工作存在相似之处，主要包括市场调研、产品定位、管理分类、开发规划、运营策划、产品管控、数据分析等。但其执行对象有别于实体产品，电子商务运营的对象是根据企业需要所开发、设计、建设的电子商务平台的附属宣传推广产品。

电子商务运营工作主要围绕以下几个方面展开，包括托管商城平台进驻、店铺视觉设计与优化、活动策划与执行、店铺 SEO 优化推广、独立商城平台构建、电子商务品牌管理咨询等。

✎　视野拓展：什么是 SEO？

SEO（Search Engine Optimization，搜索引擎优化）是为了提升搜索引擎自然搜索结果中的收录数量及排序位置而做的优化行为，这一行为的目的是从搜索引擎中获得更多流量，以及更好地展现网站形象。店铺 SEO 优化推广其实就是淘宝搜索引擎优化，包括通过优化宝贝的标题、上下架时间和类目来获得更好的排名。所以我们可以理解为，做好店铺的 SEO 就要着重去做好宝贝的搜索排名，宝贝在所属类目中的排名，以及人气宝贝的排名等。

二、电子商务数据分析的相关概念

电子商务数据分析是对电子商务经营过程产生的数据进行分析，在研究大量数据的过程中寻找有用的信息，从而帮助商家做出决策。

（一）认识数据与数据分类

1.数据的概念

数据是事实或观察的结果，是对客观事物的逻辑归纳，是用于表示客观事物的未经加工的原始素材。数据可以是连续的值，也可以是离散的值。

（?）学习与思考：你知道生活中哪些数据是连续的？哪些是离散的吗？

连续的值有声音、图像等，这样的数据被称为模拟数据。离散的值有符号、文字等，这样的数据被称为数字数据。

2.数据的分类

数据有很多种分类方式。但是电子商务中常用的数据分为两类，数值型数据和分类型数据。

（1）数值型数据，即由多个单独的数字组成的一串数据，是直接使用自然数或度量单位进行计量的具体的数值。例如，支出 600 元、好评率 96%、销售量 15680 个、重量 3 千克等，这些数据就是数值型数据。

（2）分类型数据，即反映事物类别的数据，如商品类型、地域区县、品牌类型和价格区间等。

视野拓展：有关于数据其他分类方式的解读。

1.按计量层次分类

按照数据的计量层次，可以将统计数据分为定类数据、定序数据、定距数据与定比数据。

（1）定类数据

这是数据的最低层。它将数据按照类别属性进行分类，各类别之间是平等并列关系。这种数据不带数量信息，并且不能在各类别间进行排序。例如，某商场将顾客所喜爱的服装颜色分为红色、白色、黄色等，红色、白色、黄色即为定类数据。又如，人类按性别分为男性和女性也属于定类数据。虽然定类数据表现为类别，但为了便于统计处理，可以对不同的类别用不同的数字或编码来表示。如 1 表示女性，2 表示男性，但这些数码不代表着这些数字可以区分大小或进行数学运算。不论用何种编码，其所包含的信息都没有任何损失。对定类数据执行的主要数值运算是计算每一类别中的项目的频数和频率。

（2）定序数据

这是数据的中间级别。定序数据不仅可以将数据分成不同的类别，而且各类别之间还可以通过排序来比较优劣。也就是说，定序数据与定类数据最主要的区别是定序数据之间还是可以比较顺序的。例如，人的受教育程度就属于定序数据。我们仍可以采用数字编码表示不同的类别：文盲半文盲 =1，小学 =2，初中 =3，高中 =4，大学 =5，硕士 =6，博士 =7。通过将编码进行排序，可以明显地表示出受教育程度之间的高低差异。虽然这种差异程度不能通过编码之间的差异进行准确的度量，但是可以确定其高低顺序，即可以通过编码数值进行不等式的运算。

（3）定距数据

定距数据是具有一定单位的实际测量值（如摄氏温度、考试成绩等）。此时不仅可以知道两个变量之间存在差异，还可以通过加、减法运算准确地计算出各变量之间的实际差距是多少。可以说，定距数据的精确性比定类数据和定序数据前进了一大步，它可以对事物类别或次序之间的实际距离进行测量。例如，甲的英语成绩为 80 分，乙的英语成绩为 85 分，可知乙的英语成绩比甲的高 5 分。

（4）定比数据

这是数据的最高等级。它的数据表现形式同定距数据一样，均为实际的测量值。定比数据与定距数据唯一的区别是：在定比数据中是存在绝对零点的，而定距数据中是不存在绝对零点的（零点是人为制定的）。因此定比数据间不仅可以比较大小，进行加、减运算，还可以进行乘、除运算。

2. 按来源分类

数据的来源主要有两种渠道：一种是通过直接的调查获得的原始数据，一般称为第一手或直接的统计数据；另一种是别人调查的、并将这些数据进行加工和汇总后公布的数据，通常被称为第二手或间接的统计数据。

3. 按时间状况分类

（1）时间数列数据

它是指在不同的时间上搜集到的数据，反映现象随时间变化的情况。

（2）截面型数据

它是指在相同的或近似的时间点上搜集到的数据，描述现象在某一时刻的变化情况。

（二）认识数据分析

1. 数据分析的概念

数据分析用适当的统计分析方法对收集来的大量数据进行分析，将它们加以汇总、梳理并解析，以求最大化地开发数据的功能，发挥数据的作用。

2. 数据分析的作用

数据与我们的生活密切相关，在很多情况下我们都需要通过对数据进行分析从而得出相应的结论，以帮助我们的生活与工作。

（1）数据的诊断作用

数据是具有诊断作用的，能够帮助我们找出问题的来源和解决方案。例如，通过产品名称的搜索量判断其是否有利于搜索引擎的搜索，通过网店的浏览时间长短判断其是否有利于浏览和给浏览者提供美好的交流体验等。

（2）数据的预测作用

通过数据的预测作用，管理决策者可以对产品或活动做出合理的判断。例如，通过电子商务网站的某种产品的关键字搜索量来预测该产品的销量等。

知识链接：数据分析的工具

　　使用 Excel 自带的数据分析功能可以完成很多专业软件才有的数据统计、分析，其中包括直方图、相关系数、协方差、各种概率分布、抽样与动态模拟、总体均值判断、均值推断、线性和非线性回归、多元回归分析、移动平均等内容。商业智能领域的数据分析工具有 Cognos、Style Intelligence、Microstrategy、Brio、BO 和 Oracle，以及国内产品如 Yonghong Z-Suite BI 套件、百度统计、水晶易表等。

3. 数据分析的分类

（1）探索性数据分析

　　当数据刚取得时，可能杂乱无章，看不出规律，通过作图、造表、用各种形式的方程拟合、计算某些特征量等手段探索规律性的可能形式，即往什么方向和用何种方式去寻找和揭示隐含在数据中的规律性。

温馨提示

　　探索性数据分析主要侧重于在数据中发现新的特征。

（2）模型选定数据分析

　　在探索性分析的基础上提出一类或几类可能的模型，然后通过进一步的分析从中挑选一定的模型。

温馨提示

　　模型选定数据分析主要侧重于对已有假设的证实或证伪。

（3）推断性数据分析

　　通常使用数理统计方法对所定模型或估计的可靠程度和精确程度做出推断。

温馨提示

　　推断性数据分析也称为定性数据分析，是对词语、照片、观察结果之类的非数值型数据进行分析。

第二节　电商数据分析的意义和流程

　　互联网时代，数据的价值不言而喻。做过运营的人应该都了解，互联网平台运营的策略都指向一个最终目标，那就是数据结果。电商运营也遵循这个规律，商家如果不进行数据分析，就很难在市场竞争中运筹帷幄。

一、电商数据分析的意义

　　有很多从事电子商务工作的人都会有这样的疑问：为什么同类型的产品别人家可以卖得好，而自己为什么就卖不出去呢？比如，同样投钱做推广，为什么竞争店铺的钱投进去之后收益却那么高呢？

　　商家为了更准确地了解投资回报，就需要了解客户需求和消费者想要什么，因此电商数据分析起着至关重要的作用。

（一）获取预测分析能力

当今电子商务行业中，客户正在快速习惯于在越来越短的时间跨度内访问所有内容。在即时访问的时代，开展电子商务的企业必须时刻准备就绪，确保更快的响应时间。由此，预测分析能力对于在线电子商务企业的成功越来越重要。

为了在快节奏的生态系统中保持竞争力，企业必须努力寻找吸引受众的方法，而数据分析能够帮助运营人员从网站流量、社会知名度或实时广告活动中了解其业务和客户行为的当前影响。企业建立的内容传播和推广活动受各种渠道的影响越来越大，企业通过对其受众、用户的在线行为和个人喜好的数据洞察可以预测行业发展趋势，从而制定高度有针对性的客户参与策略，优化产品推荐，甚至还可以做出更具战略性的营销决策。

（二）实时定制社交策略

良好的客户体验是建立在参与感的坚实基础上的。随着社交媒体的出现，企业必须不断加倍努力才能保持领先地位。因此，社交媒体可以使电子商务企业及时处理客户查询和关注。一些电子商务平台已迅速意识到需要利用数据分析能力来更好地理解它们捕获的客户，更新社交策略，有效地向客户提供个性化体验。

例如，进入 5G 时代，各行业各活动的现场直播正迅速在网上受众中流行起来，很多商家已经准确地挖掘了流媒体直播的潜力，以建立和保持对全球范围的时事活动的兴趣，无论是电商带货，还是商品发布，都可以以直播的方式进行，未来很可能会演变成"万物皆可直播"的时代。关注时事和实况活动的社交策略很明显地正在迅速流行，响应性互动和交互式消息也迅速成为在线受众之间选择的通信方式。

跟踪和分析实时数据为电子商务和其他企业提供了大量的机会，让客户或访问者积极参与到商家的社交媒体页面中，使之与品牌保持联系，同时也增加客户的幸福感或满意度。

二、电商数据分析的流程

数据分析是围绕电商企业的某项业务或目标而系统地展开的一系列活动，其中完整的流程包括识别需求、数据采集、数据清洗与处理、数据分析与展现、撰写报告 5 个过程。

（一）识别需求

识别需求是确保数据分析过程有效性的必要条件，并且可以为数据收集和分析提供明确的目标。在做数据分析之前，我们需要明确分析的目的及分析的思路，明确为什么进行这次数据分析、解决什么问题、从哪些角度思考解决方法、哪个方法更好等，打开分析工具前，应要清楚所分析的是什么数据，以及想要达到一个什么样的结果。

如果没有明确的目的和分析框架，那么在这个过程中常常会因为没有明确规划，导致很多人就像无头苍蝇一样胡乱行动。因此，在进行数据分析的时候，第一步要做的是确定你想要的结果是什么，要梳理好分析思路，把目标分解开来，要明白目的是什么、想要达到什么样的效果、应该通过哪种方法实现、应该做哪些图表、应该用哪些分析的方法。只有这样，整个过程中才不会迷失方向。

（二）数据采集

明确需求之后就需要做好数据收集的工作，数据的来源对数据分析也十分重要，要尽可能获取一手数据，如原始数据。此外，也可关注数据库中的数据、出版的年鉴、统计网站和普查数据等。

一般来说，哪怕一种业务，数据量也会非常庞大，但是我们只采集有用的数据。通常可以利用爬虫工具采集数据。

（三）数据清洗与处理

通常情况下，采集到的数据难免是杂乱无章、不规律的，这个时候就需要进行数据处理。数据处理有统一格式、文本转换为数字等，而清洗数据是对数据进行转换、对数据进行分组等。数据中的错误需要修改或者删除，而数据分组会让数据分析更加高效。

（四）数据展现和分析

数据展示和分析是核心流程，把采集到的数据处理完之后需要通过这些数据得出一些有价值的、有实际意义的结论，这才是做数据分析的真正目的，而要得出这些有价值的信息就要把数据直观地展示并加以分析。

分析数据是通过处理将收集的数据转化为有价值的信息，在数据分析环节，往往需要利用一些工具。最常见的有 Excel 分析功能、关联图、系统图、矩阵图、散点图、计划评审技术等工具。

此外，数据分析出来的结果需要用合适的图表形式展现出来，这样可以帮助我们更清晰地得出数据分析的结果，更全面地表达观点。

（五）撰写报告

撰写报告的目的是总结和呈现数据分析的结果，报告内容主要包括以下几点：分析目的和思路、数据来源、数据分析的过程、分析的结论和要点等。在撰写过程中，可以搭配脑图等工具，更加全面展现出数据表达的含义。

ⓘ 温馨提示

需要注意的是，撰写报告时要以实用为主，因为报告的真正目的在于解决问题、在于真正利用数据帮助企业决策和优化方案。单纯呈现一份报告却没有可行性是没有意义的，好的分析报告一定要有建立和解决问题的方案，而这些方案必须推动落实，否则整个数据分析的过程和报告就没有真正发挥它的作用。

第三节 电商数据分析的指标和模型

数据分析是一种思维，也是一门艺术，越深入，就越能发现它的艺术价值。数据本身并没有什么价值，有价值的是我们从数据中提取出来的信息。

那么，在这个从获取数据到提取信息的过程中，应该采取什么样的思维方式呢？例如，什么时候用哪个公式？怎么用？用了某个公式后，还得继续往下深挖什么原因影响了某个指标？由此，采用什么模型及分析维度，是数据分析必不可少的学习模块。

一、电商数据分析指标

分析电子商务数据就离不开指标，为了便于理解，下面将电子商务数据分析主要指标分为网店运营指标、经营环境指标、营销活动指标、消费价值指标和销售业绩指标几大类。

（一）网站运营指标

网站运营指标是用来衡量网站的整体运营状况的，又可以细分为网站流量指标、商品类目指标和供应链指标等。

1. 流量类指标

网站流量指标常用来对网站效果进行评价，主要指标包括：独立访问者数量、重复访问者数量、页面浏览数、每个访问者的页面浏览数和某些具体文件或页面的统计指标。

2. 商品类目指标

商品类目指标主要衡量网站商品正常运营水平，如商品类目结构占比、各类商品销售额占比、各类商品的销售库存量单位集中度，以及相应的库存周转率等。

ⓘ 温馨提示

不同商品类目的占比又可以细分为商品大类目占比情况，以及具体商品不同大小、颜色和型号各个类别的占比情况等。

✎ 视野拓展：SKU 与 SPU 的解读

SKU（Stock Keeping Unit）是物理上不可分割的最小存货单位。一款商品多色，则是有多个 SKU（如不同颜色、不同配置的一款手机）。分析客户和市场，通常用 SKU。

SPU（Standard Product Unit）即标准化产品单元，SPU 是商品信息聚合的最小单位，是一组可复用、易检索的标准化信息的集合，该集合描述了一个产品的特性。通俗点讲，属性值、特性相同的商品就可以称为一个 SPU。统计销售数据通常用到的是 SPU。

（二）经营环境指标

电子商务网站经营环境指标又分为外部竞争环境指标和内部购物环境指标，其中外部竞争指标包括网站的市场占有率、市场扩大率和网站排名等。内部购物环境指标包括功能性指标和运营指标。

（三）营销活动指标

营销活动指标包括活动效果（收益和影响力）、活动成本及活动黏合度（通常以消费者关注度、活动消费者数及客单价等来衡量）3个方面。

ⓘ 温馨提示

通常将营销活动指标区分为日常市场运营活动指标、广告投放指标及对外合作指标。其中，市场运营活动指标和广告投放指标主要考虑新增访客数、订单数量、下单转化率、每次访问成本、每次转换收入及投资回报率等指标，而对外合作指标则根据具体的合作对象而定。

（四）消费者价值指标

消费者价值通常由历史价值（过去的消费）、潜在价值（主要从消费者行为方面考虑，RFM模型为主要衡量依据），以及附加值（主要从消费者忠诚度、口碑推广等方面考虑）3个方面组成。消费者价值指标分为总体消费者指标，以及新、老消费者价值指标两种，该指标主要从消费者的贡献和获取成本两个方面来衡量，如访客人数、访客获取成本，以及从访问到下单的转化率来衡量总体消费者价值指标。

（五）销售业绩指标

电子商务领域的销售业绩指标主要分为网站销售业绩指标和订单销售业绩指标两种。其中，网站销售业绩指标重点在于网站订单的转化率方面，而订单销售指标重点在具体的毛利率、订单有效率、重复购买率和退换货率方面。除此之外还有很多指标，如总销售额、品牌类目销售额、总订单及有效订单等。

二、电商数据分析模型

要进行一次完整的数据分析，首先要明确数据分析思路，给出分析工作的宏观框架，再根据框架中包含的内容，运用具体的分析模型及方法进行分析。下面介绍几种常用的电商数据分析模型。

（一）用户分群模型

分群是对某一特征用户的划分和归组。当我们能获取到足够多的用户数据，特别是用户行为数据，那么对用户划分需求就提出了更丰富的要求，比如面向特定人群的营销、个性化的界面、找到流失人群及更灵活的用户分群模型。分群维度主要包括用户属性、活跃于、做过/没做过、新增于四个指标。

1.用户属性

用户属性，即用户客观属性，包括基础属性、短期行为、长期兴趣等，也就是描述用户真实人口属性的标签，如年龄、性别、城市、浏览器版本、系统版本、操作版本、渠道来源等。

2.活跃于

活跃于这个维度是用户运营的重点，对活跃用户的营销很有可能使其转化为忠实用户，因此，快速找到某一自定义时间内的活跃用户，通过洞察活跃用户的行为特征来科学客观地衡量活动效果，能够更好地指导运营策略。

3. 做过 / 没做过

用户行为直接反映出用户与产品交互的"亲密度"。例如，对于某类产品，完成"绑卡"的用户对平台的信任度一定高于"未绑卡"用户，因此，是否触发指定事件可作为用户分群的重要维度。

4. 新增于

新增于这个维度，同样有 2 个条件可选择：最近 / 固定时段，以此精确筛选出新增用户的时间范围，灵活找到特定时间段内的特定用户群中。以电商类产品为例，商家发起了一次大规模的市场拉新活动，那么数据筛选即可找到活动期间新增用户群，进而评估活动效果及后续转化情况。

（二）RFM 模型

RFM 模型即用户分层模型，R（Recency）表示客户最近一次购买的时间离上一次有多久，F（Frequency）表示客户在最近一段时间内购买的次数，M（Monetary）表示客户在最近一段时间内购买的金额。它是衡量客户价值和客户创利能力的重要工具和手段。在众多的客户关系管理（Customer Relationship Management，CRM）的分析模式中，RFM 模型是被广泛提到的。该机械模型通过一个客户的近期购买行为、购买的总体频率及花了多少钱 3 项指标来描述该客户的价值状况。一般的分析型 CRM 着重在对于客户贡献度的分析，RFM 则强调以客户的行为来区分客户。

利用 RFM 分析模型，我们可以做以下几件事情：建立会员金字塔，区分各个级别的会员，如高级会员、中级会员、低级会员，然后针对不同级别的会员施行不同的营销策略，制定不同的营销活动；发现流失及休眠会员，通过对流失及休眠会员的及时发现，采取营销活动，激活这些会员；在短信、EDM（Email Direct Marketing，电子邮件促销）中，可以利用模型选取最优会员；维系老客户，提高会员的忠诚度。

（三）转化漏斗模型

转化漏斗模型（见图 1-2），本质是分解和量化。通过检测目标流程中起点（用户进入）到最后完成目标动作这一过程中的每个节点的用户量与留存量，来考核每个节点的好坏，找到最需要优化的节点。漏斗模型是用户行为状态及从起点到终点各阶段用户转化率情况的重要分析模型，可以找到路径中用户流失最多的环节。

转化漏斗模型的核心思想就是分解和归类量化，有时漏斗模型也可以逆向使用，推断产品正常运行所需要的一些基本要素。例如，一个主打弹幕的视频网站，用户在一个视频窗口需要热闹的弹幕，至少需要 20 个人同时发弹幕，假定普通用户中有 10% 的人会主动发送弹幕，那么这个视频窗口至少需要 2000 人同时在线才能够让弹幕热闹。从主页点击到该视频窗口的转化率最多也不会超过 10%，那么要保证该网站一个视频窗口弹幕能够热闹地发送，网站首页的 PV（Page View，访问量）必须超过 20000。

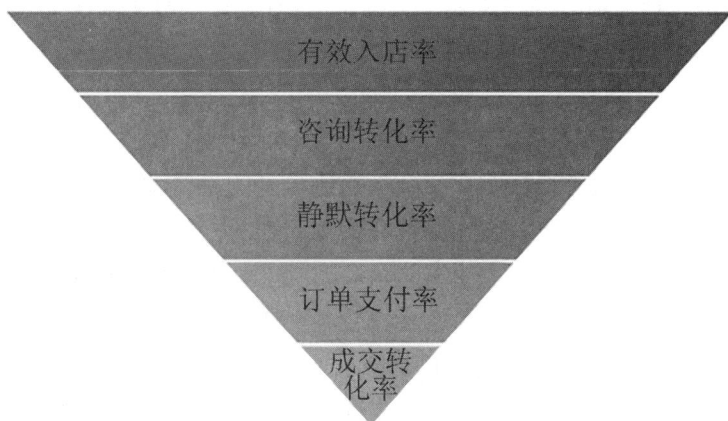

图 1-2 转化漏斗模型

1. 有效入店率

有效入店率是店铺运营的一项重要指标，其计算公式为

有效入店率 = 有效入店人数 ÷ 店铺访客数

其中，有效入店人数是指访问店铺至少两个页面后才离开的消费者人数，也包括消费者进入店铺后，直接收藏店铺或商品、向客服咨询、加入购物车和直接购买的消费者人数。

要提高有效入店率，就要降低出店率。出店率的计算公式为

出店率 = 出店人次 ÷ 出店页面浏览量

其中，出店页面指消费者访问店铺时的最后一个页面。由于店铺的页面类型很多，作用各不相同，如首页、分类页、详情页、自定义页等。通过分析出店率，我们就能看到不同页面的出店率情况，从而找到出现问题的页面，并有针对性地加以优化改善，从而降低出店率。

2. 咨询转化率

消费者在访问店铺或商品的过程中，如果产生了疑问，会直接选择与店铺客服进行沟通。当客服有效地解决了消费者的问题后，往往会提升商品的成交转化率。这一环节不仅涉及咨询转化率，还会涉及咨询率，它们的计算公式如下

咨询率 = 咨询人数 ÷ 访客数

咨询转化率 = 咨询成交人数 ÷ 咨询人数 = 咨询成交人数 ÷（访客数 × 咨询率）

一般来讲，消费者在店铺的访问深度越高，咨询率和咨询转化率也就越高。因此优化页面时还需要考虑整体性和紧密性，围绕消费者的购买关注点，打造极具访问深度的页面系统，增加消费者在店铺的访问深度，从而增加咨询率和咨询转化率。

3. 静默转化率

静默转化率是指消费者访问店铺后，没有咨询客服而直接下单购买的消费者人数与访客数的比率。一般来说，新消费者的静默转化率低于老消费者的静默转化率，因为新消费者对店铺的商品款式、质量、服务、信誉等都不了解，基本上不会贸然下单交易。如果一个店铺的静默转化率高，说明该店的商品、服务等受到消费者认可。这些消费

者中往往包括很多已经在店铺中购买过商品的老消费者。对于这类店铺而言，继续优化、改善商品和服务，并加强对老消费者和会员的管理，能够进一步促进静默转化率的提升。

4. 订单支付率

订单支付率指的是订单金额与成交金额之比。有的消费者在店铺下单后，会因为各种原因迟迟没有付款成交，未付款订单就会影响店铺的订单支付率。订单支付率与成交转化直接相关。一般来说，通过购物车、已买到的宝贝、收藏等途径访问店铺的消费者都具有明确的购物目的，其订单支付率会比较高。通过各种活动吸引来的消费者，其订单支付率会比较高，而其他如通过类目访问、通过站外访问等途径访问店铺的消费者，其订单支付率则相对较低。消费者下单但未支付，需要客服及时进行沟通，消除消费者的疑问，使其尽快完成支付。

5. 成交转化率

成交转化率是转化漏斗模型的最后一个环节，它能够准确反映出店铺的整个成交转化情况。如果成交转化率过低，商家可以利用转化漏斗模型进行反推，查看哪些环节出了问题，然后进行解决，最终才能提升成交转化率。

（四）AARRR 模型

AARRR 模型是指 Acquisition、Activation、Retention、Revenue、Referral，即用户获取、用户激活、用户留存、用户收益及用户传播。这是产品运营中比较常见的一个模型，结合产品本身的特点及产品的生命周期位置，来关注不同的数据指标，最终制定不同的运营策略。

1. 用户获取（Acquisition）

运营第一步，就是获取用户，获取用户的渠道有很多，比如终端预置、广告等。

2. 用户激活（Activation）

好的推广渠道往往是有针对性地圈定了目标人群，他们带来的用户和应用软件设计时设定的目标人群有很大的吻合度，这样的用户通常比较容易成为活跃用户。

3. 用户留存（Retention）

提高用户黏性，监控用户流失情况，采取相应的手段，在用户离开之前，激励这些用户继续使用。

4. 用户收益（Revenue）

用户收益是运营最核心的一块，以应用软件为例，一般来源分为 3 种：付费应用、应用内付费、广告。

5. 用户传播（Referral）

基于社交网络的传播已经成为获取用户的一个新途径。社交网络＋自传播，这个方式的成本很低，而且效果有可能非常好，不过前提是产品自身要足够好，有很好的口碑。

（五）用户行为路径分析模型

用户路径分析，顾名思义，即用户在 APP 或网站中的访问行为路径。为了衡量网站优化和营销推广效果，以及了解用户行为偏好，时常要对访问路径的转换数据进行分析。

例如，买家从登录网站到支付成功要经过首页浏览、搜索商品、加入购物车、提交订单、支付订单等过程，而在用户真实选购时，这是一个交缠反复的过程。比如，提交订单后，用户可能会返回首页继续搜索商品，也可能去取消订单，每一个路径背后都有不同的动机。与其他分析模型配合进行深度分析之后，能为商家找到用户动机，从而引领用户走向最优路径或者期望中的路径。

第四节　商业智能平台

一、商业智能平台基本介绍

商业智能平台是一个集数据连接、数据清洗、数据分析、数据挖掘与数据可视化于一体的平台。满足用户在企业级报表、数据可视化分析、自助分析平台、数据挖掘建模、AI 智能分析等大数据分析需求。平台提供各种经典算法（包括决策树、支持向量机、线性回归、关联规则、时间数列等）和可视化技术（包括即席查询、透视分析、自助仪表盘等），旨在为个人、团队和企业所做的决策提供预测。不仅可为用户提供直观的流式建模、拖拽式操作，以及流程化、可视化的建模界面，还提供了大量的数据预处理操作方法。此外，它内置了多种实用的、经典的机器学习算法，这些算法配置简单降低了机器学习的使用门槛。

系统前台是学生开展实训的空间，学生可以根据教师在后台设置的实训项目开展实验，具体包括实训任务、实训平台、课程题库、交流中心、课程知识库、实训轨迹、实训排名、资料下载等功能模块。学生可以通过"实训平台"入口进入到商业智能平台完成教师布置的任务。

二、实训平台基本概念

商业智能平台系统首页包括搜索、新建、用户操作 3 个功能，并包含数据门户、数据连接、数据准备、数据挖掘、分析展现、资源发布、公共设置、系统运维等功能模块，如图 1-3 所示，具体内容如下。

图 1-3　商业智能平台系统首页

（一）系统首页

商业智能平台系统首页上方有搜索、新建、用户操作 3 个功能，以及侧边栏和首页主窗口各个功能模块的集中展示。

1.搜索

搜索采用全文检索引擎，是指在创建的索引中通过检测资源 ID、名称、别名、描述和内容这 5 个字段的信息来找出符合搜索条件的资源。

2.新建

作为自助仪表盘、透视分析、即席查询、自助数据集、原生 SQL 数据集的创建入口之一。

3.用户操作

包括登录二维码、我的设置、用户日志、系统监控、联机帮助、关于和注销等操作。

（二）数据门户

数据门户是对平台所有内容的汇总，用户通过资源发布功能发布主题后，可以进入报表浏览界面进行浏览。该功能下包含通过资源发布功能发布的资源"案例效果""功能演示""我的空间" 3 个子功能，如图 1-4 所示。

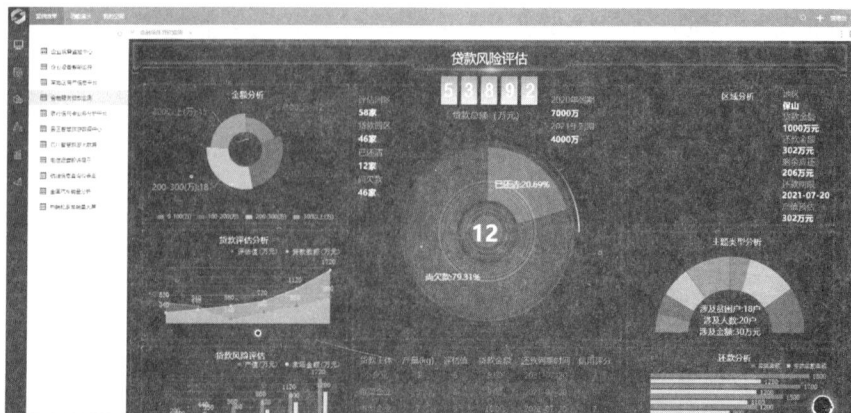

图 1-4　商业智能平台数据门户页面

1. 案例效果

内置 20 余个经典项目案例，包含企业设备监控中心、房产信息平台、金融服务贷款监测、银行信用卡业务分析平台、智慧旅游数据中心、城市人口发展分析展示、全国汽车销量分析、医药营销分析、"双十一"淘宝大屏、科技企业数字中台等。内置案例中各模型的数据来源是平台中内置的示例数据源，每个案例支持元数据分析，包括影响性分析和血统分析。可视化图表可以导出 HTML、PNG、PDF、Word、Excel 等格式文件。

2. 功能演示

这是平台的各个功能模块的演示。包含自主仪表盘、探索分析、即席查询、电子表格、分析报告、数据采集、数据挖掘七大模块，每个模块下还有二级功能。

3. 我的空间

可以查看用户收藏的案例及分析报表。

（三）数据连接

数据连接是建立各种数据库、文件到系统的连接，为后续处理和分析数据提供数据支持。数据连接界面展示支持的数据源，用户根据需要选择相应的数据源进行连接，如图 1-5 所示。

图 1-5　商业智能平台数据连接页面

1. 数据连接

支持本地数据库、关系数据库、多维数据库、NoSQL 数据库。其中，本地数据库包含本地文件、Java 数据源；关系数据库包含 Oracle、MySQL、星环、IMPALA、DB2、PostgreSQL、MS SQL Server、HANA、Spark SQL 等 40 余种数据库；多维数据库包含 SAP、Mondrian、SQL Server 2000 等 10 余种数据库；NoSQL 数据库包含 MongoDB 和 Tinysoft 数据库。

2. 我的空间

可以查看用户的数据连接情况。

（四）数据准备

数据准备阶段涵盖从原始数据到形成最终数据集的所有操作，包括表、数据清洗和转换、语义层定义及数据集定义，具体分为自助 ETL、业务主体、数据集、抽取监控四大部分。如图 1-6 所示。

图 1-6　商业智能平台数据准备页面

1. 自助 ETL

ETL（Extract-Tranform-Load，数据的抽取、转换、加载）代替传统的 SQL（Structured Query Language，结构化查询语言）语句和储存过程，使用可视化流程设计模式实现数据处理，大大降低了数据处理的难度，让业务人员也能介入到数据处理环节。

2. 业务主体

根据不同数据创建业务主题，对数据源中的表、视图等主体，依照业务分析主体的需要，封装成不同的业务主题。

3. 数据集

在该模块中，报表人员可以对各类查询进行定义、管理，这也是定义报表和图形的基础。数据集包括自助数据集、可视化数据集、原声 SQL 数据集、存储过多数据集、多维数据集、Java 数据集、SQL 数据集。

4. 抽取监控

该功能包括数据集抽取状态监控、ETL 功能监控管理。

（五）数据挖掘

数据挖掘是平台进行大数据分析的核心模块，平台为用户提供直观的流式建模、拖拽式操作，流程化、可视化的建模界面，以及大量数据预处理操作。平台内置了多种实用的、经典的机器学习算法，将大数据分析与商业智能平台实现完美的整合。用户只需要拖拽和组合各种数据源、数据预处理操作、机器学习算法、训练、预测和评估组件，如图 1-7 所示，即可完成复杂的机器学习任务。因此该平台可轻松地帮助企业快速把机器学习技术应用到业务系统中。以下具体介绍实验管理、服务管理、模型管理、自定义模块管理等内容。

图 1-7　商业智能平台数据挖掘页面

1. 实验管理

实验管理主要针对机器学习进行可视化、零编程的挖掘建模。在机器学习管理项目列表中，用户可以对任意一个项目进行编辑和删除。此外，用户也可重新创建新的机器学习案例或者文件夹，新建后的机器学习案例或者文件夹会出现在项目列表中。该平台是以项目为管理单位，每个项目下可以有一个或者多个工作流/实验案例，一个工作流对应一个实验建模流程。而每个工作流的构建基本包含了数据源、数据预处理操作、算法等组件，组件可以从左侧组件区域拖拽到工作流画布区域，构成工作流/实验建模流程。

2. 服务管理

服务管理可以便捷简单地对服务进行监控，随时了解服务运营状态。

3. 模型管理

模型管理统一管理机器学习实验训练生成的模型，实现对模型的集中管理，与商业智能平台完美整合，使商业智能平台拥有数据挖掘的功能。

4. 自定义模块管理

主要对自定义模块进行管理。

（六）分析展现

数据分析展现为用户提供多种可视化效果，包括数据可视化、模型可视化和模型评估结果可视化。将数据进行可视化的图形展现，用丰富的图形和表格，帮助用户制作便于分析理解与决策的分析报告，如图 1-8 所示。以下具体介绍自助仪表盘、透视分析、即席查询、更多分析等内容。

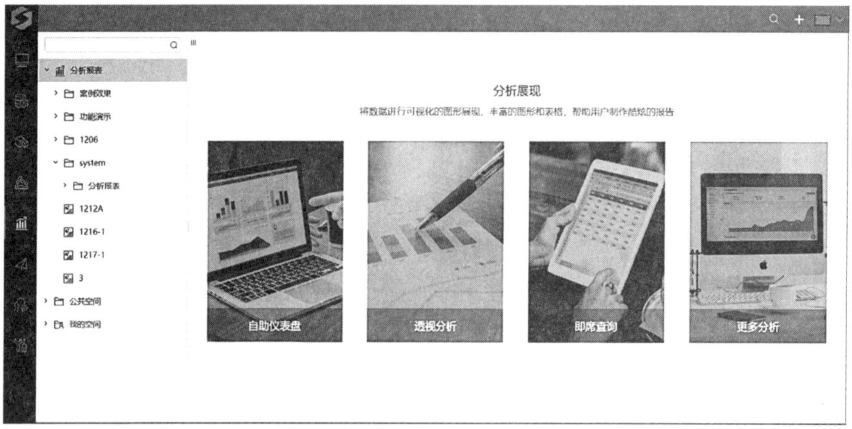

图 1-8　商业智能平台分析展现页面

1. 自助仪表盘

用户以"所见即所得"的操作，快速完成适配 PC 和 APP 的报表或仪表盘。

2. 透视分析

以类 Excel 透视表的方式，任意拖拽字段到行区、列区、度量区、待选列、过滤条件区域等，并且支持多维度钻取、切片、条件筛选、排序、告警、图表联动、复杂逻辑计算等操作。

3. 即席查询

即席查询可以查询明细数据及明细数据导出，通过简单的鼠标勾选字段与拖拽条件字段快速获得所需要数据，并提供聚合计算、告警规则、重定义表关系、改变条件组合逻辑等高级功能。

4. 更多分析

支持仪表分析、多维分析、Web 链接等操作。

（七）资源发布

资源发布是指将目录及报表资源发布到各种设备的浏览界面中，以保证用户通过不同终端设备可以浏览到其关心的资源，同时实现各级别的用户登录系统看到不同的浏览界面展现，如图 1-9 所示。以下具体介绍电脑主题、平板主题、手机主题等内容。

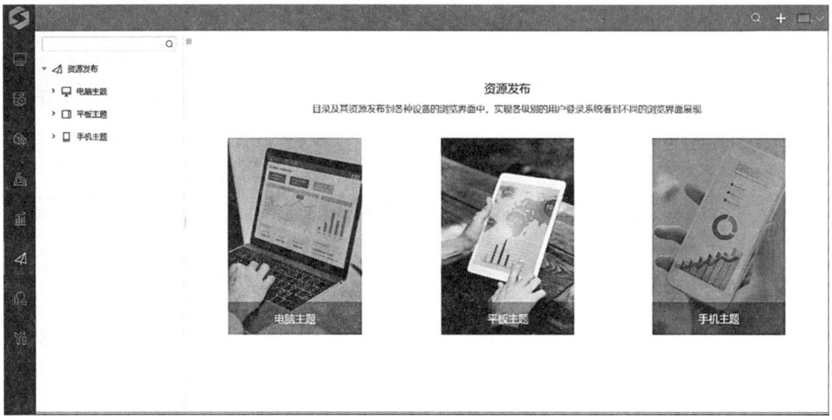

图 1-9　商业智能平台资源发布页面

1. 电脑主题

将目录及其资源发布到电脑 / 大屏，使资源在电脑 / 大屏的浏览界面中可见，以便实现各级别的用户在电脑 / 大屏登录门户后看到不同的资源展示页面。

2. 平板主题

将目录及其资源发布到平板电脑，使资源在平板电脑的 APP 中可见，以便实现各级别的用户在平板电脑 APP 上登录门户后看到不同的资源展示页面。

3. 手机主题

将目录及其资源发布到手机，使资源在手机的 APP 中可见，以便实现各级别的用户在手机 APP 上登录门户后看到不同的资源展示页面。

（八）公共设置

公共设置模块，用于设置和管理公共资源，支持参数定义、数据格式、脱敏规则、用户属性、告警设置、转换规则、图形主题、地图配色、地图区域、函数列表等一些常用设置，如图 1-10 所示。

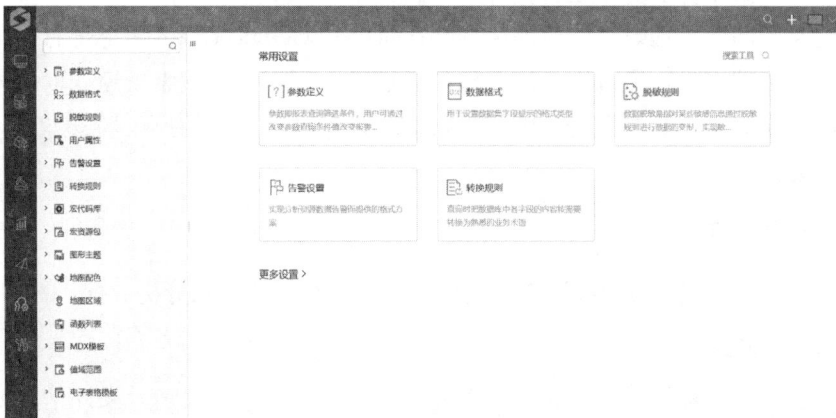

图 1-10　商业智能平台公共设置页面

（九）系统运维

平台提供了系统运维相关的工具，方便用户管理系统。包括支持计划任务、会话管理、操作日志、导出资源、导入资源、用户管理、缓存清理、系统选项和界面设置等常用工具，如图 1-11 所示。

图 1-11　商业智能平台系统运维页面

第五节　实训任务

本章实训任务为了解电子商务数据分析流程。

一、业务背景

本章主要介绍了电子商务数据分析的流程，实际上不同企业在不同情况下都可能有自己特有的数据分析步骤或流程。因此关键并不在于掌握电子商务数据分析的流程，而在于如何选择适合自己的分析步骤。

下面用一个实际情景来练习电子商务数据分析步骤的具体实施。

某国内互联网金融理财类网站，市场部在百度和 Google（谷歌）上都有持续的广告投放，吸引网页端流量。最近内部同事建议尝试投放搜狗移动搜索渠道获取流量，同时评估是否加入聚效网络联盟进行深度广告投放。在这种多渠道的投放场景下，应该如何进行深度决策？

二、具体操作流程

针对实训要求，我们可以按照电子商务数据常规分析流程来分析数据。

（一）识别业务需求

首先要了解市场部想优化什么，并以此为指标进行衡量。渠道效果评估重要的是业务转化；对金融理财类网站来说，是否发起"投资理财"远重要于"访问消费者数量"。所以无论是搜狗移动搜索还是聚效网络联盟渠道，重点都在于如何通过数据手段衡量转化效果，也可以进一步根据转化效果，优化不同渠道的运营策略。

（二）数据采集

以"投资理财"为核心转化点，分配一定的预算进行流量测试，观察对比注册数量及最终转化效果。可以持续关注并记下这些消费者重复购买理财商品的次数，进一步判断渠道质量。

（三）数据清洗与处理

由于分析计划中需要比对渠道流量，因此应该在各个渠道追踪流量、落地页停留时间、落地页跳出率、网站访问深度及订单等类型数据，进行数据清洗与预处理。

（四）数据分析与展现

根据数据结果，比对搜狗移动搜索和聚效网络联盟投放后的效果，根据流量和转化两个核心指标，观察结果并推测业务含义。如果搜狗移动搜索效果不好，可以考虑商品是否适合移动端的消费者群体，或仔细观察落地页表现是否有可以优化的内容等。

（五）撰写报告并做出决策

通过分析数据，指引渠道的决策制定。例如，停止搜狗渠道的投放，继续跟进聚效网络联盟并进行评估；也可以优化移动端落地页，更改消费者运营策略等。

第二章

电子商务数据的采集

➡ **章节目标**

◎ 了解电子商务数据采集的基本概念、方法、流程。

◎ 掌握数据采集的原理。

◎ 熟练掌握电子商务数据采集的常见工具。

◎ 能够应用 Excel 进行电子商务数据采集。

◎ 能够应用数据采集器进行电子商务数据采集。

➡ **学习重点、难点**

重点

◎ 电子商务数据采集的原理。

◎ 电子商务数据采集的工具。

难点

◎ Excel 在电商运营数据分析中的应用。

◎ 应用数据采集器进行电子商务数据采集。

➡ **本章思维导图**（见图 2-1）

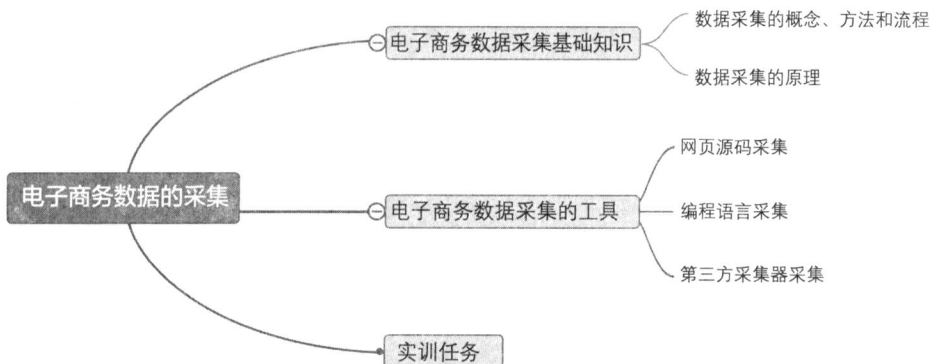

图 2-1　第二章思维导图

第一节　电子商务数据采集基础知识

数据是产生价值的原材料，也是进行数据分析的第一步。那么数据从何而来呢？获取数据的方式有很多种，比如借助代码或者网页源码进行手动采集或者借助其他第三方数据采集工具进行采集。采集完数据需要将数据储存，储存到本地或者数据库，然后进行数据接连，将数据导入到分析平台上再进行具体的分析。数据获取是数据分析的第一步，本节将对数据采集的基础知识进行相关介绍。

一、数据采集的概念、方法和流程

（一）数据采集的概念

数据采集就是搜集符合数据挖掘研究要求的原始数据（Raw Data）。原始数据是研究者拿到的一手或者二手资源。数据采集既可以从现有、可用的无尽数据中搜集提取想要的二手数据，也可以经过问卷调查、采访、沟通等方式获得一手资料。不管用哪种方法得到数据的过程，都可以叫做数据采集。

互联网时代，万维网成为大量信息的载体，通过网络爬虫获取相关数据是一种高效且可靠的数据采集方式。

知识助手：从数据采集角度来说，都有哪些数据源呢？

数据源1：开放数据源，主要包括政府、企业、高校开放的相应的大数据，开放数据源一般针对行业的数据库。

数据源2：爬虫抓取，一般针对特定的网站或APP。如果我们想要抓取指定的网站数据，比如购物网站上的购物评价等，就需要我们做特定的爬虫抓取。

数据源3：传感器，它基本上采集的是物理信息。比如图像、视频，或者某个物体的速度、热度、压强等。

数据源4：日志采集，这个是统计用户的操作。我们可以在前端进行埋点，在后端进行脚本收集、统计，来分析网站的访问情况及使用瓶颈等。

（二）数据采集的方法

数据采集一般会使用数据采集工具，数据采集工具大致可分为两种。

一种是借助代码或者网页源码进行手动采集的工具，通常是一些数据分析工具，如Power BI、Excel等，或者编程语言，如Python等。利用这些工具进行手动数据采集时，通常要求用户有一定的数据分析或者编程基础，因为使用过程中通常涉及一些函数或者命令的调用。

另一种是由第三方公司开发的数据采集工具，常见的有八爪鱼、火车头、后羿采集器等。一般需要先进行一些基本字段或者规则设置，即可实现数据的采集，这一类工具通常对用户的数据分析或者编程等技术要求较低。但局限性在于，能够获取到的数据有限，许多信息无法采集，并且有些工具需要付费才能实现相应功能。

（三）数据采集的流程

完整的采集数据流程可包括采集、存储和清洗 3 个环节。

1. 采集

将整个 HTML（超文本标记语言）或者 JS（JavaScript 编程语言）文件下载到本地，此时数据在文件中，文件可转换成文本这种可读的类型。

2. 存储

存储数据一般将下载的文件或者文本整个存入数据库。

3. 清洗

从文件或者文本中提取目标资料，并组织成表格形式，形成可供分析的原始资料。

二、数据采集的原理

网站数据统计分析工具是网站站长和运营人员经常使用的一种工具，比较常用的有谷歌分析、百度统计等，所有统计分析工具的第一步都是网站访问数据的收集。接下来我们以基于 JavaScript 的数据采集方式为例，简要分析一下网站统计工具的数据收集基本原理。

简单来说，网站统计分析工具需要收集到用户浏览目标网站的行为（如打开某网页、点击某按钮、将商品加入购物车等）及行为附加数据（如某下单行为产生的订单金额等）。

（一）埋点脚本执行阶段

若要使用谷歌分析（Google Analytics，GA），需要在页面中插入一段它提供的 JavaScript 片段，这个片段往往被称为埋点代码。

一般来说，_gaq 的机制不是重点，重点是后面匿名函数的代码，这才是埋点代码真正要做的。

📢 视野拓展：埋点是数据采集的关键步骤，那什么是埋点呢？

埋点就是在有需要的位置采集相应的信息，进行上报。比如某页面的访问情况，包括用户信息、设备信息，或者用户在页面上的操作行为，包括时间长短等。这就是埋点，每一个埋点就像一个摄像头，采集用户行为数据，将数据进行多维度的交叉分析，可真实还原出用户使用场景和用户使用需求。

那我们要如何进行埋点呢？

埋点就是在需要统计数据的地方植入统计代码，当然植入代码可以自己写，也可以使用第三方统计工具。对于埋点这类监测性的工具，市场上已经比较成熟，这里推荐使用第三方的工具，但如果想要看到更深层的用户操作行为，一般需要进行自定义埋点。

（二）数据收集脚本执行阶段

数据收集脚本（ga.js）被请求后会被执行，这个脚本一般要做如下几件事。

1. 通过浏览器内置 JavaScript 对象收集信息

如页面 title（通过 document.title）、用户显示器分辨率（通过 windows.screen）、

cookie 信息（通过 document.cookie）等一些信息。

2. 解析 _gaq 收集配置信息

这里面可能会包括用户自定义的事件跟踪、业务数据（如电子商务网站的商品编号等）等。

3. 拼接

将上面两步收集的数据按预定义格式解析并拼接。

4. 请求一个后端脚本

将信息放在 http request 参数中携带给后端脚本。

（三）后端脚本执行阶段

GA 的 __utm.gif 是一个伪装成 gif 的脚本。这种后端脚本一般要完成以下几件事情：解析 http 请求参数的信息；从服务器（WebServer）中获取一些客户端无法获取的信息，如访客 ip 等；将信息按格式写入 log；生成一幅 1 英寸 ×1 英寸的空 gif 图片作为响应内容并将响应头的 content-type 设为 image/gif；在响应头中通过 set-cookie 设置一些需要的 cookie 信息。

之所以要设置 cookie 是因为如果要跟踪唯一访客，通常做法是如果在请求时发现客户端没有指定的跟踪 cookie，则根据规则生成一个全局唯一的 cookie 并种植给用户，否则 set-cookie 中放置获取到的跟踪 cookie 以保持同一用户 cookie 不变。

第二节　电子商务数据采集的工具

数据采集是数据分析的关键，很多时候我们会想到 Python 网络爬虫，实际上数据采集的方法、渠道很广，有些可以直接使用开放的数据源，比如想获取比特币历史的价格及交易数据，可以直接从 Kaggle 上下载，不需要自己爬取。

另一方面根据不同需求，需要采集的数据也不同，比如交通行业，数据采集会和摄像头或者测速仪有关。对于运维人员，日志采集和分析则是关键。所以我们需要针对特定的业务场景，选择适合的采集工具。

一、网页源码采集

要想了解网页源码采集首先需要知道网页的基本结构，网页的组成大体上分为三大部分：HTML（Hyper Text Markup Language，超文本标记语言）、CSS（Cascading style sheets，层叠样式表）、JavaScript（简称 JS，是一种具有函数优先的轻量级、解释型或即时编译型的编程语言）。

有一个通常的比喻：HTML 相当于人的骨骼，决定了网页的大体框架结构；CSS 相当于人的皮肤，决定了网页看起来的风格样式；JavaScript 相当于人的肌肉，使网页能够响应你的操作，做出各种活动。

如果把一个网站比喻成一个房子，一个一个的网页就相当于一个一个房间。HTML就相当于房子的房梁、墙壁、地基等基本框架，决定了房子的结构。CSS就相当于房子的墙面、油漆、色彩、壁画等元素，决定了房子看起来的风格是欧式的，还是田园风的。JavaScript就相当于房子里面安装的空调、冰箱、防盗门等可以操作、控制的电器或活动器件，决定了房子的内部功能。

（一）关于HTML

1.概述

HTML是用于创建可从一个平台移植到另一平台的超文本文档的一种简单标记语言，经常用来创建Web页面。

HTML被称为超文本标记语言，是一种标识性的语言。它包括一系列标签，通过这些标签可以将网络上的文档格式统一，使分散的网络资源连接为一个逻辑整体。HTML文本是由HTML命令组成的描述性文本，HTML命令可以说明文字、图形、动画、声音、表格、链接等。超文本是一种组织信息的方式，它通过超级链接的方法将文本中的文字、图表与其他信息媒体相关联。这些相互关联的信息媒体可能在同一文本中，也可能是其他文件，或是地理位置相距遥远的某台计算机上的文件。这种组织信息方式将分布在不同位置的信息资源以随机方式进行连接，为人们查找和检索信息提供方便。

HTML是制作网页的基础，我们在网络营销中讲的静态网页，就是以HTML为基础制作的网页，早期的网页都是直接用HTML代码编写的，不过现在有很多智能化的网页制作软件（常用软件如FrontPage、Dreamweaver等）通常不需要人工写代码，而是由这些软件自动生成。尽管不需要自己写代码，但了解HTML代码依然非常重要。HTML网页结构通常包括头部、主体两大部分。头部描述浏览器所需的信息，主体包含所要说明的具体内容。

HTML文件是带有格式标识符和超文本链接的内嵌代码的ASCII文本文件，HTML结构可以被多种网页浏览器读取，产生网页传递各类资讯。从本质上来说，互联网是一个由一系列传输协议和各类文档所组成的集合，HTML文件只是其中的一种。这些HTML文件存储在分布于世界各地的服务器硬盘上，通过传输协议用户可以远程获取这些文件所传达的资讯和信息。

2.认识URL构成

URL（Uniform/Universal Resource Locator的缩写）统一资源定位符，是用于完整地描述互联网上网页和其他资源地址的一种标识方法。互联网的每个文件都有其对应的唯一URL。

URL由三部分组成，包括资源类型、存放资源的主机域名和资源文件名；也可认为由四部分组成：协议、主机、端口和路径。

URL的一般语法格式如下（带方括号[ ]的为可选项）。

scheme://host[:port#]/path/…/[?query-string][#anchor]。其中：

scheme：协议（例如：http，https，ftp）；

host: 服务器的 IP 地址或者域名；

port#: 服务器的端口（如果是走协议默认端口，缺省端口 80）；

path: 访问资源的路径；

query-string: 参数，发送给 http 服务器的数据；

anchor: 锚（跳转到网页的指定锚点位置）。

以"淘宝链接 https://s.taobao.com/search?q= 玻璃胶"为例，其中，https 是传输协议，s.taobao.com 是服务器域名，search 是访问资源的路径，问号后的是参数，如果有多个参数用 & 号连接。

3.HTML 源码解析

打开某一网页（例如淘宝网），在网页页面空白处单击鼠标右键，弹出菜单中选择"查看网页源代码"（不同浏览器表述可能有所不同，可能是"查看源"，其功能含义相同）。如图 2-2 所示。

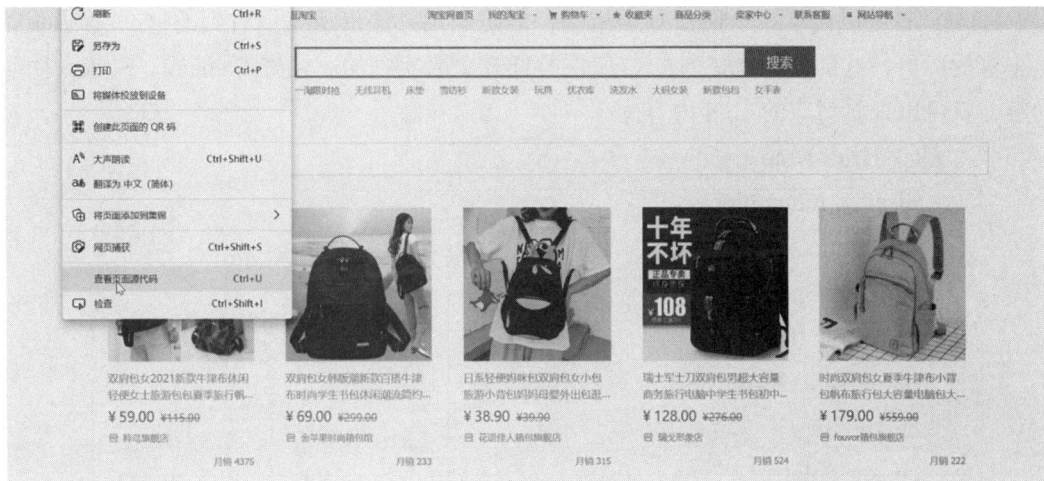

图 2-2　查看网页源代码

HTML 详情可参见图 2-3，其中，左侧是 HTML 的行号，右侧是 HTML 代码。

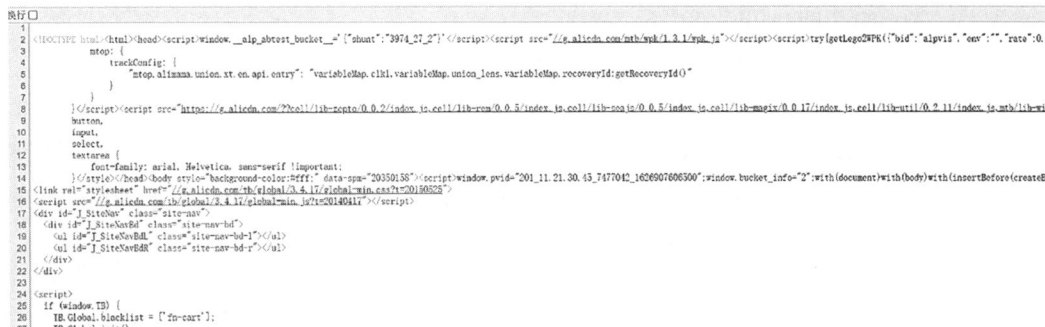

图 2-3　HTML 详情页面

通过键盘的 CTRL+F 键调出搜索框，根据前端页面的目标信息进行搜索（例如，复制图 2-2 查看源码所在页面中任一宝贝的标题或其中一部分关键词，粘贴到调出的搜索框内），找到目标信息则说明数据在 HTML 中，将此数据称为静态数据，如图 2-4 所示。

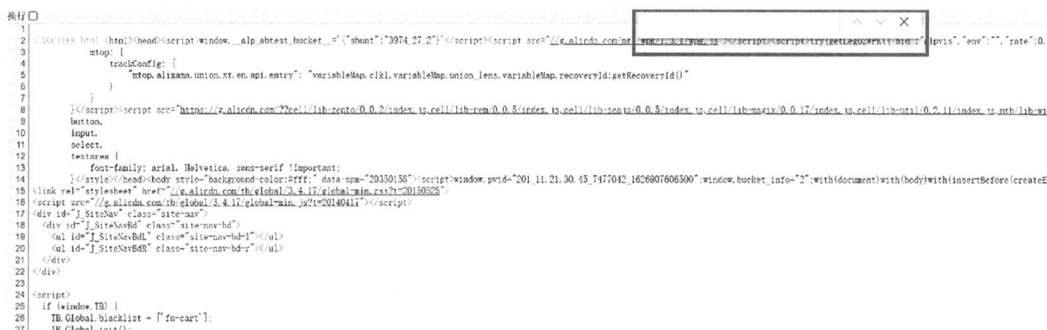

图 2-4　查找目标信息页面

（二）关于 CSS

HTML 只是设定了一个网页基本结构，但是还没办法形成我们看到的这么美观而颜色丰富的网页，这部分功能是通过 CSS 层叠样式表来实现的。检查 Element、Styles 中的内容，就可以查看对应的 CSS 内容。

```
.ClassHead-wrap a {
    display: inline-block;
    float: left;
    padding: 0px 20px;
    _padding: 0px 15px;
    line-height: 33px;
    height: 33px;
    cursor: pointer;
    color: #0474c8;
    border-width: 2px1px 0px1px;
    border-color: #fff;
    border-style: solid;
}
```

这就是一段 CSS 代码。

但是在网页中一般不会把 CSS 代码直接写在页面中，一般负责前端的程序员会把 CSS 统一写好后，放入到有 .css 后缀样式的文件中，在网页中使用 link 标签连接到样式文件，就可以调用其中的样式库了。

（三）关于 JavaScript

JavaScript 是目前很常见的一种语言，当读者在网页中看到一些动态的内容，或者是交互性的功能（如点击后出现某种效果、自动滑动的图片等），都是通过 JS 实现的功能。

JS 通常也是单独放在 .js 后缀的文件中，在网页中通过 <script src=' '></script> 标签调用。

（四）网络抓包

浏览器分析 Response（响应）中的 HTML，发现其中引用了很多文件，比如 Images 文件、CSS 文件、JS 文件。浏览器会自动再次发送 Request（请求）去获取图片、CSS 文件或 JS 文件，当所有文件都下载成功后，网页会根据 HTML 语法结构完整地显示出来。要注意的是这些文件不会在网页源代码中呈现。

打开淘宝网，在任意空白位置，右键选择"检查"（有的浏览器可能是"审查元素"，或者按键盘 F12）进入开发者模式，单击 Network（网络），如图 2-5 所示。

图 2-5　开发者模式

如图 2-6 所示，刷新页面（也可按键盘 F5 键），可以获取到许多文件，这个过程也称之为抓包。

图 2-6　抓包

搜索下拉框会有关键词推荐，与 HTML 源码解析时搜索出的信息不同，这些关键词并不是静态的，因为系统并不知道用户会搜索什么词，所以无法提前埋在 HTML 中。通过动态交互的方式，用户产生了操作，系统从服务器获取对应的数据包，使用开发者模式可以观察到这些数据包，如图 2-7 所示。

图 2-7　抓取关键词搜索结果

（五）反爬虫

平台为了避免被第三方大量采集数据，造成数据泄露等严重后果或给服务器带来巨大压力影响正常用户的使用体验，均给自己平台的数据设置了反爬虫机制。反爬虫机制一般包含 IP 限制、账号权限限制、密钥匹配这 3 种方式。

1.IP 限制

这是最基础的反爬虫方式，也比较好破解，通过变换网络 IP 即可破解。

2. 账号权限限制

必须登录账号才可以访问，且账号可能存在访问权限限制，如限制页面或者限制访问次数，破解的方法是上传身份信息给服务器，一般使用 cookie 字段。

惯常的操作是：登录电商平台账号—获取 cookie 参数—在下载网页代码函数中加入 Headers—添加延时—提取 Json 数据，具体操作将在批量采集数据时有所涉及。对于限制访问权限的，需要使用具备对应权限的账号，如果暴力破解则是黑客范畴。对于访问次数的限制，只要频繁变换账号即可。

3. 密钥匹配

密钥匹配是目前比较难破解的，需要具备密码学的知识，破解密钥的算法，然后自行生成密钥和服务器匹配。

二、编程语言采集

除了上文提到的采集方式之外，很多编程语言也可以用来采集数据，例如 Python、R 语言等，使用编程语言采集数据需要读者有一定的语言基础。接下来将以 Python 为例，简单介绍用 Python 采集数据的流程。

Python 是一种跨平台的计算机程序设计语言，是一种高层次的结合了解释性、编译性、互动性和面向对象的脚本语言，同时也是入门简单、通俗易懂的编程语言。Python 在网络爬虫、数据分析、软件游戏开发、人工智能等领域都有突出的表现。

（一）网络爬虫

爬虫就是从各种网页上面去采集所需要的信息的技术，爬虫的目标对象也很丰富，可以是文字、图片、视频或任何结构化、非结构化的数据，爬虫都可以爬取。

可以用 Python 写一段代码，让它像小蜘蛛一样，自动在互联网这张大蜘蛛网上爬行，去抓取自己的猎物（数据）。Python 在爬虫领域的表现特别突出，生态极其丰富，诸如 Request、Beautiful Soup、Scrapy 等第三方库非常强大，这些第三方库都是爬虫的好帮手。

（二）数据清洗

在抓取来的数据中经常会出现格式不同、异常值、缺失值等问题。这时候需要处理它们，这一步被称为"数据清洗"，是分析数据时比重最大的一部分，80% 左右的工作都耗在这里。

Python 可以高效处理多维数据，且兼容性强，在数据清洗方面也有着很突出的能力，能一举处理多、乱、杂的数据，降低时间成本。

（三）储存

在爬取完数据并且进行过清洗之后，需要将数据储存，可以选择文本文件的形式保存（比如 CSV），也可以选择存入数据库（如 MySQL）。

三、第三方采集器采集

（一）Power BI 采集

Power BI 是微软旗下的一款商业智能（Business Intelligence，简称 BI）软件，它包含桌面版（Power BI Desktop）、网页版和移动版。Power BI 的主要功能由 Power BI Desktop 承载，开发人员可在桌面版将数据和报表发布到网页或者手机端上。网页版可以对报表进行在线编辑，因此，当用户外出时只要记住账号和密码，找到网络就可以编辑报表，轻松应对各种突发情况。移动版需要安装 Power BI 的 APP（支持安卓和苹果系统），可以在 APP 上查看设计好的报表，在桌面版可以针对移动版重新设计报表样式。

利用 Power BI 数据分析工具采集其实也是属于数据源码采集的方式，上文介绍的方法需要手动去收集数据，这就需要耗费大量的时间和精力，因此使用软件构建采集脚本可极大节约时间成本。

（二）八爪鱼采集

八爪鱼是一款数据采集器，使用简单，可以从任何网页精确采集读者所需要的数据，生成自定义的、规整的数据格式。以下用爬取京东上的一些商品信息为例介绍如何使用八爪鱼采集数据。具体操作请参照第三节实训任务。

第三节　实训任务

本章实训任务为应用数据采集器进行电子商务数据采集。

一、业务背景

分析数据之前需要先有数据，数据一般可以通过数据产品和页面收集，收集数据时如果使用手动方式将耗费大量的时间和精力，因此使用软件构建采集脚本可极大节约时间成本。下面我们将借助八爪鱼数据采集工具，带领大家体验数据的采集。

二、具体操作流程

八爪鱼是一款数据采集器，使用简单，可以从任何网页精确采集你需要的数据，生成自定义的、规整的数据格式。接下来我们实操利用八爪鱼软件爬取京东上的一些商品信息。

首先我们需要下载八爪鱼客户端，去官网下载，注册登录，普通用户使用免费版功能就可以了。八爪鱼主页如图 2-8 所示。

图 2-8　八爪鱼主页

一般情况下，新手使用内置的免费模版就可以实现一键数据采集，当然也可以自定义配置更灵活地采集网页数据。

本实验我们主要实操使用模块采集数据，可在热门采集模板中选择"京东"，如图 2-9 所示。

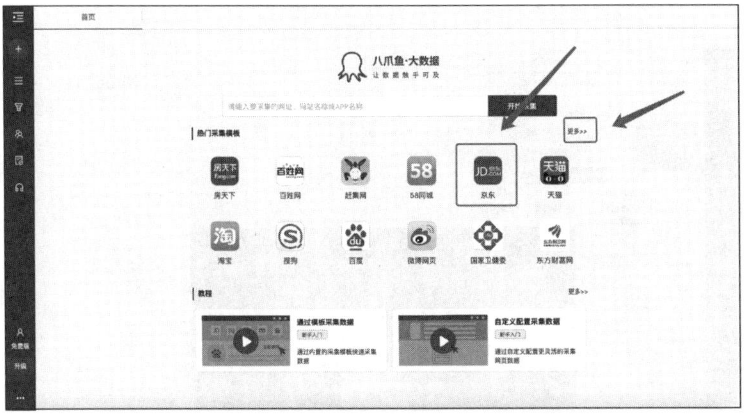

图 2-9　热门采集模板页面

在京东的模板下面，有很多不同类型数据模板，如搜索数据、评论数据、商品详情数据等，如图 2-10 所示。根据自己的需要，选择对应的模板进行采集。

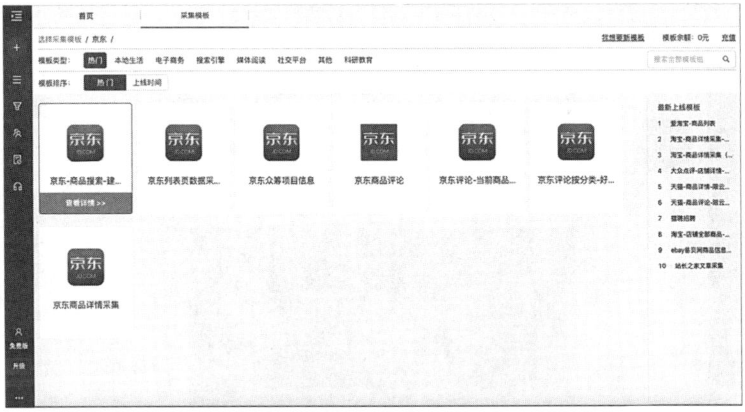

图 2-10　京东模板页面

选择"商品搜索"进入，可以查看模板介绍，如图 2-11 所示，有模板总体介绍，也有模板的使用方法。

图 2-11　模板介绍页面

点击"采集字段预览"，可以看到每个字段在原网页的位置，如图 2-12 所示。

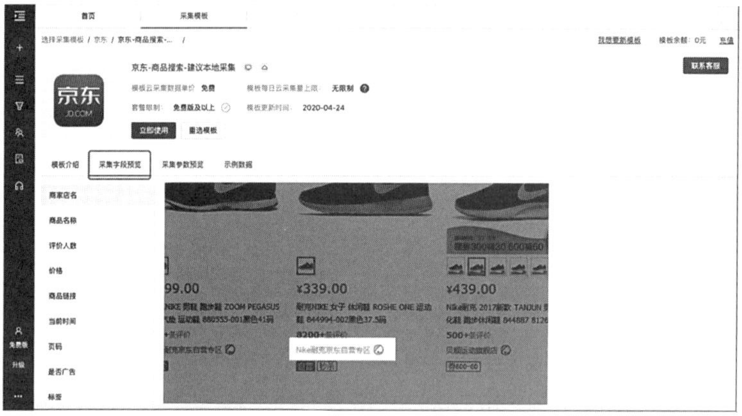

图 2-12　采集字段预览页面

采集参数预览可以查看需要输入的参数代表的意思，如图 2-13 所示。页数代表你要采集多少页的数据，搜索关键词表示要爬去什么关键词下面的数据。

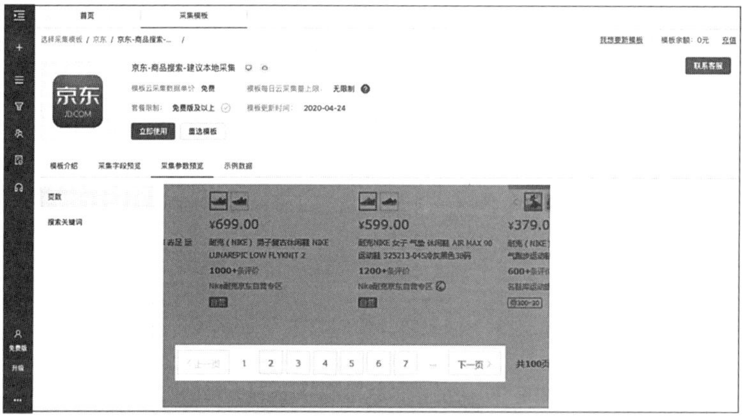

图 2-13　采集参数预览页面

示例数据就是最终采集的数据的示例，如图 2-14 所示。

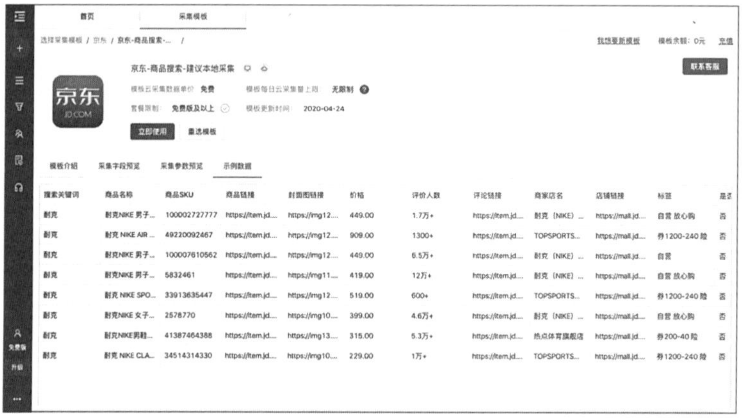

图 2-14　示例数据页面

查看完介绍之后，点击"立即使用"，进行数据采集，如图 2-15 所示。

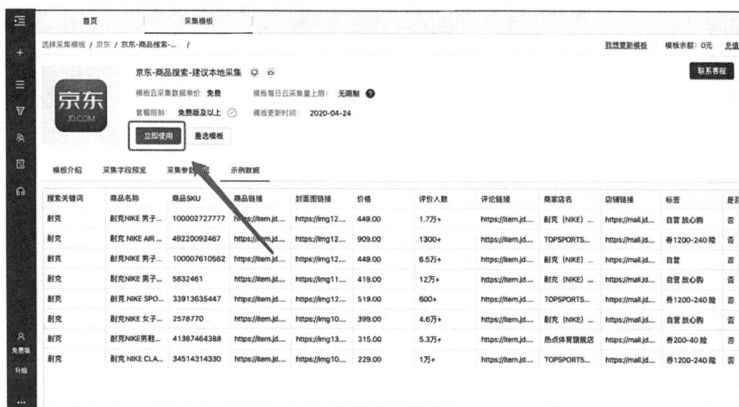

图 2-15　使用模板页面

配置参数，这边主要需要配置两个参数搜索关键词和页数。关键词可以设置多个，一行一个，用空格进行换行，这里我们采集的是手机的搜索数据，采集 20 页，如图 2-16 所示。

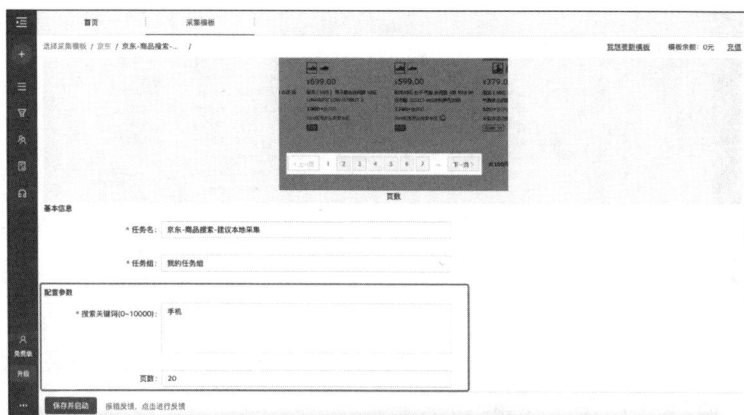

图 2-16　配置参数页面

配置完之后，点击左下角的"保存并启动"，会出来图 2-17 所示页面，这里我们只需选择启动本地采集即可。

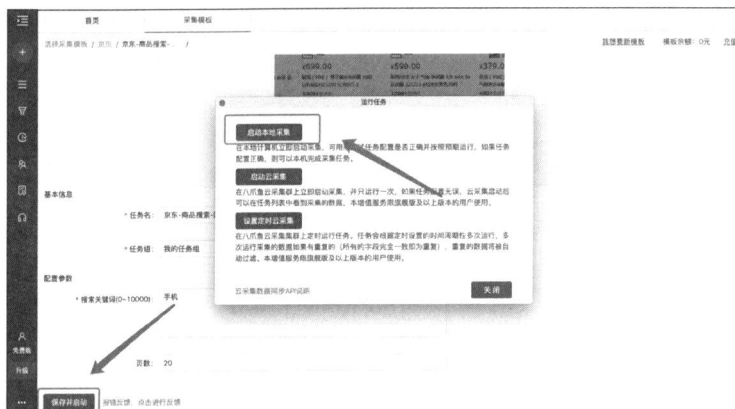

图 2-17　运行任务页面

如图 2-18 所示，采集任务正在进行中。

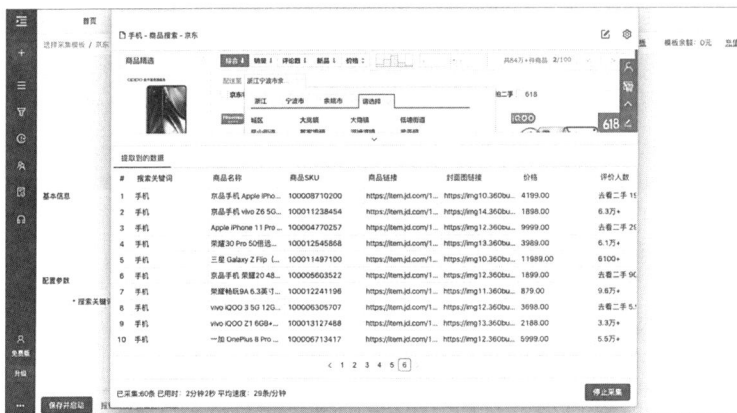

图 2-18　采集任务进行中页面

采集完成，如图 2-19 所示，我们直接选择导出数据即可。注意：采集多页数据会比较慢，第一次可以尝试采集 1~2 页。

图 2-19　采集完成页面

选择导出后，如果存在重复数据的会提示你是否去除重复值，如图 2-20 所示。选择去重复值即可。

图 2-20　去重复值页面

接着选择导出方式，可以导出为 Excel、CSV、HTML 文件或者导出到数据库，如图 2-21 所示。

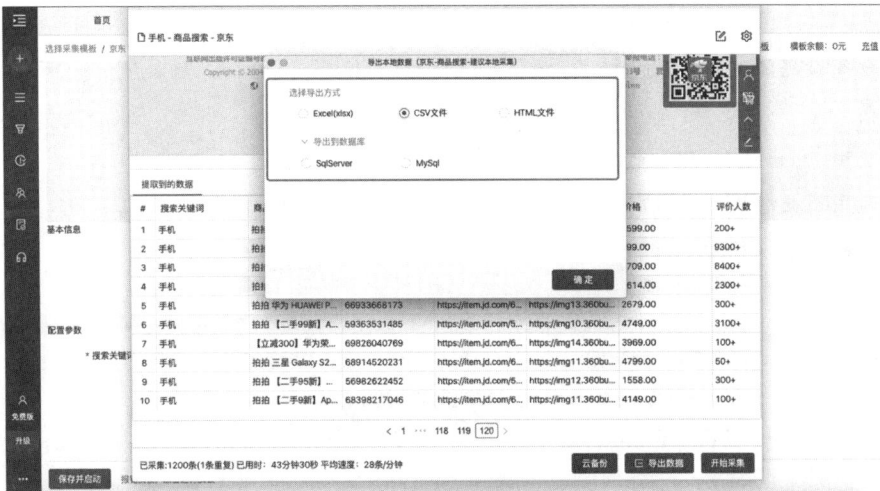

图 2-21　选择导出方式页面

选择本地路径导出数据即可。

第三章

电子商务数据清洗与处理

➤ **章节目标**

◎ 掌握电商数据清洗与处理的相关知识。

◎ 能够熟练利用 Excel 表格进行数据清洗。

◎ 能够熟练利用 Excel 表格进行数据处理。

◎ 能够运用商业智能平台进行数据清洗与处理。

➤ **学习重点、难点**

重点

◎ 电商数据清洗与处理的相关知识。

难点

◎ 应用 Excel 进行数据清洗与处理。

◎ 运用商业智能平台进行数据清洗与处理。

➤ **本章思维导图**（见图 3-1）

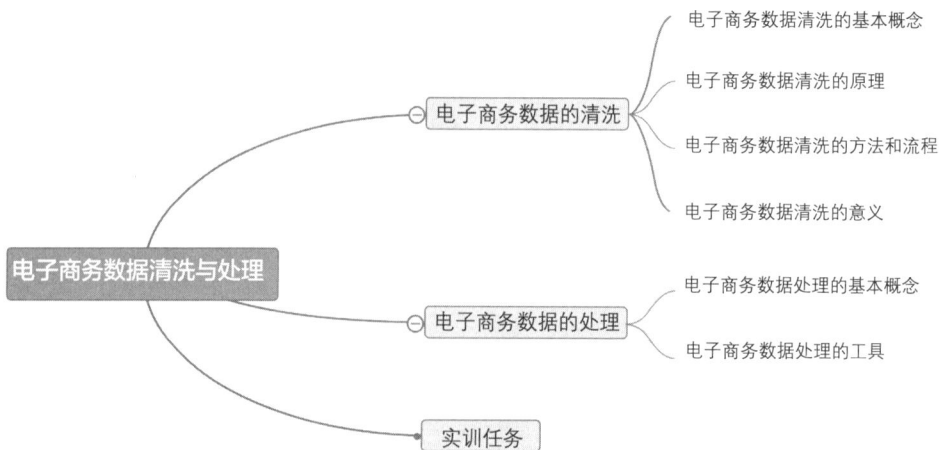

图 3-1　第三章思维导图

第一节　电子商务数据的清洗

电子商务数据清洗是指发现并纠正电商数据文件中可识别的错误的最后一道程序，包括检查数据一致性，处理无效值和缺失值等。与问卷审核不同，录入后的数据清洗一般是由计算机而不是人工完成的。

一、电子商务数据清洗的基本概念

数据清洗（Data Cleaning）是对数据进行重新审查和校验的过程，目的在于删除重复信息、纠正存在的错误，并提供数据一致性。

电子商务数据清洗从名字上也看得出就是把电商数据中"脏"的数据"洗掉"，因为数据仓库中的数据是面向某一主题的数据的集合，这些数据从多个业务系统中抽取而来，而且包含历史数据，这样就避免不了有的数据是错误数据，或有的数据相互之间有冲突，这些错误的或有冲突的数据显然是我们不想要的，被称为"脏数据"。我们要按照一定的规则把脏数据"洗掉"，这就是电子商务数据清洗。而电子商务数据清洗的任务是过滤那些不符合要求的数据，将过滤的结果交给业务主管部门，确认是否过滤掉，由业务单位修正之后再进行抽取。

电商数据清洗是一个反复的过程，不可能在几天内完成，只有不断地发现问题，才能解决问题。对于是否过滤、是否修正一般要求客户确认，对于过滤掉的数据，写入Excel文件或者将过滤数据写入数据表，在ETL开发的初期可以每天向业务单位发送过滤数据的邮件，促使他们尽快地修正错误，同时也可以作为将来验证数据的依据。电商数据清洗需要注意的是不要将有用的数据过滤掉，对于每个过滤规则认真进行验证，并要用户进行确认。

✐ 知识助手：你知道不符合要求的数据主要有哪几类吗？

1. 残缺数据

这一类数据主要是一些应该有的信息缺失，如总消费额出现空值、人均消费额报错等。将这一类数据过滤出来，按缺失的内容分别写入不同Excel文件向客户提交，要求在规定的时间内补全。补全后才写入数据仓库。

2. 错误数据

这一类错误产生的原因是业务系统不够健全，在接收输入后没有进行判断直接写入后台数据库造成的，比如数值数据输成全角数字字符、字符串数据后面有一个回车操作、日期格式不正确、日期越界等。这一类数据也要分类，对类似于全角字符、数据前后有不可见字符的问题，只能通过写SQL语句的方式找出来，然后要求客户在业务系统修正之后抽取。日期格式不正确的或者是日期越界的这一类错误会导致ETL运行失败，这一类错误需要去业务系统数据库用SQL的方式挑出来，交给业务主管部门要求限期修正，修正之后再抽取。

3. 重复数据

对于这一类数据（特别是维表中会出现这种情况），将重复数据记录的所有字段导出来，让客户确认并整理。

二、电子商务数据清洗的原理

电商数据清洗原理是指利用有关技术，如数理统计、数据挖掘或预定义的清洗规则将"脏数据"转化为满足数据质量要求的数据，如图 3-2 所示。

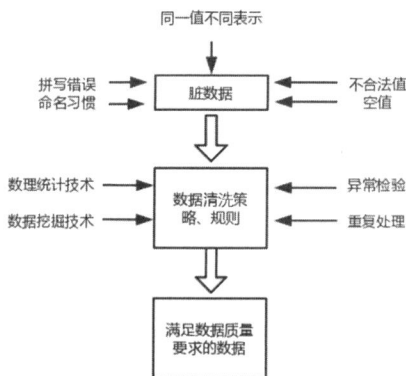

图 3-2　数据清洗原理

三、电子商务数据清洗的方法和流程

一般来说，电子商务数据清洗是将数据库精简以除去重复记录，并使剩余部分转换成标准可接收格式的过程。数据清洗标准模型是将数据输入到数据清洗处理器，通过一系列步骤"清洗"数据，然后以期望的格式输出清洗过的数据。数据清洗从数据的准确性、完整性、一致性、唯一性、适时性、有效性几个方面来处理数据的丢失值、越界值、不一致代码、重复数据等问题。

（一）电子商务数据清洗方法

1. 解决不完整数据（即值缺失）的方法

大多数情况下，缺失的值必须手工填入（即手工清洗）。当然，某些缺失值可以从本数据源或其他数据源推导出来，这就可以用平均值、最大值、最小值或更为复杂的概率估计代替缺失的值，从而达到清洗的目的。

2. 错误值的检测及解决方法

用统计分析的方法识别可能的错误值或异常值，如偏差分析、识别不遵守分布或回归方程的值，也可以用简单规则库（常识性规则、业务特定规则等）检查数据值，或使用不同属性间的约束、外部的数据来检测和清洗数据。

3. 重复记录的检测及消除方法

数据库中属性值相同的记录被认为是重复记录，通过判断记录间的属性值是否相等来检测记录是否相等，相等的记录合并为一条记录（即合并/清除）。合并/清除是消重的基本方法。

4. 不一致性（数据源内部及数据源之间）的检测及解决方法

从多数据源集成的数据可能有语义冲突，可定义完整性约束用于检测不一致性，也可通过分析数据发现联系，从而使得数据保持一致。

（二）电子商务数据清洗流程（以 Excel 为例）

1. 选择子集

选择需要做数据分析的列。当数据的列比较多时，可以使用隐藏功能把不需要分析的列单击右键隐藏起来。

2. 列名重命名

如果原字段名不合适，可以更改字段名称。

3. 删除重复项

选中要分析的数据范围，"数据"—"删除重复值"可用来删除重复值。

4. 缺失值处理

Excel 中通过选中某一列，查看右下角显示的统计数目，通过和其他列对比来得知该列是否有缺失。

5. 一致化处理

一致化是指数据有统一的命名。可以对数据进行拆分从而实现命名的统一。

6. 数据排序

利用 Excel 中的函数功能得出数据的平均值或者是求和，从而对数据进行排序。

7. 异常值处理

通过 Excel 的筛选功能来查看数据是否有错误。在下拉菜单中所列出的数据类型中，可以查看到是否有不正常的数值。

知识助手：你知道哪些方法能对找到的缺失值进行处理？

方法 1：用一个样本统计量的值代替缺失值。

方法 2：直接将有缺失值的记录删除。

方法 3：将有缺失值的记录保留。

方法 4：用一个统计模型计算出来的值代替缺失值。

四、电子商务数据清洗的意义

一般来说，数据清洗是指在数据集中发现不准确、不完整或不合理数据，并对这些数据进行修补或移除以提高数据质量的过程。而通常来说，数据清洗框架由 5 个步骤构成：第一是定义错误类型，第二是搜索并标识错误实例，第三是改正错误，第四是文档记录错误实例和错误类型，第五是修改数据录入程序以减少未来的错误。

我们按照数据清洗的步骤进行工作的时候还需要重视格式检查、完整性检查、合理性检查和极限检查，这些工作也要在数据清洗过程中完成。数据清洗对保持数据的一致和更新起着重要的作用，因此被用于多个行业。尤其是在电子商务领域，尽管大多数数据是通过电子方式收集的，但仍存在数据质量问题。影响数据质量的因素包括软件错误、定制错误和系统配置错误等。通过检测爬虫和定期处理客户账户的重复数据，对电子商务数据进行清洗。所以说数据清洗备受大家的关注。

企业认识了数据的价值，但是数据本身存在的一些特点，使得每个企业又对其头疼不已。比如数据的一个特点 Variety（多样性），它既表明数据来源多种多样，也表明数据的形式千奇百怪。

当与各种数据打交道的时候，通常会发现，数据本身真的不是那么友好。如果企业想直接从业务数据库提取数据用来分析，会面临的问题是，业务数据库通常是根据业务操作的需要进行设计的，遵循 3rd NF（Third Normal Form，第三范式），尽可能减少了数据冗余，但同时也会带来一些问题，比如表与表之间关系错综复杂。

在分析业务状况时，储存业务数据的表，与储存想要分析的角度表，很可能不会直接关联，而是需要通过多层关联来达到，这为分析增加了很大的复杂度，同时因为业务数据库会接受大量用户的输入，如果业务系统没有做好足够的数据校验，就会产生一些错误数据，比如不合法的身份证号、不应存在的 Null 值或空字符串等。

此外，随着 NoSQL（非关系型数据库）的进一步发展，有许多数据储存在诸如 MongoDB（一个基于分布式文件存储的数据库）等 NoSQL 数据库中，多种多样的数据储存方式，也给取数带来了困难，无法简单地用一条 SQL 完成数据查询。就更别提机器的源日志和靠爬虫获取的数据了。

所以整理清洗的目的就是从以上大量的、结构复杂、杂乱无章、难以理解的数据中抽取并推导出对解决问题有价值、有意义的数据和数据结构。清洗后，保存下来真正有价值、有条理的数据，为后面做数据分析减少分析障碍。

第二节 电子商务数据的处理

获取到数据之后，就会进入到数据处理的阶段。数据处理阶段也可以称作数据准备阶段，包含从原始数据到形成最终数据集的所有操作，包括表、数据清洗和转换、语义层定义及数据集定义。数据处理是大数据分析的前提条件。

一、电子商务数据处理的基本概念

数据处理有广义和狭义两种理解：从广义上来讲，所有的数据采集、存储、加工、分析、挖掘和展示等工作都可以叫作数据处理；从狭义来讲，数据处理仅仅是指从存储的数据中通过提取，筛选出有用数据，对有用数据进行加工的过程，是为数据分析和挖掘的模型所做的数据准备工作。

一般意义上讲的数据处理是狭义的定义，即对数据进行增、删、改、查的操作。在目前大数据的背景下，我们数据处理工作往往是通过技术手段来实现的，比如说利用数据库的处理能力，对数据进行增加、删除、改动、查询等处理。在实践中，数据处理工作中最大量的工作是对数据进行清洗，即对不清洁的数据进行清洁化的工作，让数据更加规范，让数据的结构更加合理，让数据的含义更加明确，并让数据处在数学模型的可用状态。

🖰 知识助手：你知道什么是数据杂质和噪音吗？

在外部大数据中因为数据价值密度较低，数据的杂质和噪音很多，需要大量的数据处理工作才能将有价值的数据和信息提炼出来。而企业大数据，特别是内部采集的数据，其价值密度高，几乎所有的数据和信息都是有价值的，其杂质和噪音也会少。

二、电子商务数据处理的工具

Excel 是最基本也是最常用的数据处理工具，功能非常强大，通过 Excel 进行的数据处理包括对数据进行排序、筛选、去除重复项、分列、异常值处理、透视表等。除此之外，还有 SQL、Hive、Python、Google Analytics、GrowingIO、BI 等，每种工具都各有优缺点，对于工具的选择应视情况、侧重点来确定。

根据数据处理的不同阶段，有不同的专业工具来对数据进行不同阶段的处理。

在数据转换部分，有专业的 ETL，Informatica 和开源的 Kettle 等工具，帮助完成数据的提取、转换和加载。

在数据存储和计算部分，有 Oracle，DB2，MySQL 等工具。

在数据可视化部分，有 BIEE，Microstrategy，Yonghong 的 Z-Suite 等工具。

🔭 视野拓展：你知道 Excel 作为数据分析软件的优缺点吗？

如果使用 Excel 进行数据分析，好处是显而易见的：非常方便，尤其是对个人来说，成本低，功能足够强大。

但是，如果企业使用，通常会遇到以下问题。

（1）数据分析不普及：企业业务人员使用 Excel，通常只做简单的数据分析，复杂的数据分析太烦琐，都要找 IT 部门帮忙。

（2）效率低，成本高：取数≠数据分析，IT 画报表做数据分析，沟通周期长，人工成本增加。

（3）功能不够：Excel 处理数万条以上数据时，会出现卡顿的情况。

面对这种困境，企业需要有强大的 BI 数据分析工具的支持，向下帮助 IT 进行数据管理和控制，向上充分利用底层数据，支持前端业务数据应用。

第三节　实训任务

本实训任务采用的商业智能平台是思睿智训公司开发的一款商务数据分析与可视化软件。

一、实训任务一：商业智能平台电商数据清洗

（一）业务背景

商业智能平台是思睿智训公司开发的一款商业数据分析软件，平台界面简单，操作

简洁，可以仅仅通过拖、拉、拽的形式实现数据清洗，对非计算机专业或没有数据分析基础的人群十分友好。本案例通过实操数据预处理，帮助认识和熟悉平台数据清洗操作。

（二）具体操作流程

进入平台，点击左侧菜单栏的"数据准备"，再点击进入"自助 ETL"，如图 3-3 所示。

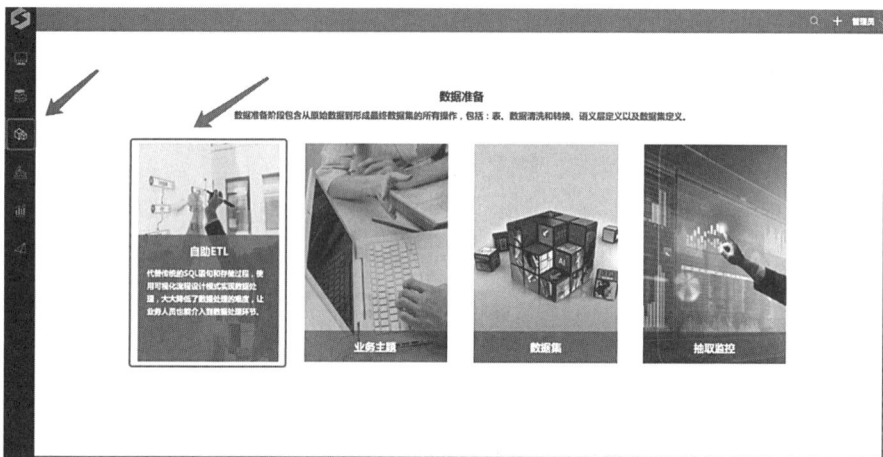

图 3-3　进入自助 ETL

点击新建自助 ETL，如图 3-4 所示。

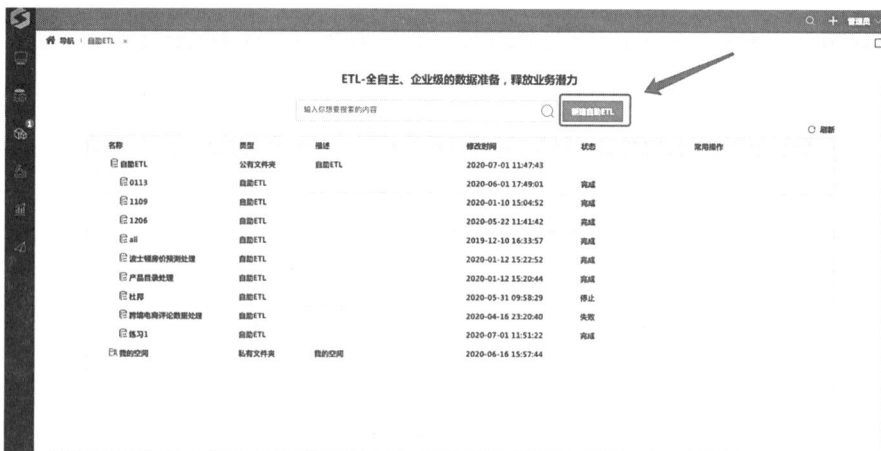

图 3-4　新建自助 ETL

进入工作流界面，如图 3-5 所示。

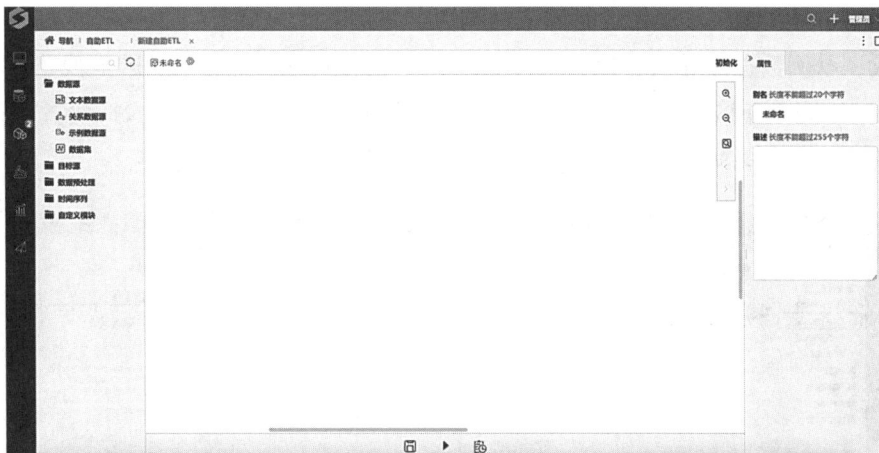

图 3-5　工作流界面

首先我们需要保存工作流，点击下方的保存键，如图 3-6 所示。

图 3-6　保存工作流

输入名称，选择保存路径，将此工作流保存到自己空间，如图 3-7 所示。

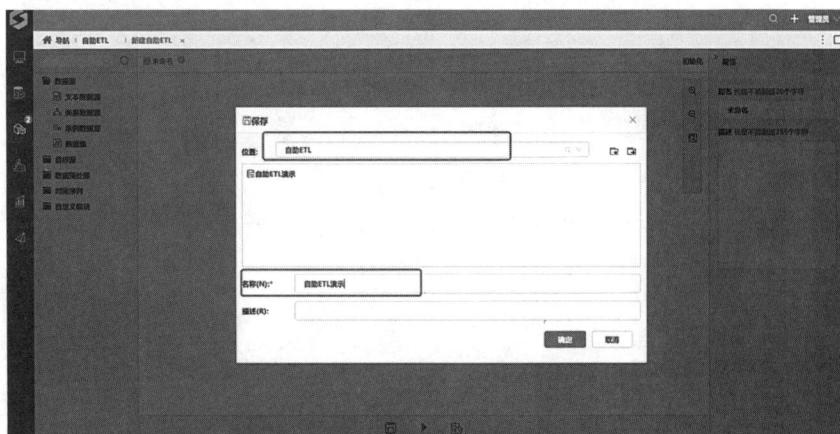

图 3-7　保存

回到画布区，第一步要做的是导入数据源，自助 ETL 支持从文本数据导入、关系数据源导入、示例数据源导入及数据集导入，这里我们从左边资源节点区拖拽"关系数据源"节点到中间画布区，然后在右边参数区根据路径选择自己导入的表格或者需要数据清洗的表格，这边以 srzxbi 中的"连衣裙热销 100"导入，如图 3-8 所示。

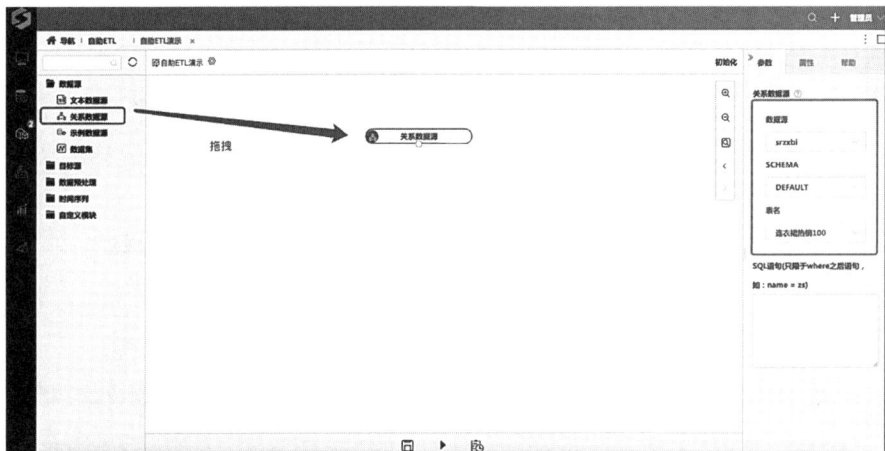

图 3-8　导入关系数据源数据

点击右键"关系数据源"节点，选择"执行到此处"，或者也点击下方工具栏的三角符号，如图 3-9 所示。

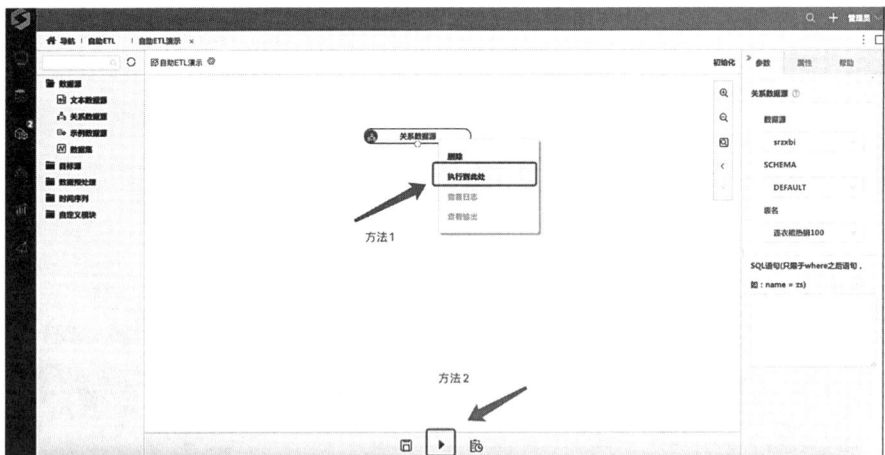

图 3-9　执行节点

运行成功之后，节点右侧会出现绿色的勾，如图 3-10 所示。

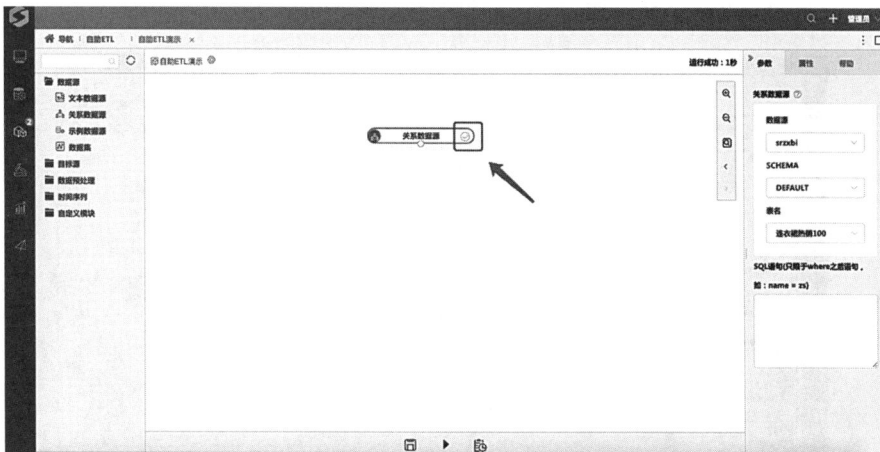

图 3-10　运行成功标志

右键节点，选择"查看输出"，即可查看该数据源详细数据，如图 3-11 所示。

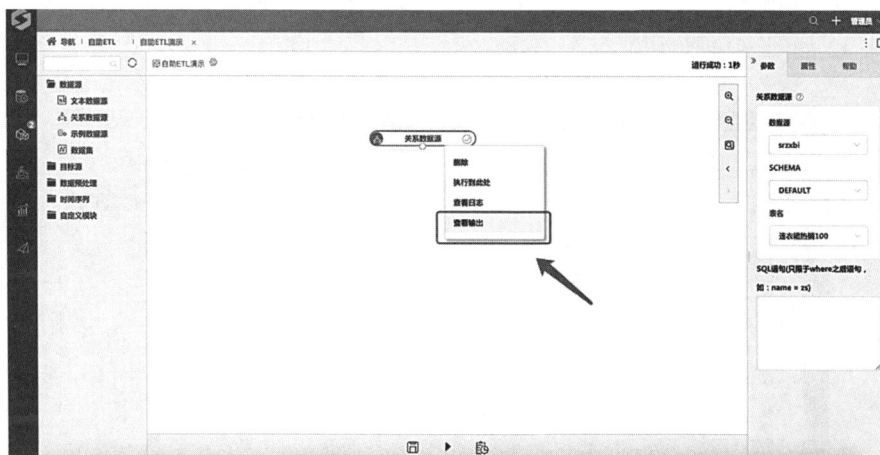

图 3-11　查看输出

详细数据如图 3-12 所示。

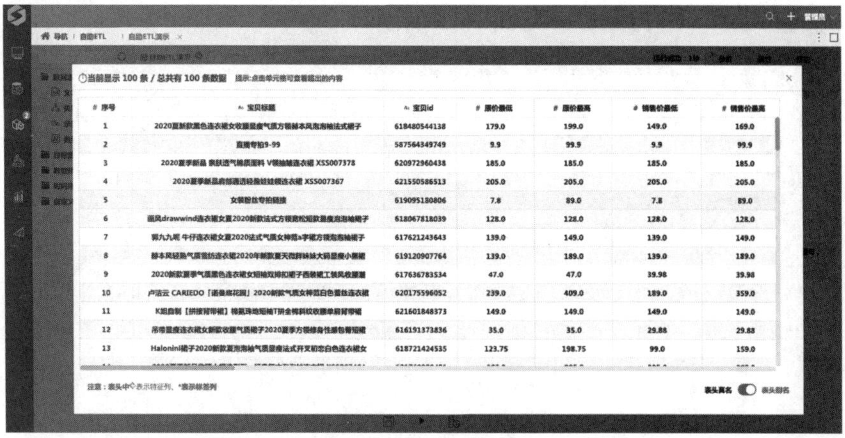

图 3-12　详细数据

接下来就可以进行如图 3-13 所示的数据预处理方法。

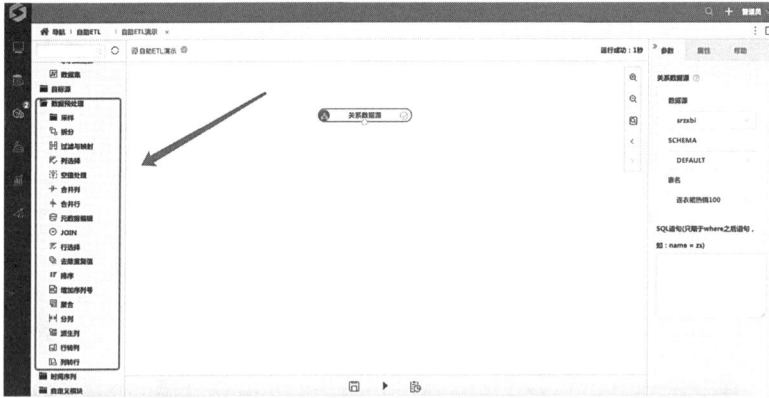

图 3-13　数据预处理节点

例如我们想要筛选出这热销前 100 商品中所有包邮的商品，就可以使用"行选择"节点，拖拽节点到画布区，并与"关系数据源"进行关联（关系数据源输出端与行选择输入端连起来），如图 3-14 所示。

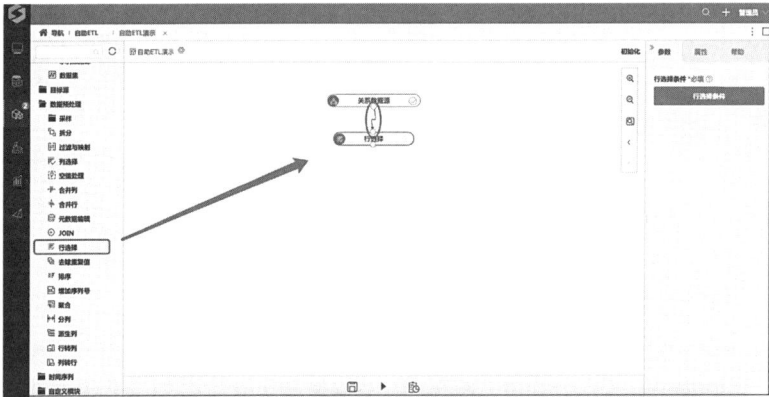

图 3-14　行选择

对"行选择条件"进行配置，如图 3-15 所示。

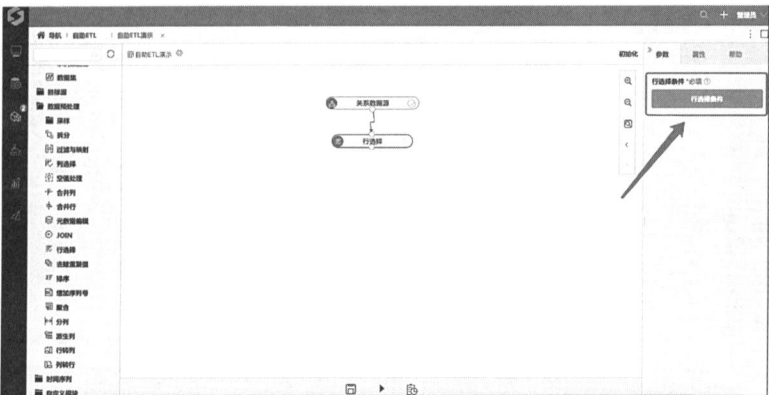

图 3-15　行选择条件配置

选择"根据条件筛选",选择"邮费"字段,筛选出等于 0 的值,也就是所有包邮的商品,配置完条件之后一定要点击最右边的"+"键,如图 3-16 所示。

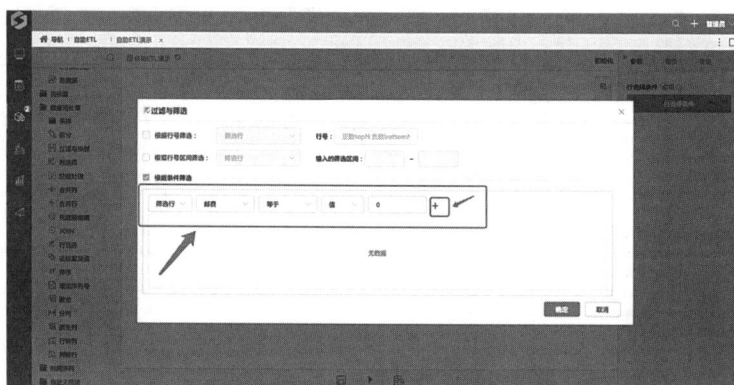

图 3-16　行选择条件

条件添加成功如图 3-17 所示,点击确定即可。

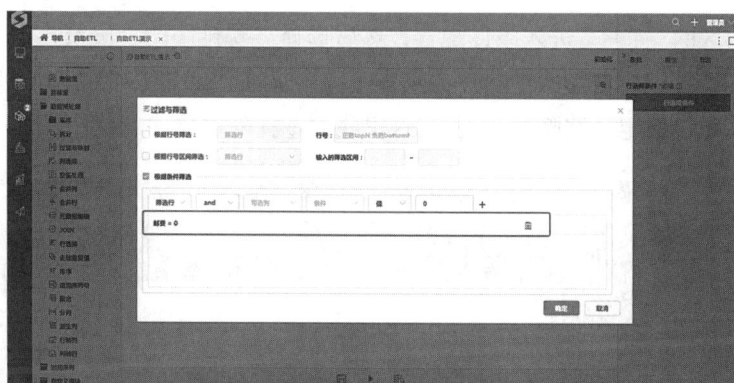

图 3-17　添加条件

运行工作流,右键"行选择"查看输出,如图 3-18 所示。可以看到,已经筛选出 76 个包邮的热销商品。

图 3-18　查看筛选输出

接下来我们对表格按照总销量进行排序，看总销量最高的几个宝贝是什么，这里就可以用到"排序"节点，拖拽"排序"节点到画布区，并进行关联，如图 3-19 所示。

图 3-19　排序

点击参数区的"条件"进入条件配置，然后选择需要排序的字段及排序方式，排序方式为"asc"升序，另一种"desc"排序方式就是降序（注：SQL 语句中，asc 是指定列按升序排列，desc 则是指定列按降序排列），这里我们选择降序排序，如图 3-20 所示。

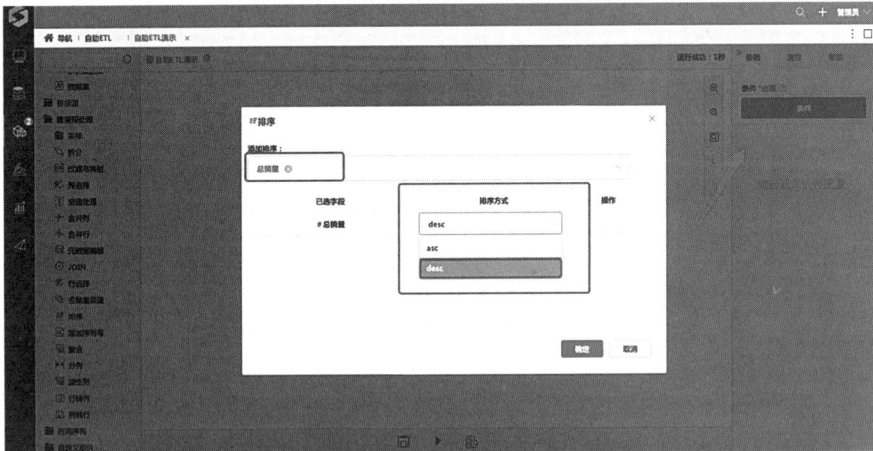

图 3-20　排序条件配置

全部执行，成功之后右键点击"排序"节点，查看输出，可以看到数据已经按照总销量进行了降序排序，如图 3-21 所示。

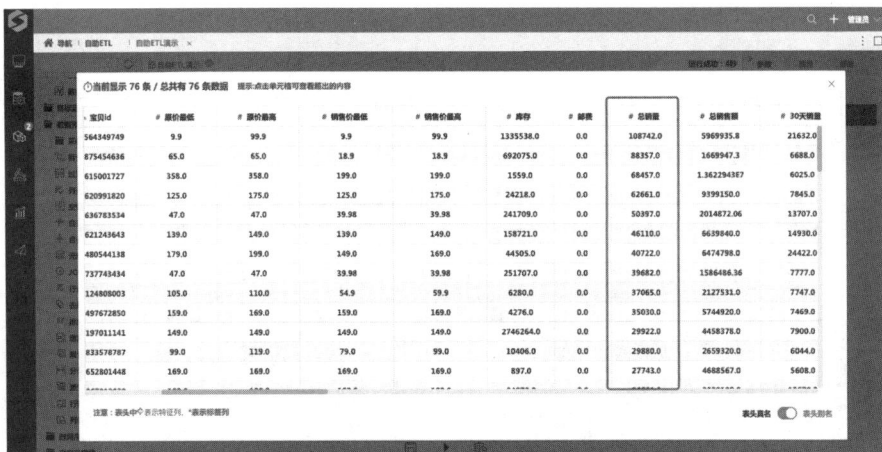

图 3-21　查看排序后数据

完成数据预处理操作之后，还需要输出源，这样整个流程才算完整。因此我们从左边"目标源"中拖拽"目标关系源"到画布区，建立关联。然后在右边参数区配置输出路径和方式，点击"+"号键可以新建一个表格，如果选择具体的表格就表示覆盖原始表格数据，如图 3-22 所示。

图 3-22　输出目标源

全部执行完之后，数据清洗的整个操作就完成了。

二、实训任务二：商业智能平台电商数据处理

（一）业务背景

本实验主要是熟悉了解自助数据集模块的基本功能与操作，将上传的两个连衣裙数据表（连衣裙热销 100 和连衣裙评价，数据可至前言中"实训平台相关资源"二维码中下载）进行关联，对相关字段进行设置，为后续的数据分析展现提供基础。

（二）具体操作流程

1. 新建自助数据集

进入平台首页选择"数据准备"，在下拉菜单中选择"数据集"，如图 3-23 所示；或点击左侧菜单栏中的"数据准备"，再点击进入"数据集"，如图 3-24 所示。

图 3-23　进入数据集（方式 1）

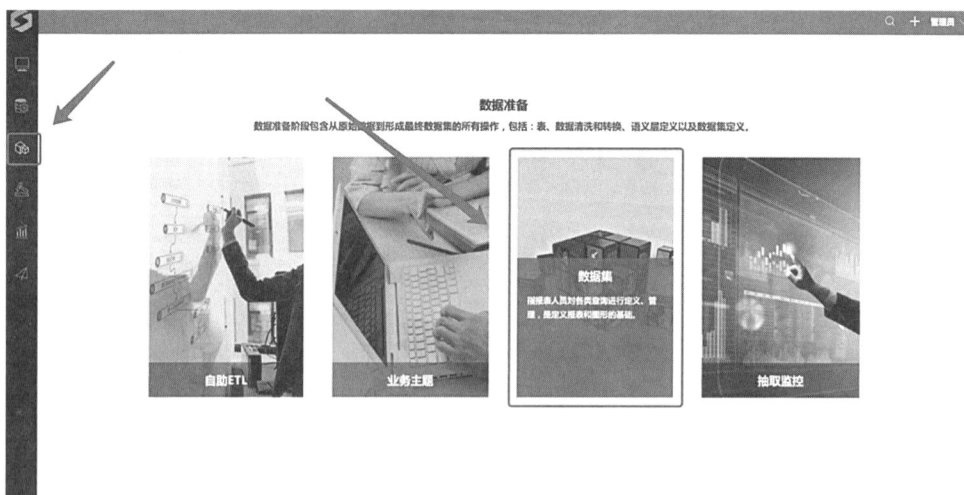

图 3-24　进入数据集（方式 2）

进入"数据集"首页，点击"新建数据集"，选择"自助数据集"，如图 3-25 所示。进入自助数据集设置页面，如图 3-26 所示。

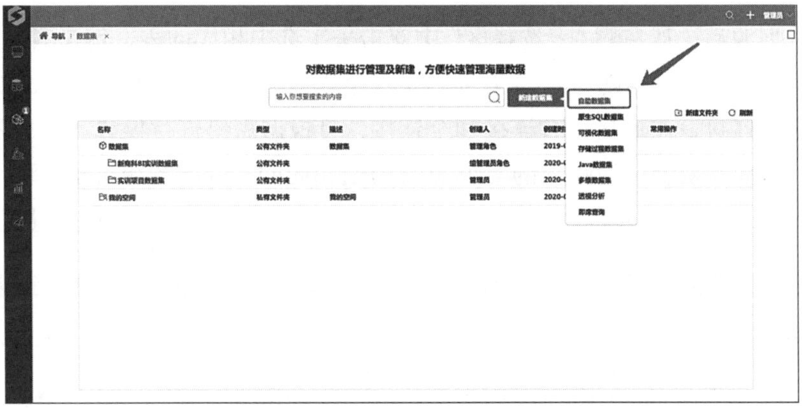

图 3-25　新建自助数据集

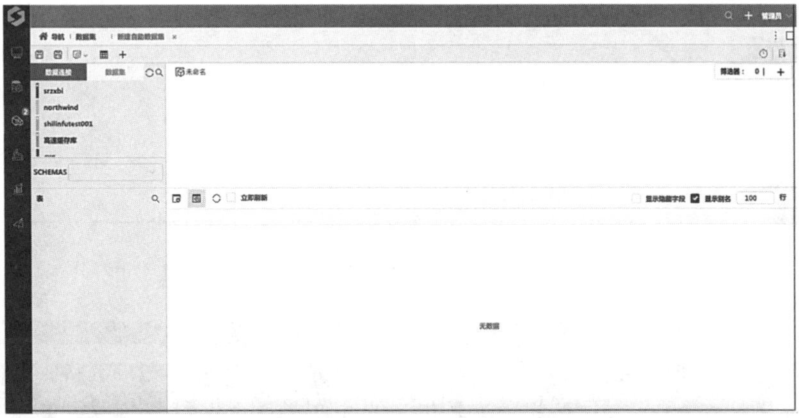

图 3-26　自助数据集设置页面

2.选择数据来源

自助数据集的数据来源可以来源于数据源，也可以来源于数据集，我们根据事先连接好的数据源进行选择。进入自助数据集设置界面后选择数据源，从左侧"数据选择区"中的"数据连接"中选择"srzxbi"数据源，如图 3-27 所示。

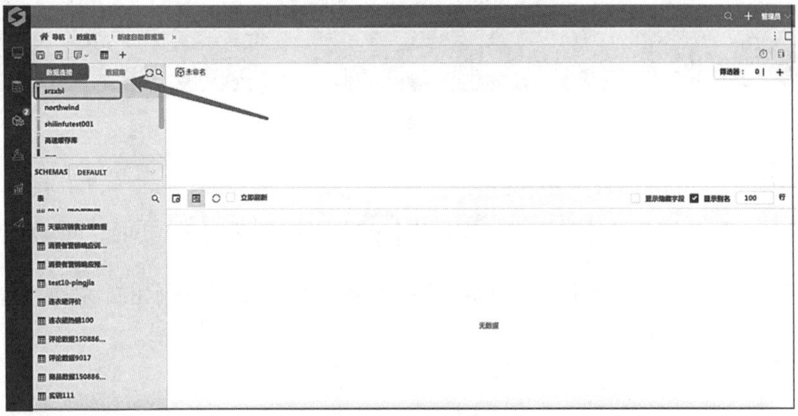

图 3-27　选择数据来源

3. 定义表集合

选择数据源后，从左侧"表选择区"中双击一次选中相应的表，定义表关系至"表集合区"，如图 3-28 所示。创建好表集合后，每个表之间由"表关联"联结，如图 3-29 所示，它包含内连接、左连接、右连接和全连接，可根据需要进行设置。一般系统会自动默认关联，例如本实训这两张表的宝贝 id 字段是相同的，因此系统自动将两个表格以宝贝 id 字段进行关联。另外也可以点击"+"，选择不同的字段连接方式，设置手动连接。

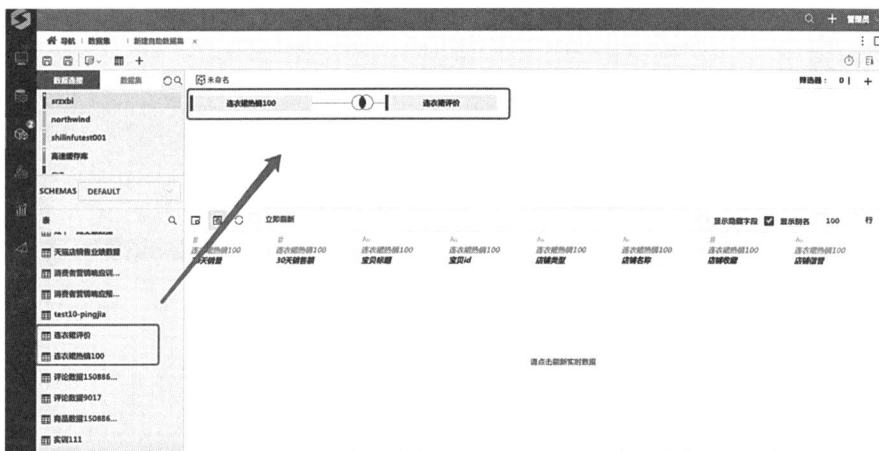

图 3-28　定义表集合

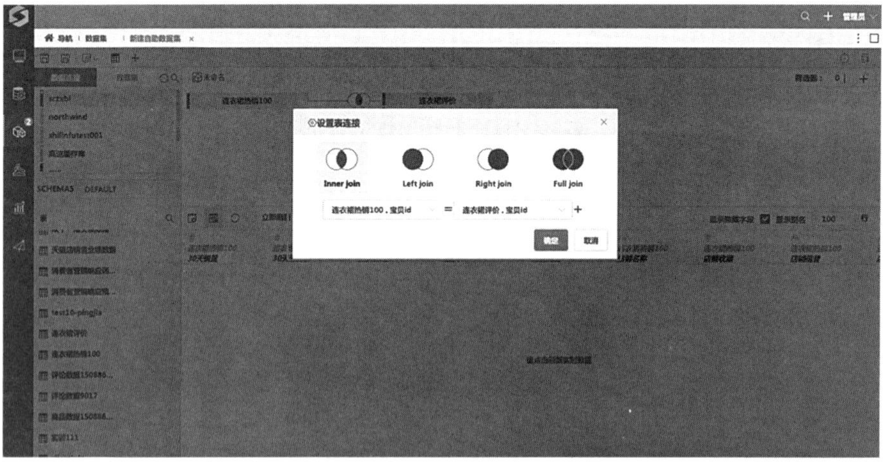

图 3-29　表连接

4. 规范字段

在"表属性区"选择左侧第二个按钮" 🔍 "切换到表数据页面，可查看具体字段，如图 3-30 所示。点击" 🔄 "按钮可刷新实时数据（默认是不显示的，需要点击刷新键才会显示具体数据。）

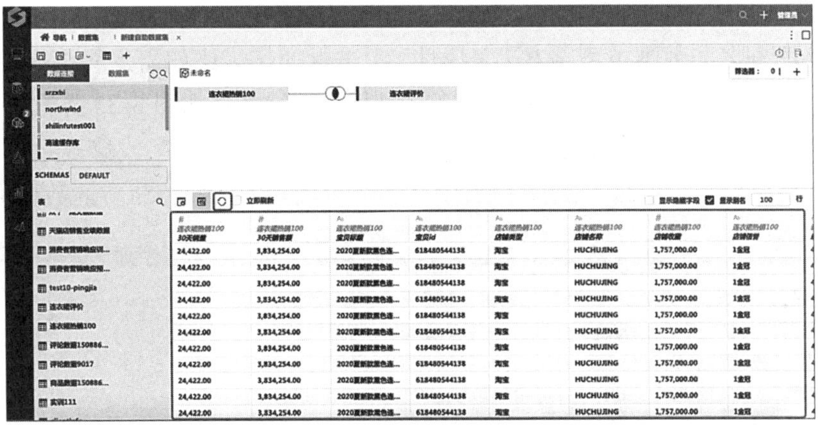

图 3-30　表数据

在"表属性区"选择左侧第一个按钮"⚙️"切换到表属性页面，分为维度（见图 3-31）和量度（见图 3-32）。系统支持对表和字段进行重新组织、分类设计等规范化设置，比如修改别名、修改数据类型、设置可视性、拖拽表与字段、新建目录、新建层次和新建计算字段等，还可进行创建时间维、地理维及维度删除等操作。

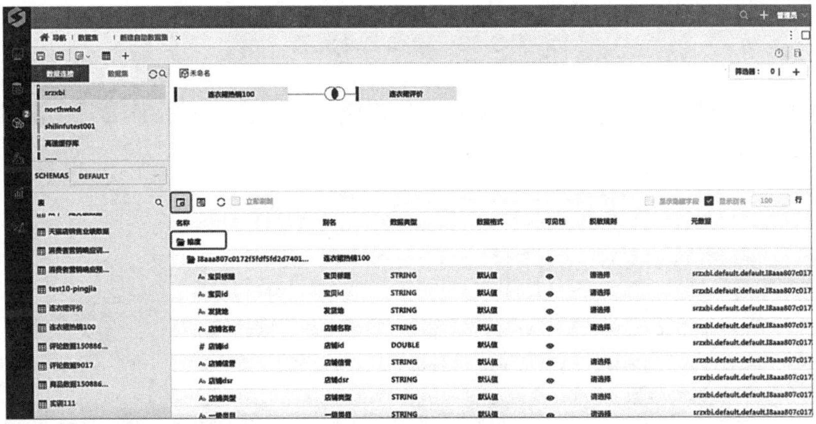

图 3-31　表属性维度

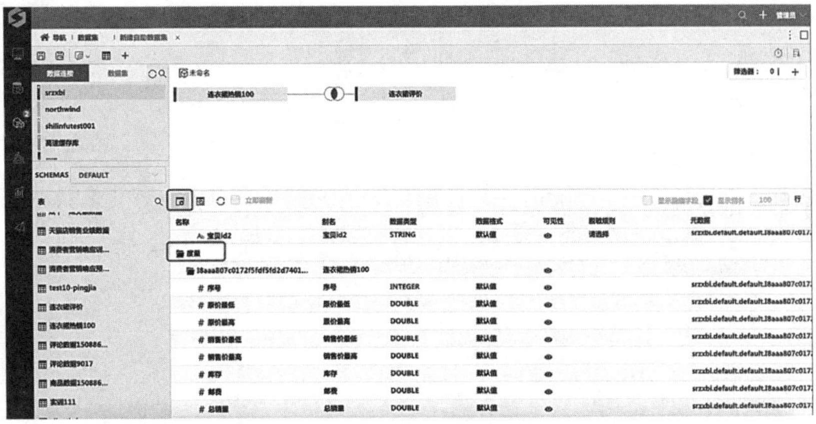

图 3-32　表属性量度

（1）修改别名与数据类型

修改字段别名与数据类型需在"表属性"中进行操作。比如需要对连衣裙热销100数据表下某个字段进行别名修改，可以单击别名对应位置，如图3-33方框所示，在编辑框中输入想要修改的名字，再点击空白处即修改完成。对某字段修改数据类型，单击数据类型对应位置，如图3-34方框所示，在下拉菜单中选择相对应的数据类型。

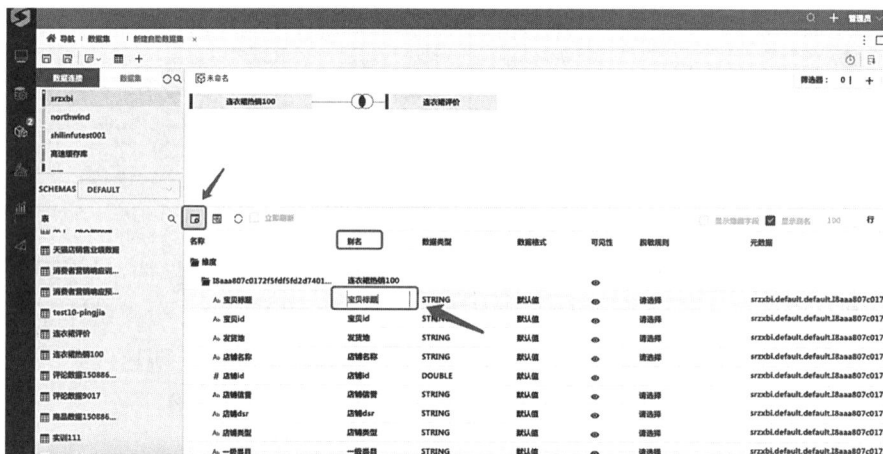

图 3-33　修改字段别名

图 3-34　修改字段数据类型

（2）创建地理层次维

如果有表示地区的字段，可以在"表属性"中右键单击"维度"，选择"新建层次"，如图3-35所示，设置名称为"地区"，点击"确定"保存，如图3-36所示。

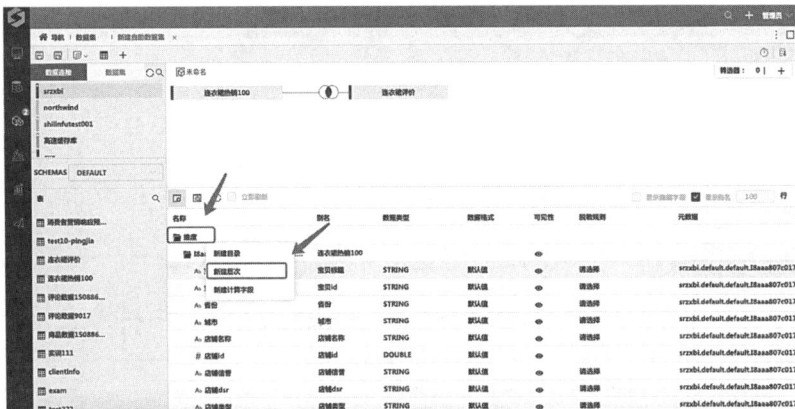

图 3-35　新建层次

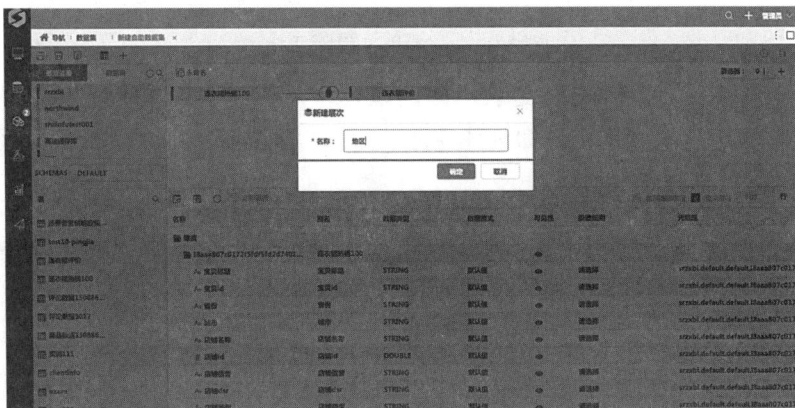

图 3-36　设置层次名称

将"表属性"中需要的字段拖拽到"地区"层次下，比如发货的省份和城市，如图 3-37 所示，选中直接拖拽即可，拖拽完成后如图 3-38 所示。

注意：将地理维度字段拖拽到地区层次下，必须要将地理维度按照从大到小的顺序排列，也就是先省份、后地区的顺序，便于下钻功能正常使用。

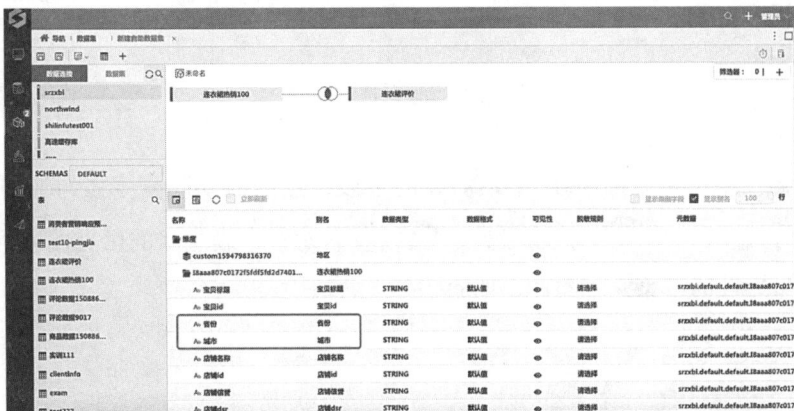

图 3-37　拖拽字段

图 3-38 创建地区层次成功

右键单击"省份""城市",选择"标记地理维度",将字段标记为地理维度,如图 3-39 所示。标记后地理维层次即创建完成。同理,我们还可以创建时间维及计算字段等,同学们可以自己去体验。

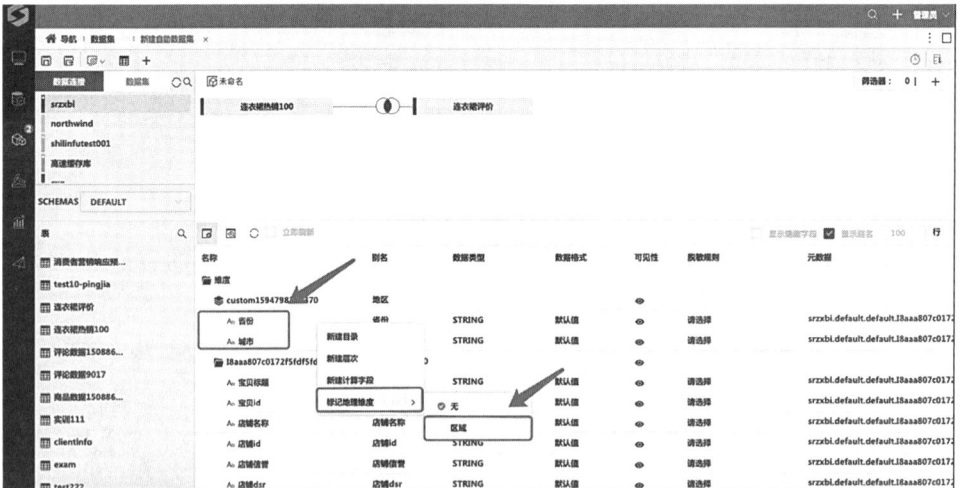

图 3-39 标记地理维度

(3)显示 / 隐藏字段

设置隐藏"连衣裙热销 100"中不需要的字段,点击需要隐藏字段对应可见性下的" 👁 "图标,显示为" 👁 ",隐藏为" ⦰ "。若对整个表层次的可见性进行设置,则点击表对应可见性的" 👁 "图标,如图 3-40 所示。

图 3-40　设置显示 / 隐藏字段

（4）查看表数据

设置完毕后在"表属性区"选择"表数据"，进行刷新，字段设置及创建的地理维度等都显示在数据区域，如图 3-41 所示。

图 3-41　刷新表数据

（5）保存自助数据集

创建好表关系并设置完毕字段后，对创建的自助数据集进行保存。点击"存储工具栏"中的"保存 🖫 "按钮，如图 3-42 所示，根据需要设置保存位置与存储名称。

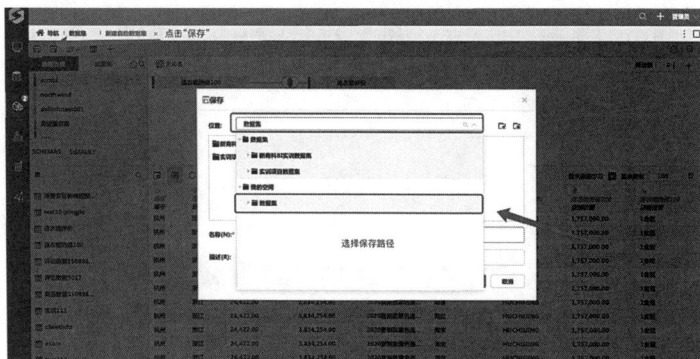

图 3-42　保存自助数据集

第四章

电子商务行业数据分析

➥ **章节目标**

◦ 了解各行业电商数据市场。

◦ 了解企业内部电子商务市场分析的核心数据指标。

◦ 掌握常用的市场研究分析模型。

◦ 掌握电子商务市场行情分析与行业数据挖掘。

◦ 掌握电子商务竞争对手数据分析。

➥ **学习重点、难点**

重点

◦ 电子商务行业数据认知。

难点

◦ Excel在电商行业数据分析的应用。

➥ **本章思维导图**（见图4-1）

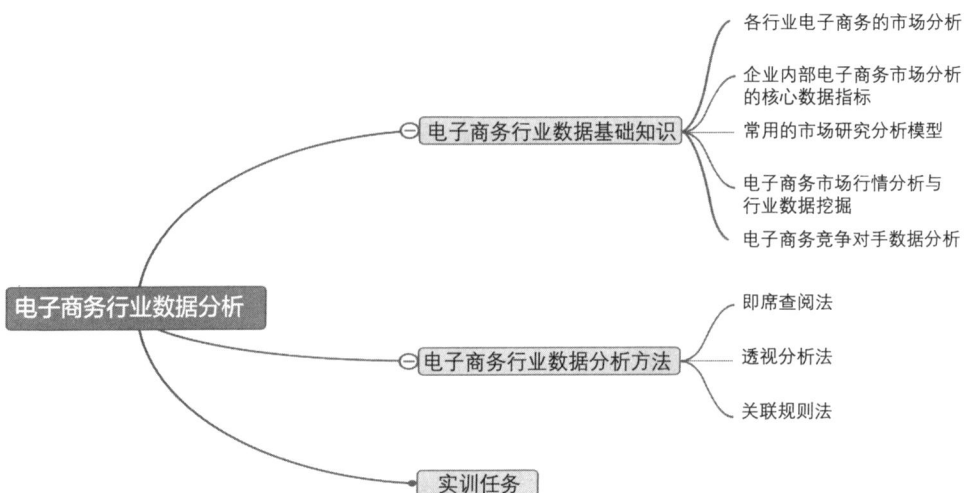

电子商务行业数据分析
- 电子商务行业数据基础知识
  - 各行业电子商务的市场分析
  - 企业内部电子商务市场分析的核心数据指标
  - 常用的市场研究分析模型
  - 电子商务市场行情分析与行业数据挖掘
  - 电子商务竞争对手数据分析
- 电子商务行业数据分析方法
  - 即席查阅法
  - 透视分析法
  - 关联规则法
- 实训任务

图4-1　第四章思维导图

第一节　电子商务行业数据基础知识

一、各行业电子商务的市场分析

（一）日消品电子商务市场分析

在整个网上零售市场发展已较为成熟的背景下，中国网上零售市场交易规模增长率依然维持高位。网上零售的零售额在社会消费品零售总额中的占比已超过10%，成为中国经济社会中一股不可忽视的力量。中国网上零售市场已进入相对成熟的阶段，不同品类产品的线上销售占比存在较大差异。日消品在整个零售市场中占据非常重要的地位，但线上销售处于低位。日消品本身的产品特性，使其在销售过程中表现出高时效性、高场景化和冲动型消费的需求，而目前线上零售渠道并未表现出优势，相对于产品单价，物流成本较高。传统日消品线下零售渠道发展较为成熟，基本满足了消费者的需求。但是由于消费者的成长、用户需求的转变、企业的推动三点的变化成为支撑线上日消品零售发展的基础。以"80后""90后"为主的网购人群逐渐成长为日消品的主力消费人群，网购消费者需求从低价需求逐渐转为便利性需求，巨大的潜在市场空间吸引了大量电子商务企业和零售企业积极进入该市场。

（二）3C类产品电子商务市场分析

3C（Computer，Communication，Consumer Electronics）类产品是较早在网络渠道销售的产品，也是网购市场销售额最高的产品之一。3C类产品网购市场复杂多变，一方面是因为网购渠道多样，另一方面是因为网络销售的3C类产品鱼龙混杂。我国3C类产品网购市场规模近年来不断扩大，促进我国3C类产品网购市场不断发展的因素有：我国网络购物环境的不断成熟与完善；网购用户规模扩大并且3C类产品相对标准化程度较高，更适合网购；近年来传统家电企业纷纷向电子商务转型，为这个行业注入活力。

我国3C类产品网购市场的特点包括：相较于其他网购市场，消费者的学历、收入都相对较高并且男性消费者占绝对主导地位；3C类产品的网购主要集中在大城市，但每个城市均有差异；3C类产品网购市场价格战日趋激烈，同类平台间的竞争增大，传统家电企业（如国美、苏宁）纷纷加入3C类产品网购市场。

3C类产品网购用户看重的因素为产品正规、价格便宜、方便快捷和样式丰富。3C类产品网购市场发展成熟度领先于服装等大部分品类。整体3C类产品网购市场的大规模发展与消费者购物需求大、消费实力强有紧密联系。3C类产品网购市场包括京东、淘宝、1号店、Amazon等电商平台，苏宁易购、新蛋网等家电3C类垂直平台，以及富士康旗下富连网、小米旗下小米商城这些硬件大厂旗下的平台。3C类产品网购用户以19～30岁的男性用户为主。3C类产品相对于服装、美妆等类目而言，更加标准化，产品从发布之时起定价就非常透明。电商的作用是去渠道化，3C电商将这一点更是体现得淋漓尽致。

（三）农产品电子商务市场分析

近几年，国家大力推进农业现代化，同时从政策上给予大力支持，农产品电子商务发展迎来有利契机。农产品电子商务是提高农产品流通环节经营效率的重要手段之一。

🐎 知识助手：你知道目前农产品电商平台主要有几类吗？

目前农产品电商平台主要有 3 类：B2B 农资电商平台、B2B 农产品电商平台、B2B 食材配送平台。

农产品电商市场环境的特点有：农户的入网率比较低，对辅助上网有较强烈的需求，同村人之间多相互熟识，抱团现象严重；销售种子、农药类产品有一定的风险，如代售了假种子，赔款概率基本为 100%；基础建设非常不完善，农村"最后一公里"物流缺失，多靠农户自行解决货运问题；乡镇级经销商往往会为农户提供赊销服务，依靠熟人关系来维持还款，农资电商平台初期难以提供赊销服务，经销商仍具有竞争优势；国家对农业贷款大力支持，且农户融资需求非常强烈，但是农村家庭正常信贷获批率远低于全国平均水平，农户贷款违约风险较高，即使农户用土地、房屋抵押，也难以催收。

（四）服装服饰电子商务市场分析

服装服饰类产品是网购的第一大品类，有巨大的发展空间和潜力，引导着整个电子商务市场的发展。当前服装电商品牌企业可分为两大类，分别是以传统服装品牌涉足网络的企业和最先从网络上塑造成功品牌的纯网络服装企业。第一种企业以李宁等品牌为代表，先进入淘宝商城建立官方网络店铺，然后推出网络分销、代销模式。第二种企业以 VANCL（凡客诚品）等品牌为代表，最开始是 vancl.com 上线，两年后 VANCL 淘宝官方旗舰店也正式上线，而随着 VANCL 品牌的塑造，很多网络分销商相应产生。

（五）大宗商品电子商务市场分析

我国大宗商品电子交易市场自 1997 年成立以来，发展十分迅速，交易品种日益丰富。因为大宗商品单位资金量大、商品销售层级少、产业集中度高等特征使得传统电商优势在大宗商品领域难以发挥，所以大宗商品电子商务一直比消费品电商发展滞后。同时，大宗商品的电子交易主要以金融属性的中远期交易为主，以交割为目的的现货交易较少，因此导致大宗商品电子商务难以与消费品电商同步发展的主要原因是大宗商品的天然属性区别于一般消费品，传统电商优势在大宗商品领域难以发挥。

（六）旅游电子商务市场分析

我国旅游电子商务经过十多年的摸索和积累，已有相当一批具有资讯服务实力的旅游网站，主要包括地区性网站、专业网站和门户网站的旅游频道 3 类。这些网站可以提供比较全面的服务，主要涉及旅游的食、住、行、游、购、娱等方面的网上资讯服务，成为旅游服务的重要媒介。我国逐步向国外开放旅游市场，国际旅游企业将携带观念、管理、网络、资金、人才等多方面的优势，以各种方式进入中国旅游市场。随着旅游市场竞争的日益激烈，旅游者的需求越来越多，我国必须把传统旅游市场转向以互联网技术为核心的旅游电子商务服务，才能满足不同旅游者的需求。

二、企业内部电子商务市场分析的核心数据指标

（一）获取用户的渠道和成本分析

如果你经营着一家电子商务企业，但是却不知道每天有多少用户登录你的网站、登录用户和完成购买用户之间的比例是多少，以及吸引用户的成本是多少，那么你经营的电子商务企业在这个行业不会存活太长时间。搜索引擎优化是获取用户的一个好方法，但是仅仅做好搜索引擎优化还不够。有的时候为了吸引更多的用户，你必须在金钱上有所付出，而且你必须知道哪种方法最能吸引用户。即使在你不得不拒绝用户的时候，你也要知道拒绝用户的成本。在电子商务领域有这样一句话："如果你不能分析数据，你就不能控制流量。"

（二）订单成交率分析

通过努力的工作，你将用户吸引到了你的网站上，你开始更辛苦地工作，为用户提供他们想要购买的产品；用户们单击了"现在购买"按钮，被重新定向到付款页面，然后用户突然放弃了购买，这是为什么？通过分析未完成付款的订单，你能够了解到用户为何最终放弃购买。一商家发现一个用户在很短的一段时间内，放弃购买了5件产品，对此十分奇怪。通过调查发现，原来页面不接受来自加拿大的订单。因此，作为一个电子商务企业，未完成付款或是用户放弃购买的订单，是你应该进行追踪和分析的数据。

（三）网站用户流量分析

很显然，你希望那些正在寻找你的网站的消费者能够来到你的网站购物，为你的网站增加流量，但那些并不是在寻找你的网站的用户，同样不可忽视。他们也许正在网上寻找某一种产品，而你恰好正在销售这种产品，那么这时你要做的就是将这部分消费者吸引过来。流量是最能为你带来收入的因素。

（四）在线广告的投资回报率分析

很多在线企业开始在网上投放广告，但是却并不关注投放广告的投资回报率。通过分析在线广告的投资回报率，企业可以知道哪些渠道的广告效果好，哪些渠道的广告效果不尽如人意，应该不再使用。另外，还可以对多支广告的效果进行分析，以便在好的渠道上投放效果好的广告。

目前网络广告所普遍采用的CPM（Cost Per Mille，千人成本）、CPC（Cost Per Click，每次点击成本）、CPA（Cost Per Action，每次行动成本）等统计模式，应用于结算、成本控制、创意效果监测等方面是可行的，但用于分析广告投资回报率则有些过于简单。和电视广告收视率指标一样，多少人看到、点击广告只能说明你在媒体选择或广告设计上比较成功，并不等于广告所传达的内容、品牌形象已经深入人心。广告投资回报率应该是一种延时效果，在这方面网络广告和传统广告在本质上没有区别，只是网络广告具有互动性，所以人们容易把即时的互动效果（特别是点击）混淆为网络广告投资回报率。

三、常用的市场研究分析模型

（一）消费者行为研究模型

在消费者行为研究中，使用习惯和态度的研究是其核心问题。目前，消费者使用习惯和态度研究是一种相对比较成熟和常用的市场研究模型，广泛应用于家电、食品饮料、化妆品/洗涤品、日用品等快速消费品和耐用消费品的消费者研究中。

在消费者行为研究中，使用习惯和态度研究（Usage and Attitude Research，U&A）是其核心问题。

1.U&A 研究的应用

U&A 是一种相当成熟和完整的消费者研究模型，它广泛地被国内外的专业研究机构所采用。通过 U&A 模型，企业可以准确地测量出被测产品的市场状况、目标消费者状况、竞争对手状况，还可以有效地了解消费者特征和消费者行为，从而为企业下一步的市场策略或市场推广提供指导性依据。

U&A 的主要研究内容包括消费者对产品广告的认知、消费者使用和购买习惯、消费者满意度评价、消费者媒体习惯、消费者对市场推广活动的态度等一系列指标。同时，消费者的产品态度研究还可以用于市场细分和确定目标市场。进行市场细分根据的是消费者对产品的偏爱程度。在同等条件下，企业应将目标市场定位于消费者偏爱程度较高的市场，因为消费者对喜爱的产品总是赋予更多的关注。即使采取其他市场细分法，如以地理位置为标准，也需努力检测各个细分市场对产品的相对偏好程度。细分市场对产品的喜好程度越高，成功的可能性也就越大。

2.U&A 研究方法

在实际研究过程中，我们通常采用的研究方法包括菲什宾模式（the Fishbein Model）和理想点模式。

> 视野拓展：U&A 模型的优点有哪些？
>
> 1. 全面性：从不同角度了解消费者行为的内因的形成过程。
>
> 2. 有效性：准确了解消费者决策的影响因素，从而确定可行的市场策略。
>
> 3. 准确性：准确界定目标消费群。

（二）市场定位模型

对某一类新上市产品（项目）来讲，企业在进行了市场细分研究的基础上，进一步需要做的工作就是市场定位。市场定位十分重要，正确的市场定位会使该产品顺利进入市场，并建立自己的品牌；相反定位偏差会使市场营销计划受到严重阻碍，甚至导致产品入市失败。在实施市场定位时，我们通常所使用的定位模型是基于利益定位的两个主要工具——认知图和价值图。

市场定位工作大致分为 3 个部分，具体如下。

1. 选择定位概念，建立认知图或价值图

在对产品或项目进行定位时，营销人员首先需要了解目标市场"在意"的因素是什么，然后才能定位研究。定位研究的结果可以用认知图表示，认知图可以用来反映相对于竞争对手而言本产品在消费者感兴趣程度、产品和企业形象方面的表现。

2. 制定有效的定位传达方式及卖点

产品定位的传达方式包括品牌名称、标语、产品外观或其他产品特点、销售地点员工形象等。另外，企业还要设计正确的产品定位的概念，包括广告语的选择。

3. 整合传播组合定位

在完成了上述工作的基础上，定位工作还包括营销策划传播组合定位。

（三）市场细分模型

市场调查中的细分市场研究可以帮助企业更清楚地了解不同层次消费者的需求特点与消费或使用特性，能帮助企业更好地锁定目标群体，更有效地针对不同层次的用户进行推广宣传。具体体现在：自动合并差异不显著或规模过小的市场，依据差异的显著程度来判断各因素在划分细分市场时的层级，在变量差异不显著或细分市场规模过小时停止细分。

（四）竞争研究模型

竞争情报工作（Competitive Intelligence，CI）就是建立一个情报系统，帮助管理者分析竞争对手，以提高自身的竞争效率和效益。

情报是经过分析的信息，当这种信息对企业来说意义重大时，它就成为决策情报。竞争情报工作有助于管理者预测商业关系的变化，把握市场机会，对抗威胁，预测竞争对手的策略，发现新的或潜在的竞争对手，学习他人成功的经验、汲取失败的教训，洞悉对企业产生影响的技术动向，并了解政府政策对竞争产生的影响，从而提高决策效率和企业效益，为企业带来更高的利润回报。通常，对竞争对手的研究包括辨别竞争对手、评估竞争对手和选定竞争对手 3 个部分，如表 4-1 所示。

表 4-1　圈定竞争对手研究表

辨别竞争对手	评估竞争对手	选定竞争对手
1. 确定竞争的范围与条件	1. 竞争对手调研	1. 选定竞争对手
2. 辨别竞争对手策略	2. 评估竞争对手状态	2. 执行竞争策略
3. 辨别竞争对手目标	3. 评估竞争对手能力	3. 预测竞争对手反应
	4. 评估竞争对手反应能力	

四、电子商务市场行情分析与行业数据挖掘

（一）市场行情分析

1. 市场行情分析的内容与方法

市场行情分析根据已获得的市场调查资料，运用统计原理，分析市场及其销售变化。

从市场营销的角度看，它是市场调查的组成部分和必然结果，又是市场预测的前提和准备过程。

2. 理解市场

理解市场就是指运用科学的方法，有目的地、系统地搜集、记录、整理有关市场信息和资料，分析市场情况，了解市场的现状及其发展趋势，为细分市场和营销决策提供客观的、正确的资料。该过程与市场调查有异曲同工之处，在进行市场调查的同时也可进一步理解市场。

3. 细分市场

市场细分（Market Segmentation）的概念是美国市场学家温德尔·史密斯（Wendell Smith）于 20 世纪 50 年代中期提出来的。

市场细分是指营销者通过市场调研，依据消费者的需要和欲望、购买行为和购买习惯等方面的差异，把某一产品的市场整体划分为若干消费者群的市场分类过程。每一个消费者群就是一个细分市场，每一个细分市场都是具有类似需求倾向的消费者构成的群体。

4. 了解企业在市场中的地位

在进行了深入的市场调查，并对市场进行细分以后，决策者需要知道企业在市场中的位置，客观地衡量企业的实力、所处的环境、发展情况等因素，结合市场趋势和市场细分的结果做出有利于企业发展的决策。如果没有清楚地认识企业所处的位置，就无法及时应对外界环境的变化，很可能会将企业带入危机中。例如，许多中小企业经营管理不善、创新能力不强，对企业所处的市场地位认识不清等，企业很容易陷入危机当中。但危机当中孕育着发展机遇，企业能否渡过难关，取决于它们能否根据自身特点，在危机中把握发展机遇，加快结构调整升级，转变企业发展方式。

（二）行业数据挖掘

1. 了解行业数据

行业之间在以下几个方面有着重大的区别：经济特点、竞争环境、未来的利润前景。行业经济特性的变化取决于下列各个因素：行业总需求量和市场成长率、技术变革的速度、该市场的地理边界（区域性的或全国范围的）、买方和卖方的数量及规模、卖方的产品或服务（统一的或是具有高度差别化的）、规模经济对成本的影响程度、到达购买者的分销渠道类型；行业之间的差别还体现在对下列各因素的竞争重视程度：价格、产品质量、性能特色、服务、广告和促销、新产品的革新等。在某些行业中，价格竞争占统治地位，而在其他行业中，竞争的核心却可能集中在质量、性能，或集中在品牌形象与声誉上。

因为行业之间在特征和结构方面有很大的差别，所以企业进行行业及竞争分析必须首先从整体上把握行业中最主要的经济特性。

2. 了解竞争对手产品

了解竞争对手产品主要是帮助人们更好地熟悉各种产品，有针对性地向客户介绍产品，从而获取竞争优势。

要想获得竞争优势，就要找出竞争对手产品的优劣势。深入使用竞争对手产品是企业了解竞争态势的起点，企业应该从竞争对手基本情况开始调研，如竞争对手的财务状况如何、员工人数多少、生产何种产品、产品有哪些市场等。购买竞争对手的产品并解剖它，弄清竞争对手的制造成本。必须进行深入分析，必须将这些与获得的能够了解竞争对手的战略信息结合起来。这些信息可以通过竞争对手获得，如从它的年报、季报、广告、公告中获悉。商业杂志和商业报刊也是信息的来源。还可以从产品的厂家培训、竞争对手的介绍、产品资料、参加竞争对手会议、与同行交流、与客户交流等方式获取产品信息，了解产品或利用网络信息深入剖析竞争对手产品。而且，要仔细观察竞争对手以往的行为：过去它对攻击是如何反应的？它是怎样发动和实施攻击的？在采取行动之前，管理层发出过什么信号？事先是否有通告？他们进行了什么投资？是否招进了新的人才？应该努力寻找这些信号。

3. 定时更新竞业数据

竞业可以解释为相互竞争的行业。定时更新竞业数据，有利于了解自身产品与竞争对手产品之间的差距和优势所在，帮助企业明确自身所处的位置和所需采取的措施。不同领域的行业数据模式不同，更新的方式也不一样，但也有共性和个性之分。例如，进入搜索行业后，需要不断地更新行业数据，可以通过互联网搜集不同搜索引擎公司的搜索流量数据，以及流量分布，然后将自身的数据与竞争对手的数据进行对比，获取自身的优劣势，以便做好企业的调整和改进工作。

五、电子商务竞争对手数据分析

（一）竞争对手的概念和竞争对手数据收集

1. 竞争对手的概念

竞争对手就是和你抢夺各种资源的人或组织。其中对资源掠夺性最强的人或组织就是你的核心竞争对手。

资源的涵盖范围非常广，包括生产资源、人力资源、顾客资源、资金资源、人脉资源等。角度不同，竞争对手就不同。

我们可以从人、货、场及财4个部分来界定你的竞争对手。

（1）从"人"的方面发现竞争对手

总在挖你墙脚的那些企业，或者你的员工离职后去得最多的企业，一定是你的竞争对手。你们之间的资源有相似性，你们在抢夺同一个类型的人力资源。

从争夺顾客资源的角度找到竞争对手，包括顾客的时间资源、预算资源、身体资源等。现在是一个互联网信息爆炸的时代，网络游戏、微博、微信、各种APP都在抢夺用户的碎片化时间，它们之间互为竞争关系。

（2）从"货"的方面发现竞争对手

销售同品类商品或服务的为直接竞争对手，这是最大众化意义上的竞争对手，大家常说的同业竞争就是这个意思，也是狭义的竞争对手。耐克和阿迪达斯、肯德基和麦当劳、百事可乐和可口可乐无不是经典的竞争对手。

销售扩大品类的商品或服务，也就是销售非同品类但是属于可替代商品的，也是竞争关系。休闲服的同品类竞争对手是休闲服，它的可替代竞争对手是体育运动服饰，甚至正装等。再如，柯达公司的同品类竞争对手是富士公司，扩大品类的竞争对手是数码相机公司。

销售互补品类的商品或服务的也是你的竞争对手。互补商品是指互相依赖，形成互利关系的两种商品。例如，牙刷和牙膏，照相机和胶卷，汽车行业和石油、石化行业都形成互补关系。一般意义上的互补商品间不形成竞争关系，但是如果你是生产电动汽车的公司，加油站就是你的隐形竞争对手；如果你是生产数码相机的公司，那么胶卷行业就是你的竞争对手。

（3）从"场"的方面发现竞争对手

这样的竞争对手主要与你进行卖场商业资源的竞争。例如，如果你想开一个服装专卖店，在拓展寻找店铺位置的时候，其他服装品牌、电器手机专卖、餐饮企业、银行等都是你的竞争对手，因为你看重的地方对方也很可能中意，如此你们之间便形成了对资源占有的竞争关系。如果你想在百货商场的共享空间搞一场大型特价促销活动，那商场内所有品牌可能都是你的竞争对手，因为大家都有促销的需求，需要利用共享空间做促销。

（4）从"财"的方面发现竞争对手

与你争夺营销资源的竞争对手。如果你想做广告，则在同时段、同一媒介准备打广告的其他企业就是你的竞争对手。

与你争夺生产资源的竞争对手。争夺同一类生产资源的企业间形成竞争关系，如星巴克和所有以咖啡为生产原料的厂家都是竞争关系。

与你争夺物流资源的竞争对手。这在每年的春节和近年的"双十一"活动中尤其明显，为了顺利发货，各大厂商使出了浑身解数。

对一个企业来说，找到竞争对手不难，但找准竞争对手不容易。

2. 竞争对手数据的收集

简单来说，你的企业有什么数据就需要收集竞争对手相对应的数据。不过需要收集的数据实在太多，并且每个部门的关注点也不一样，财务部关注利润，生产部关注资源，销售部关注市场，所以整合很关键。企业内部最好建立一个竞争对手数据库，由专门的数据团队维护，由各职能部门和专业的调查公司提供数据，并将其设定保密级别，便于不同的职位查看。

竞争对手数据的搜集可以从不同的角度进行，如媒体数据、工厂数据、组织数据、经营数据、营销数据等不同的角度。搜集媒体数据的时候，可以搜集竞争对手的新闻报告、财务报告、分析报告及行业报告；搜集竞争对手的工厂数据的时候，可以从生产计划、工厂数量及布局、研发情报等方面入手；搜集竞争对手的组织数据的时候，可以从企业及品牌基础数据、员工数据、组织结构及招聘数据等方面入手；搜集竞争对手的经营数据的时候，可以从财务数据、销售数据、客户数量、市场份额等方面入手；搜集竞争对手的营销数据的时候，可以从商品数据、价格数据、促销数据、渠道数据等方面入手。

（二）竞争店铺数据概述

商家根据竞争店铺的数据，了解其运营方式，进而可以有效地调整自身店铺的运营方式。竞争店铺数据主要有以下几项。

1. 竞争店铺抓取

商家通过抓取竞争店铺数据，首先要了解从哪些维度来寻找自身的竞争店铺。竞争店铺抓取的方式有很多，按照关键词、目标人群、产品、价格、所在地、营销活动、视觉拍摄等维度，都可以查找出竞争店铺。

通过对竞争店铺视觉拍摄、店铺分类、店铺营销方案等进行分析，商家可以了解竞争店铺的基础数据，主要包括竞争店铺的拍摄方式、详情页设计制作方式、店铺类目分类构成、店铺营销方案、单品营销方案设置、优惠券、满减折扣设置。

通过抓取店铺品牌，商家可以了解竞争店铺有没有原创品牌，店铺是不是多品牌销售，以及店铺风格、店铺人群定位（人群标签）、店铺属性数据（商品适用季节、适用场景、基础风格）等。

通过获取店铺价格、店铺销量、店铺排行情况，商家可以了解竞争店铺商品整体的销量，从而抓取核心商品进行数据对比分析。

2. 竞争店铺的宏观维度

竞争店铺的宏观维度主要基于竞争店铺基本信息页面展示的数据汇总后的信息，包含店铺类型、信用等级、店铺粉丝数量、主营类目、商品数和宝贝数、销量、销售额、平均成交价、开店时间、滞销商品数和滞销宝贝数、动销率、好评率、DSR（卖家服务评级）。

（1）店铺类型

淘系店铺可分为天猫、天猫国际、淘宝企业店、淘宝个人店、淘宝全球购店铺。

（2）信用等级

基于评价数量的等级，淘系店铺的信用等级分为心、钻、蓝冠、金冠。

（3）店铺粉丝数量

用户关注店铺后即计为粉丝，一些官方活动对粉丝数量有要求。

（4）主营类目

店铺的主营类目是近期店铺销售额最大的类目。

（5）商品数和宝贝数

宝贝数是以链接条数计数的，商品数是以款式计数的。例如，一瓶200克的牛肉酱，是一个商品，这个商品单独以一瓶发布是一个宝贝，以两瓶组合发布也是一个宝贝。

（6）销量

这是指店铺宝贝销售件数的总和。

（7）销售额

将宝贝的销售件数分别乘以售价再相加后得到的结果，该数值不能去除打折优惠的这部分数据。

（8）平均成交价

这是指平均成交件单价，等于销售额除以销售件数。

（9）开店时间

店铺开设的时间（老店有加权）。

（10）滞销商品数和滞销宝贝数

分别以商品和宝贝计数的滞销商品数量，官方的滞销商品的定义为：连续 90 天无成交、无浏览、无编辑的商品（在实际操作中，考虑到市场竞争激烈，资源紧张，滞销的定义实际已经收窄，一般认为 30 天内没有成交转化的商品即为滞销商品，不过也要具体问题具体分析）。

（11）动销率

即近 30 天有销量的宝贝数除以总宝贝数量。不同类目商品的动销率可能对店铺权重的影响不一样，也有可能有不同的指标要求，但总体我们可以这样算：动销率达到 80%为合格，达到 90% 算优秀，达到 100% 为最好。

（12）好评率

即好评数量除以总评价数量，淘宝店才有好评率，天猫店没有好评率。

（13）DSR（卖家服务评级）

这是对服务体验、宝贝与描述相符和物流体验 3 项评价打分的数据，消费者可以打 1 ~ 5 分，计算公式是分数乘以打分比例，如服务分打 5 分的消费者是 90%，打 4 分的是 10%，打 1 ~ 3 分的为 0，分数则为 5×0.9+4×0.1=4.9 分。

3. 竞店数据的统计方法

我们可以在手机淘宝 APP 中搜索店铺，手动查看并收集竞争店铺数据。

（1）如图 4-2 所示，在手机淘宝 APP 中打开店铺页面，在店铺页面中从上到下依次可收集信用的等级、粉丝数、好评率、DSR、开店时间等数据。

（2）在店铺首页单击"全部宝贝"选项，可以查看店铺里的全部宝贝。如图 4-3 所示，在店铺宝贝页收集售价和销量。销量是店铺宝贝销售件数的总和，并不是页面所看到的付款人数。销售件数信息需要从页面中抓包获取，如果没有销售件数则采用付款人数代替。

图 4-2　手机淘宝 APP 店铺首页及店铺印象页面

图 4-3　手机淘宝 APP 店铺宝贝列表页面

对于付款人数、交易成功数和销量之间的区别与联系，大家需要理解清楚。

付款人数、交易成功数和销量都是浮动的，不是一成不变的，表示的是浮动 30 天的变化。例如，4 月 2 号看到的销量，其实就是 3 月 2 号到 4 月 1 号之间的成交量；4 月 3 号看到的销量，是 3 月 3 号到 4 月 2 号之间的成交量，它是一直浮动变化的。

付款人数是指实际付款的人数，交易成功数是指一件商品交易成功后的交易量，销量是指宝贝销售件数的总和。

举例说明。10 个买家，每个人买了 1 件商品，但都还没确认收货，这时对于该商品来说，付款人数是 10，交易成功数是 0，销量是 10。如果过两天又有 1 个人买了 5 件商品，而且这个时候有 3 个买家确认收货了，那么这时对于该商品来说，付款人数是 11，交易成功数是 3，销量是 15。

连续 90 天无销量且没有任何编辑的宝贝就会被归为滞销宝贝，女装店铺一般商品数等于宝贝数，不会出现商品数小于宝贝数的情况，收集信息后可以统计店铺滞销情况。

店铺主营类目现在已经被淘宝隐藏，无法直接查看，商家可通过对宝贝数据汇总来判断店铺的主营类目。

4. 竞争店铺流量结构数据分析

使用生意参谋的市场行情进行竞争店铺数据分析（监控店铺—竞店识别—竞店分析）是指商家通过对同类型店铺进行销售排行数据监控、竞争店铺品类结构数据分析和核心商品销售数据分析，找到数据差异点，然后针对自身店铺数据弱项进行数据提升和优化的过程。

通过竞争店铺数据监控，商家可以了解竞争店铺实时、7 天、30 天及周期性的数据，了解竞争店铺流量指数、搜索人气、交易指数、客群指数和行业排名等数据。通过同类型店铺对比，商家可以了解自身店铺数据差异、排名差异，而且可以根据竞争列表数据变化，及时了解竞争品牌数据为什么会突然提升、突然下降，是整体下降，还是个别店铺下降，以此帮助店铺更好地了解竞争店铺的数据状态，从而得知自身店铺存在的问题。

商家使用生意参谋的市场行情进行竞争店铺分析，可以对竞争店铺进行数据匹配，通过流失竞争店铺识别、高潜力竞争店铺识别，帮助店铺识别优质的竞争店铺。

商家可利用生意参谋工具，根据店铺流量指数、支付转化指数、交易指数等，进行趋势数据分析，了解竞争对手数据的增长情况，了解自身店铺与其数据的差异点，从而对数据弱项进行优化提升。

通过生意参谋的市场行情进行竞争店铺分析，商家可以查看流失的店铺和流失的商品，根据系统流失竞争店铺和高潜力竞争店铺情况，了解店铺的流失方向，找到类似店铺并进行数据采集分析，从而了解自身店铺数据提升的方向。

商家使用生意参谋数据分析，监控潜在的优质竞争对手，通过各种维度找到优质店铺并进行学习参考，再通过店铺监控，寻找和自己店铺类似或者商品流量结构类似的店铺进行数据对比分析，从而找到差异点并进行数据提升优化处理。

商家利用生意参谋的市场行情做竞争店铺的对比分析，根据时间周期进行店铺数据对比分析，了解竞争店铺在年周期下的数据变化情况，从而更好地了解店铺的成长过程并且从中找到店铺的优势和亮点，然后对自身店铺进行数据优化处理。

商家使用生意参谋的市场行情，单击"竞争店铺—竞店对比—关键指标"进行分析，来对比时间上的差异和增长点的不同，同时商家可以了解在一定时间周期内交易指数、流量指数、搜索人气、收藏人气、加购指数等维度的数据差异，从而进行自身数据的优化提升。

5. 竞争店铺品类结构数据分析

（1）品类的含义

品类（Category），是指目标顾客购买某种商品的单一利益点（Single Benefit Point，SBP）。每个单一利益点都由物质利益（功能利益）和情感利益双面构成。关于品类的定义，各界学者有着不同的看法。

按照国际知名调查公司 AC 尼尔森的定义，品类即"确定什么商品组成小组和类别，它与消费者的感知有关，应基于对消费者需求驱动和购买行为的理解"；而家乐福则认为，"品类即商品的分类，一个小分类就代表了一种消费者的需求"；还有一种理解就是，品类即商品种类。一个品类是指在顾客眼中一组相关联的和（或）可相互替代的商品和（或）服务。一般情况下品类分为 4 个角色：目标性品类、常规性品类、季节性品类和便利性品类。不同的品类角色意味着不同的品类策略和品类目标。一般情况下目标性品类是一个门店或品牌的标志性品类，起到创造形象、吸引客流、增加客流、创造销售的作用。因此，商家对这些品类应给予最优厚的条件。例如，最大频率的促销、最充裕的陈列位置、同城市最有竞争力的价格、最优质的进货补货、给予相应供应商最优先的结款权等。

（2）竞争店铺品类的统计方法

竞争店铺的每个商品都有对应的品类、销量和价格，将数据收集后汇总到表格中，使用数据透视表进行统计分析。

（3）生意参谋的品类分析

商家使用生意参谋的市场行情，单击"竞争店铺—竞店分析—品类销售额"进行分析，根据时间周期，了解竞争店铺按年、月的品类交易构成数据，类目支付金额占比数据，类目支付金额占比排名情况，了解自身店铺和竞争店铺在类目布局和品类销售额方面的差距，从而可以进行品类布局的优化和提升。

根据竞争店铺交易构成数据，商家可了解自身店铺核心类目支付金额占比、竞争店铺核心类目金额占比，从而可以对比两个店铺的优势类目、成交类目、访客集中类目。商家可利用竞争店铺品类数据分析，根据竞争店铺类型品类销售情况，并依据自己供应链、利润情况，酌情进行店铺上新，以提高店铺的流量和销售额。

商家可以参照比自身店铺优秀的店铺，进行品类数据优化，提高店铺类目的销售量，也要思考自己店铺类目是否有缺失，店铺类目是否丰富等问题，帮助店铺更好地优化品类结构。

商家通过使用生意参谋的市场行情，单击"竞争店铺—竞店分析—竞争店铺价格带"进行分析，对比价格人群，从而确定广告投放策略，同时可以根据竞争店铺客单价分布情况，进行店铺商品客单价的提高。需要强调的是，竞争对手的价格带，可以作为我们的参考，但不同来源的商品的质量、成本都不一样，特定的利润空间也不一样，商家不能简单参考同行的。其实无所谓贵贱，每个价格区间都有对应的消费者，不是贵了就一定好，重要的是，能让你的目标客户认为你的商品足够好。

6. 竞争店铺流量数据分析

商家利用生意参谋的市场行情，单击"竞争店铺—竞店分析—竞争店铺"进行分析，对竞争店铺流量结构分布进行对比，商家可查看竞争店铺入店来源，通过流量指数、客群指数、支付转化指数、交易指数，对竞争店铺的流量数据进行采集，了解竞争店铺的流量结构，找到自身店铺流量的缺失之处，然后进行流量布局的优化。

商家要根据竞争店铺流量对比，找到自身数据薄弱的地方，进行数据提升处理。

竞争店铺流量数据分析是指针对竞争店铺进行流量结构、流量数据对比，流量玩法分析，商家可以找到与竞争店铺的数据差距和自身店铺提升的方向，从而帮助自身店铺进行流量数据的提升。商家可以通过细分流量数据对比分析，进行流量玩法参考学习。商家通过分析竞争店铺的流量结构组成情况，可以了解竞争店铺的搜索流量访客数占比、直通车访客数占比，从而有针对性地帮助店铺进行流量提升。

通过竞争店铺流量数据分析，商家可以针对竞争对手的品类结构、流量结构、访客数占比，找到自身店铺的优化方向和新流量玩法，清楚自身的问题，从而找到解决的方法。

通过对比竞争店铺流量结构数据，商家可以了解竞争店铺的数据。商家可以通过了解竞争店铺的流量结构数据进行分析，思考自身店铺是否适用这样的玩法，从而提升店铺的数据流量。

7. 竞争店铺的主要价格区间

（1）判断指标

竞争店铺的主要价格区间通过以下 3 个指标判断。

①商品数量：对应的价格波段中商品数量最多的，代表该店主要在布局的波段。

②商品销量：对应的价格波段中商品销量最多的，代表消费者接受的波段。

③商品销售额：对应的价格波段中商品销售额最大的，代表给该店的业绩贡献最大。

（2）3 个区间不一致的结论

商家在分析过程中会发现以上 3 个指标的结果可能落在同一区间，也可能分别指向不同的区间。在 3 个区间不一致的情况下，有以下几种不同的分析结论。

①商品数量的主要价格区间和其他不同：说明店铺主要布局的热销商品和提高业绩的商品没有关系，这种情况的出现可能是由于换季的缘故，店铺布局了新季度的商品，而新品还在导入期。如果该价格区间的商品不是处在导入期，那么可能是店铺的布局问题，即商家在表现不好的价格区间布局了太多的商品，还有一种情况是该价格区间布局的是主营商品的配件类商品，配件类商品可以忽略不分析。

②商品销量的主要价格区间和其他不同：商品销量的主要价格区间有引流作用，一般价格较低，对引流款商品不用布局太多。

③商品销售额的主要价格区间和其他不同：商品销售额的主要价格区间是用于提高业绩的，这个区间的商品布局应该是最多的，因此商品销售额和商品数量的主要价格区间应该是一致的，不一致说明店铺的布局可能有问题。

（3）竞店价格区间的统计方法

竞店的每个商品都有对应的销量和价格，商家可将数据收集并汇总到表格中，用"销量 × 价格"的算法计算出销售额，然后使用数据透视表进行统计分析。

第二节　电子商务行业数据分析方法

一、即席查询法

即席查询（On-call Enquiries）是用户根据自己的需求，灵活地选择查询条件，系统能够根据用户的选择生成相应的统计报表。即席查询与普通应用查询最大的不同是普通的应用查询是定制开发的，而即席查询是由用户自定义查询条件的。即席查询在业务中通常用于满足明细数据的查询需要，具体如下。

（1）提供自助化的操作界面，用户基于语义层（或数据源）可以在权限受控下自主定义筛选条件（及其显示格式），以及选择需要的具体字段。

（2）允许用户通过简单的鼠标勾选数据字段与查询条件快速获得所需数据，并提供聚合计算、告警规则、重定义表关系、改变条件组合逻辑等高级功能。

二、透视分析法

透视分析（Perspective Analysis）采用"类 Excel 数据透视表"的设计，多维分析不再需要建立模型，就能够组合维度、汇总计算、切片、钻取及洞察数据。除此之外，透视分析中任何字段都可直接作为输出字段或筛选条件，轻松实现对数据的查询与探索。透视分析常见功能如下。

1. 表格查询

报表通过一个业务查询直接生成，可实现对数据的再分析，例如切换查询的参数、更改交叉表 / 清单表显示方式、分组展现、聚合、排序、图形、前端过滤等。

2. 图形分析

提供柱图、线图、饼图、堆积图、双 Y 轴、仪表盘等图形分析方法，图形采用HTML5 技术动态展现效果。

3. 分析跳转

用户可以建立报表链接将多个报表关联起来，实现从一个报表跳转到另一个报表。通过报表间的分析跳转，用户不仅能够方便地实现概要数据到明细数据的透视分析，而且可以在关联的报表之间传递参数实现分析流。

4. 预警

可实现对关键信息的实时监控，帮助用户及时发现问题并采取相应的措施。

5. 多种输出方式

支持业务分析结果以 TXT、CSV、HTML、PDF、DOC、XlSX、数据分析包等文件类型导出。

6. 多种时间计算

可根据业务属性设置时间计算及二次计算，如快速分析年 / 月 / 日的增长率等。

三、关联规则法

关联规则（Association Rules）是指在大量数据中，迅速找出各事物之间潜在的、有价值的关联，用规则表示出来，经过推理、积累形成知识后，得出重要的相关联的结论，从而为当前市场经济提供准确的决策手段。

（一）关联规则算法相关概念

下面简要介绍关联规则的相关概念。

1. 项集或候选项集

项集 Item={Item1，Item2,..., Itemm}；TR 是事物的集合；TR⊂Item，并且 TR 是一个 {0,1} 属性的集合。集合 k_Item={Item1, Item2,..., Itemk} 称为 k 项集或者 k 项候选项集。

假设 DB 包含 m 个属性（A, B,..., M）；1 项集 1_Item={{A}, {B},..., {M}}，共有 m 个候选项集；2 项集 2_Item={{A, B}, {A, C},...,{A, M}, {B, C},..., {B, M}, {C, D},..., {L, M}}，共有 [$m×(m-1)$/2] 个项集；3 项集 3_Item={{A, B, C}, {A, B, D},...,{A, B, M}, {A, C, D}, {A, C, E},..., {B, C, D}, {B, C, E},..., {B, C, M},..., {K, L, M}}，共有 [$m×(m-1)×(m-2)$/（3×2）] 个项集；依次，m 项集 m_Item={A, B, C,···, M}，有 1 个项集。

2. 支持度

支持度 support 简写 sup，指的是某条规则的前件或后件对应的支持数与记录总数的百分比。假设 A 的支持度是 sup（A），sup（A）=|{TR|TR⊇A}|/|n|；A⇒B 的支持度 sup（A⇒B）=sup（A∪B）=|{TR|TR⊇A∪B}|/|n|，其中，"A∪B"表示 A 和 B 同时出现在一条记录中，n 是 DB 中的总的记录数目。

3. 可信度

可信度 confidence 简写 conf，规则 A⇒B 具有可信度 conf（A⇒B）表示 DB 中包含 A 的事物同时也包含 B 的百分比，是 A∪B 的支持度 sup（A∪B）与前件 A 的支持度 sup（A）的百分比：conf（A⇒B）=sup（A∪B）/sup（A）。

4. 强项集和非频繁项集

如果某 k 项候选项集的支持度大于等于所设定的最小支持度阈值，则称该 k 项候选项集为 k 项强项集（Large k-itemset）或者 k 项频繁项集（Frequent k-itemset）。同时，对于支持度小于最小支持度的 k 项候选项集称为 k 项非频繁项集（Infrequent k-itemset）。

定理（频繁项集的反单调性）：设 A，B 是数据集 DB 中的项集，若 A 包含于 B，则 A 的支持度大于 B 的支持度；若 A 包含于 B，且 A 是非频繁项集，则 B 也是非频繁项集；若 A 包含于 B，且 B 是频繁项集，则 A 也是频繁项集。

5. 产生关联规则

若 A，B 为项集，A⊂Item，B⊂Item 并且 A∩B=∅，一个关联规则是形如 A⇒B 的蕴涵式。当前关联规则算法普遍基于 Support-Confidence 模型。支持度是项集中包含 A 和 B 的记录数与所有记录数之比，描述了 A 和 B 这两个物品集的并集 C 在所有的事务中出现的概率有多大，能够说明规则的有用性。规则 A⇒B 在项集中的可信度，是指在出现了物品集 A 的事务 T 中，物品集 B 也同时出现的概率有多大，能够说明规则的确定性。产生关联规则，即是从强项集中产生关联规则。在最小可信度的条件门槛下，若强项集的可信度满足最小可信度，称此 k 项强项集为关联规则。例如：若 {A, B} 为 2 项强项集，同时 conf（A⇒B）大于等于最小可信度，即 sup（A∪B）≥ min_sup 且 conf（A⇒B）≥ min_conf，则称 A⇒B 为关联规则。

（二）关联规则算法的流程

大卫·R. 阿格拉瓦尔（David R. Agrawal）等人在 1993 年设计的 Apriori 算法是一种较有影响力的挖掘布尔关联规则频繁项集的算法，其核心基于两阶段的频集思想的递推算法。该关联规则在分类上属于单维、单层、布尔关联规则。该算法将关联规则挖掘分解为两个子问题：一是找出存在于事务数据库中所有的频繁项目集，即那些支持度大于用户给定支持度阈值的项目集。二是在找出的频繁项目集的基础上产生强关联规则,即产生那些支持度和可信度分别大于或等于用户给定的支持度和可信度阈值的关联规则。

在上述两步中,第二步相对容易些,因为它只需要在已经找出的频繁项目集的基础上列出所有可能的关联规则,同时,满足支持度和可信度阈值要求的规则被认为是有趣的关联规则。但由于所有的关联规则都是在频繁项目集的基础上产生的,已经满足了支持度阈值的要求,只需要考虑可信度阈值的要求,只有那些大于用户给定的最小可信度的规则才被留下来。第一个步骤是挖掘关联规则的关键步骤,挖掘关联规则的总体性能由第一个步骤决定,因此,所有挖掘关联规则的算法都着重于研究第一个步骤。

Apriori 算法在寻找频繁项集时,利用了频繁项集的向下封闭性(反单调性),即频繁项集的子集必须是频繁项集,采用逐层搜索的迭代方法,由候选项集生成频繁项集,最终由频繁项集得到关联规则,这些操作主要是由连接和剪枝来完成。下面为 Apriori 算法的基本流程。

L1={Large 1–itemsets} // 扫描所有事务,计算每项出现次数,产生频繁 1– 项集集合 L_1

for(k=2;L_{k-1} ≠ ∅;k++)do // 进行迭代循环,根据前一次的 L_{k-1} 得到频繁 k– 项集集合 L_k

begin

　C_k'=join(L_{km},L_{kn})// join 对每两个有 k–1 个共同项目的长度为 k 的模式 L_{km} 和 L_{kn} 进行连接

C_k =prune(C_k')// prune 根据频繁项集的反单调性,对 C_k' 进行减枝,得到 C_k

　C_k= apriori–gen(L_{k-1})// 产生 k 项候选项集 C_k

　　for all transactions t ∈ D do // 扫描数据库一遍

begin

Ct=subset(C_k,t)// 确定每个事务 t 所含 k– 候选项集的 subset(C_k, t)

for all candidates c ∈ Ct do

　　c.count++// 对候选项集的计数存放在 hash 表中

end

L_k={c ∈ Ct | c.count ≥ min_sup}// 删除候选项集中小于最小支持度的,得到 k– 频繁项集 L_k

end

　　for all subset s⊆L_k // 对于每个频繁项集 L_k,产生 L_k 的所有非空子集 s

If conf(s⇒ L_k –s)>=min_conf // 可信度大于最小可信度的强项集为关联规则

　Then Output(s⇒ L_k –s)// 由频繁项集产生关联规则

　end

end// 得到所有的关联规则

Apriori 算法最大的问题是产生大量的候选项集,可能需要频繁重复扫描数据库,因此为候选项集合理分配内存,实现对大型数据库系统快速扫描的技术和方法是提高管理规则效率的重要途径,面向大型数据库,从海量数据中高效提取关联规则是非常重要的。

第三节　实训任务

一、实训任务一：连衣裙行业数据分析

（一）业务背景

数据分析对于每一个行业来说都是非常重要，也确实能带来实际效果。例如，利用数据分析做客户的细分以进行精准化营销；利用 CRM（Customer Relationship Management，客户关系管理）系统来管理客户的生命周期，提高客户的忠诚度，避免客户流失；利用客户的购买数据，挖掘客户的潜在需求等。同一套行业数据，选择对不同的字段组合进行分析，可以得到不同方面的分析结果。下面我们以连衣裙行业数据为例，运用即席查询法进行行业数据的分析。

本案例大致步骤如下。

一是把从一些第三方数据采集工具采集的电商平台上的连衣裙数据导入，也可省去此过程直接使用平台内置的连衣裙热销 100 数据。

二是利用即席查询查看连衣裙的热销商品、发货地等分布情况。

（二）具体操作流程

1. 数据连接

将下载好的数据（连衣裙热销 100）导入到实训平台上，如图 4-4 所示。注意：本实训所用到的数据表格可在商业智能实训平台的"资料下载"中下载，也可直接使用系统中已经上传好的该数据，如图 4-5 所示。

图 4-4　导入数据

图 4-5　平台内置数据目录

2. 即席查询了解连衣裙行业数据

进入即席查询模块，选择连衣裙热销 100 数据表，在要分析的字段前打勾，我们首先分析一下热销商品，分别在宝贝标题、宝贝 id、30 天销量等字段前打勾，在页面中央报表展现区可呈现图 4-6 所示的列表。可点击列名右侧倒三角按钮，选择对 30 天销量进行降序排列，更便于观察得到热销商品。同理可分析热销领型、热销风格等。

图 4-6　热销商品分析

接下来可进行发货地分析，分别勾选 30 天销量与省份字段，并点击 30 天销量列名右侧的倒三角符号，设置聚合方式为"合计值"。观察结果发现，30 天销量最高的分别为广东、浙江两个发货地，结果如图 4-7 所示。

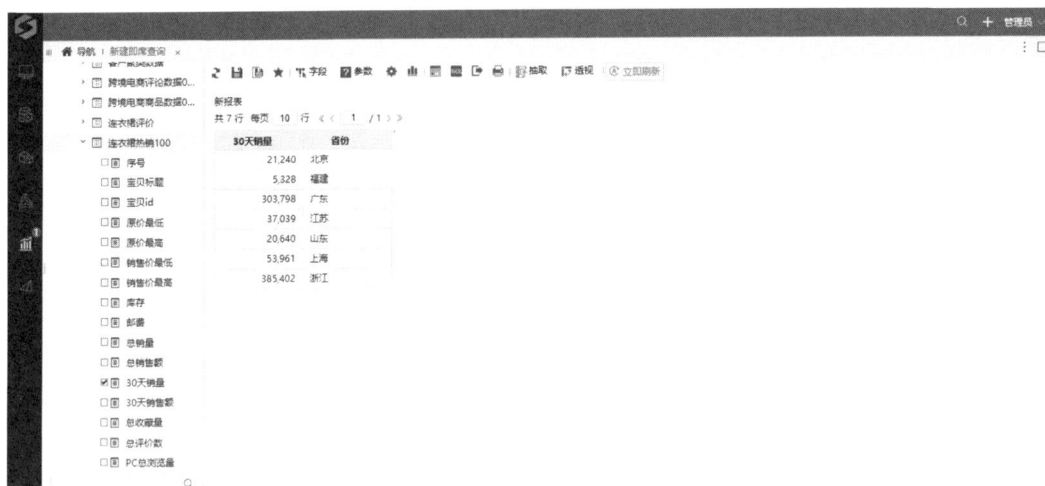

图 4-7　发货地分析

　　还可点击"添加图形"按钮制作相关图表，例如此处我们选择添加发货地分布饼图，设置方式如图 4-8 所示。

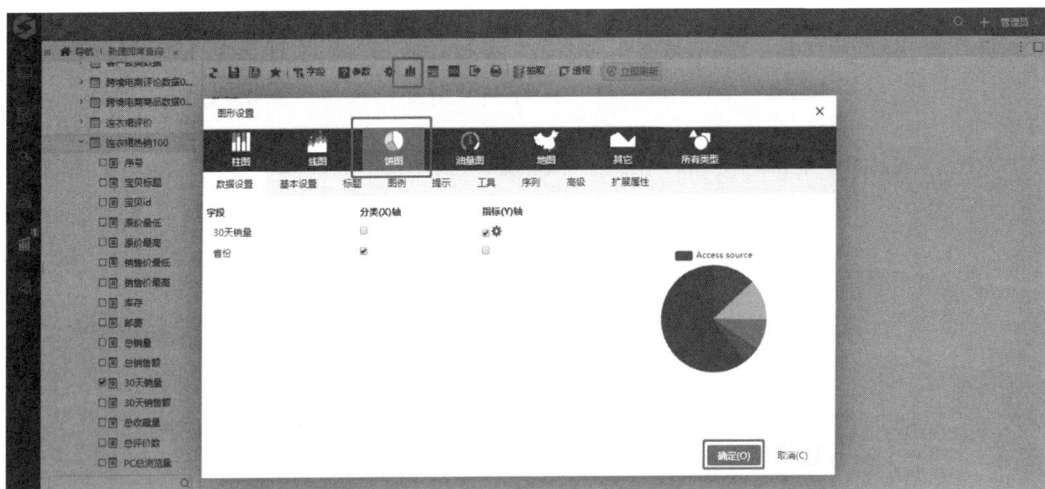

图 4-8　发货地饼图设置

　　添加结果如图 4-9 所示，可以看到各发货地的销量分布结果。

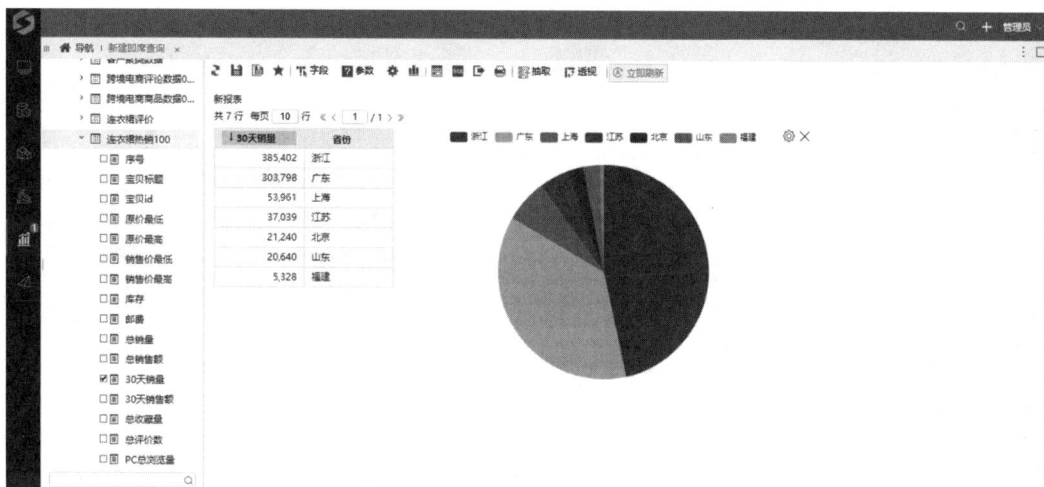

图 4-9　发货地分布饼图

二、实训任务二：热销商品数据分析

（一）业务背景

所谓热销商品，是指市场上销路好、没有积压滞销的商品。任何商品只要受到消费者欢迎，都可称作热销商品。很多人误把热销商品理解为新商品，其实，商品是否热销与新旧没有直接的关系，热销商品可能是新商品，也可能是旧商品；而一款新商品可能是热销品，也可能是销路一般的商品或滞销品。两者都有重叠部分，但不能画等号。

假设你准备买一款手机，但是你又有选择恐惧症，周围朋友的建议也很不统一，各有各的推荐。通过透视分析方法进行数据分析就可以解决这个纠结，通过对一些某电商平台上手机的数据进行分析挖掘，了解几大手机品牌的总体销量、评价、价格等情况，结合自己的需求，综合判定，最终确定购买哪款手机。

本案例大致步骤如下。

（1）把从一些第三方数据采集工具采集的电商平台上热销手机数据导入。

（2）利用透视分析查看热销颜色和存储情况。

（二）具体操作流程

1. 数据准备

将下载好的数据（热销手机分析和手机评价）分别导入到实训平台上，如图 4-10 所示。注：本实训所用到的数据表格可在商业智能实训平台的"资料下载"中下载。

图 4-10　导入数据

2. 透视分析了解热销颜色和存储

进入透视分析模块，选择手机评价表，手机评价表中有一些品牌的 SKU 情况（包括颜色、存储空间等），可以用来分析热销颜色和热销存储，如图 4-11 所示。

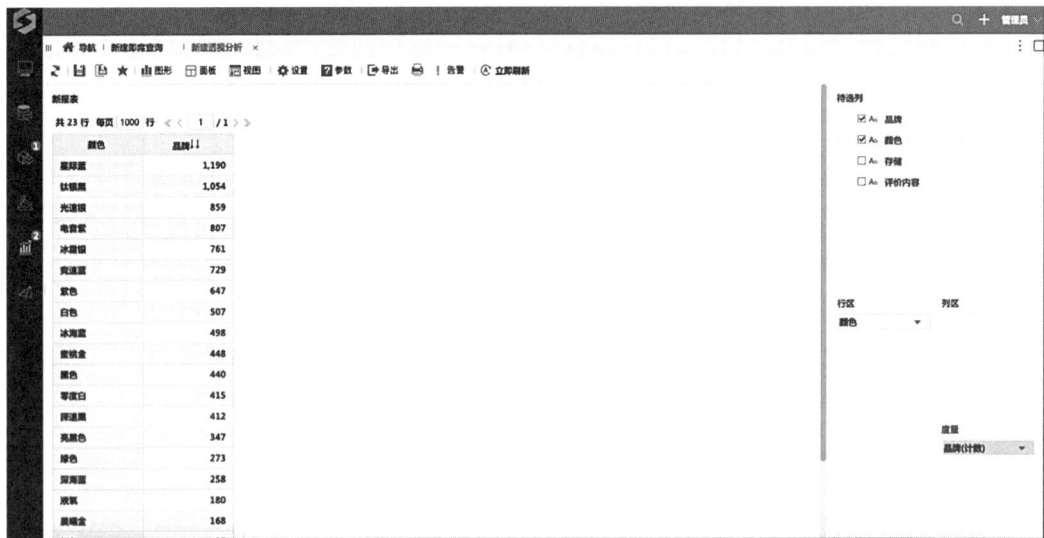

图 4-11　透视分析

由于很多品牌手机颜色前基本都有前缀，比如星际蓝、竞速蓝、深海蓝等，其实都是属于蓝色系，只不过不同品牌的称呼不一样或者是颜色有细微差别，这里我们可以使用新建分组，对颜色进行重新分组分析。在右边待选列区，右键点击"颜色"字段，新建分组字段，如图 4-12 所示。

图 4-12　新建分组字段

输入新字段名称，然后点击分组，进行颜色分析，如图 4-13 所示。

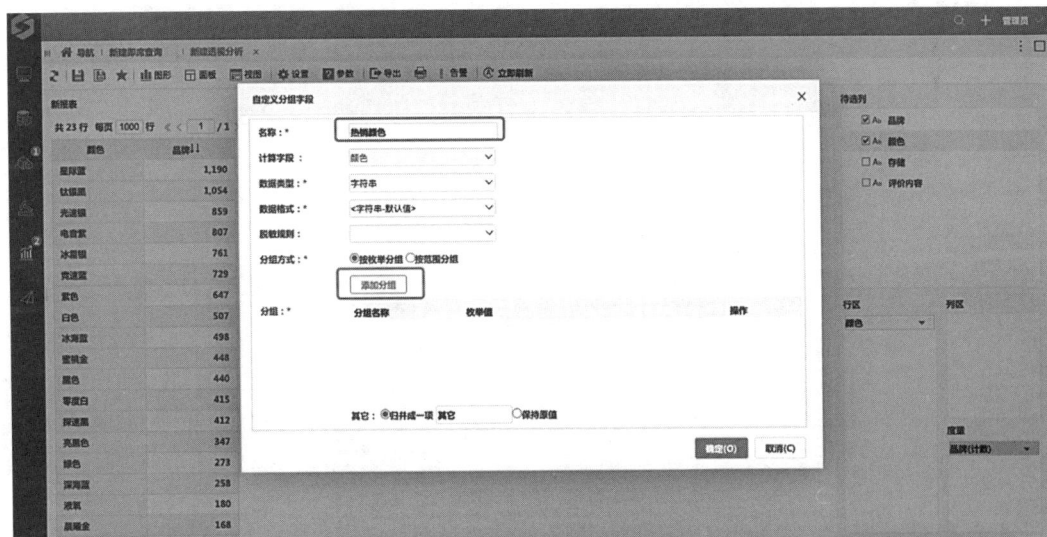

图 4-13　分组

输入分组名称，然后可以在下面搜索框中输入颜色关键词进行搜索，如图 4-14 所示，将黑色系的颜色都选中，点击朝右的箭头，点击"添加"，即可将相关颜色分到黑色系组，然后点击"确定"。

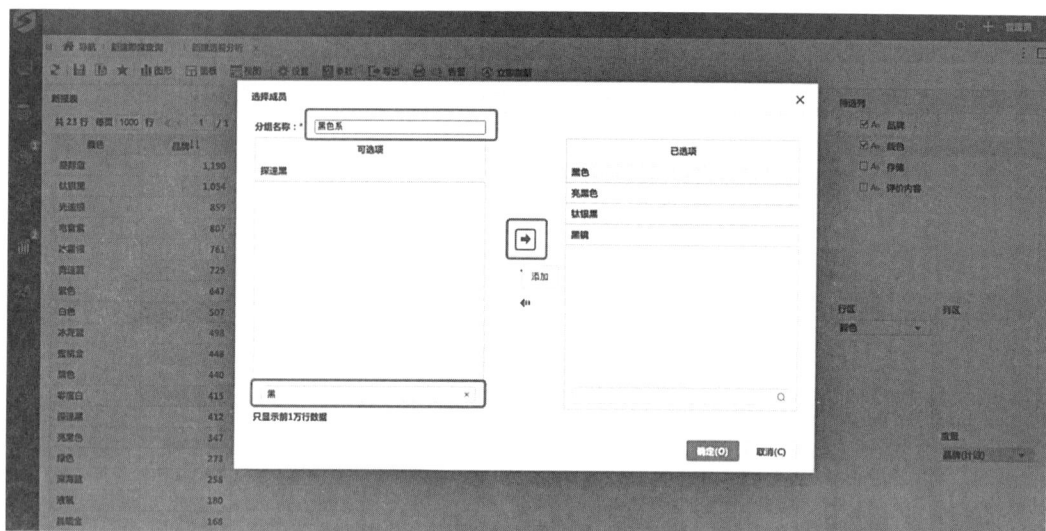

图 4-14　对字段进行分组

同理，将其他颜色也进行分析，其余的颜色自动归为其他类，如图 4-15 所示。

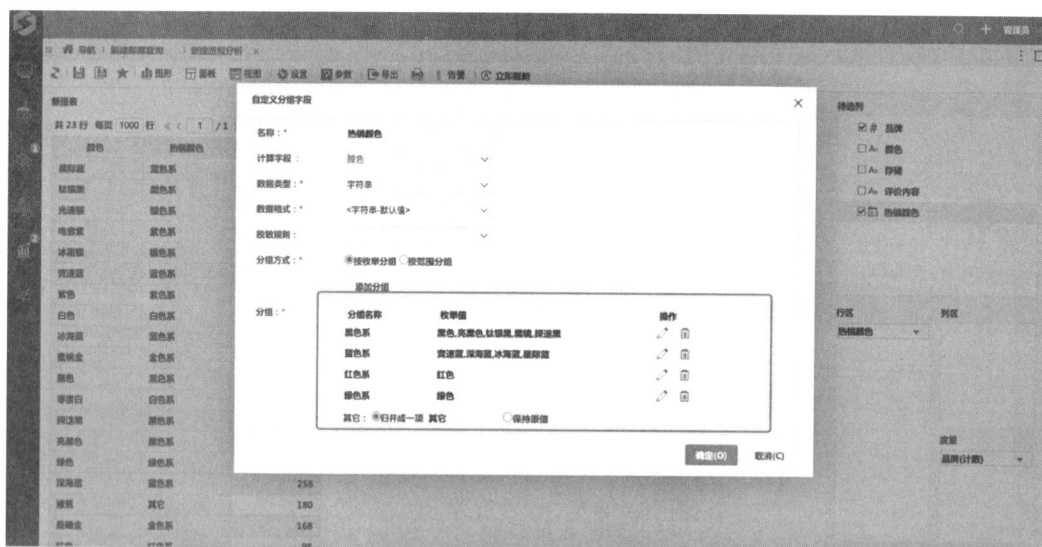

图 4-15　颜色分组

将前面的颜色字段替换成刚新建的热销颜色字段，即可查看分组后的热销颜色情况，生成一张柱形图可以更直观地查看分析结果。根据结果可以看到蓝和黑是最热销的两个色系，如图 4-16 所示。

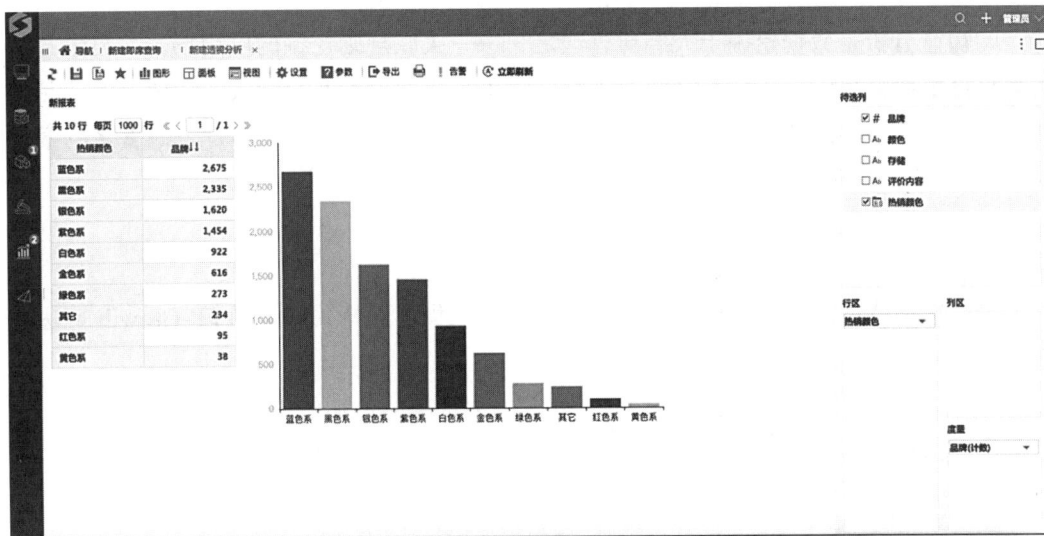

图 4-16　热销颜色分析

同理，可以分析热销存储情况，如图 4-17 所示。最热销的存储空间是 8G 运行内存 +128G 储存空间。

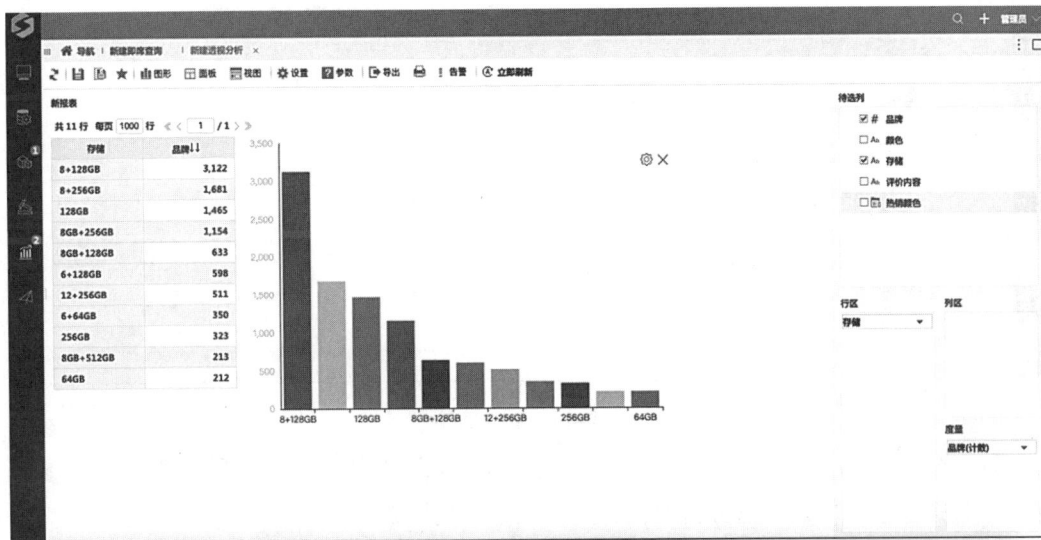

图 4-17　热销存储

三、实训任务三：购物篮分析

（一）业务背景

大数据时代，各行各业每天都在不断地产生着大量的数据。对这些数据进行有效的挖掘，能够促进企业更好更精准发展。这些数据能够帮助我们更精准地了解用户，从而制定出更贴合用户的运营策略,提升用户在平台的使用体验。

购物篮分析是数据挖掘十大经典算法之一——关联规则挖掘的应用场景,目的是从大规模订单数据集中寻找商品之间的关联,线下零售商可借此分析改变货架上的商品排列或是设计吸引客户的组合促销套餐等,线上电商可以用来做商品推荐,最著名的案例就是沃尔玛啤酒和尿片的故事。

本案例大致步骤如下。

(1)对数据进行去除重复值、聚合等预处理工作。

(2)选择特征列,将数据拆分成训练集和测试集,选择关联规则 FP-Growth 算法构建模型。

(3)关联规则的效果展示。通过预测结果,判断输入数据的关联。

(二)具体操作步骤

1.数据准备

点击新建实验进行具体的实验操作,如图 4-18 所示。

图 4-18　新建实验

保存实验之后从左边数据源中拖拽"关系数据源"到中间"画布区",并在右边参数区关系数据源选择中购物篮分析数据,点击运行,具体如图 4-19 所示。

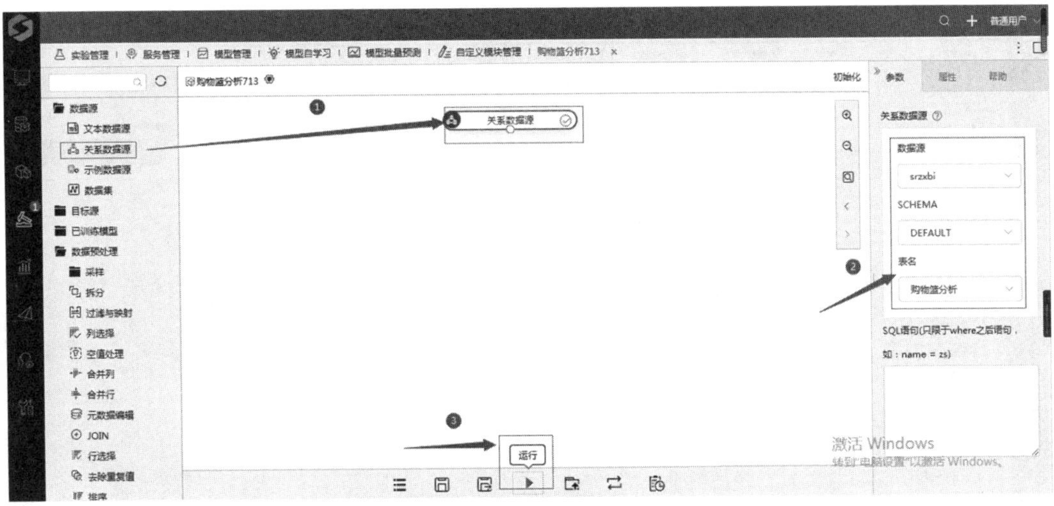

图 4-19　数据准备

　　执行之后，在"示例数据源"节点鼠标右键单击，选择"查看输出"，即可查看本数据源详细数据，如图 4-20 所示。

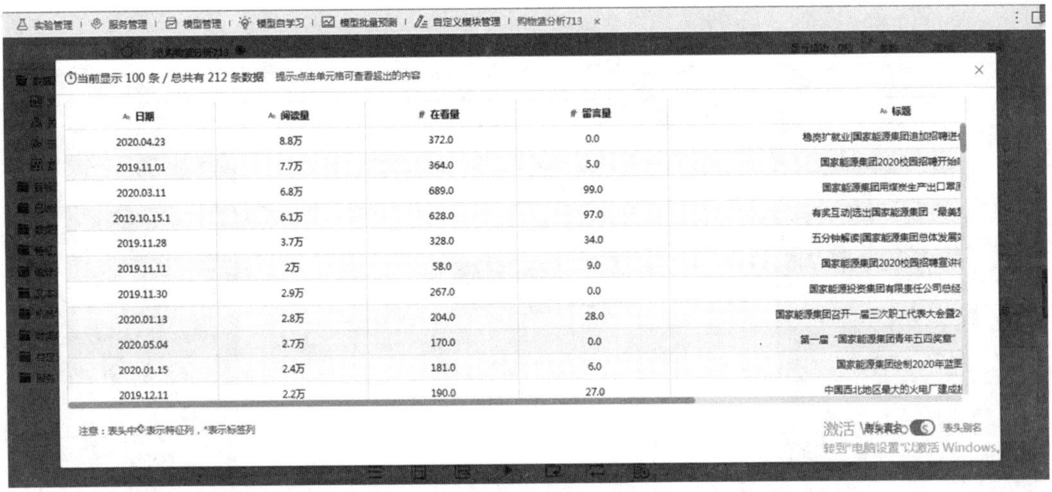

图 4-20　详细数据

2. 建立模型

（1）数据处理

　　拖拽"去除重复值"到画布区，并与上一节点建立连接，对参数进行设置，如图 4-21 所示。

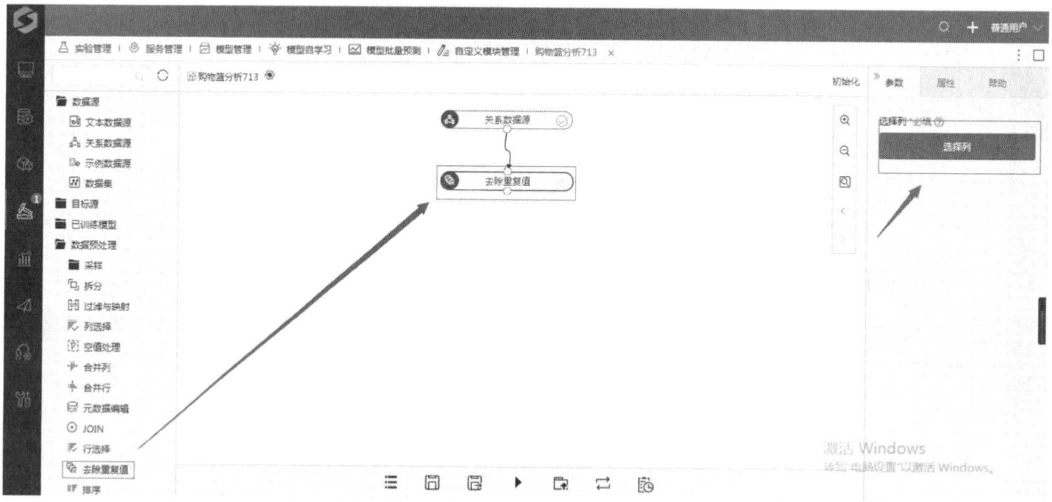

图 4-21　去除重复值

点击"选择列"选择"产品名称"和"昵称"到右边，点击确定，最后运行。如图 4-22 所示。

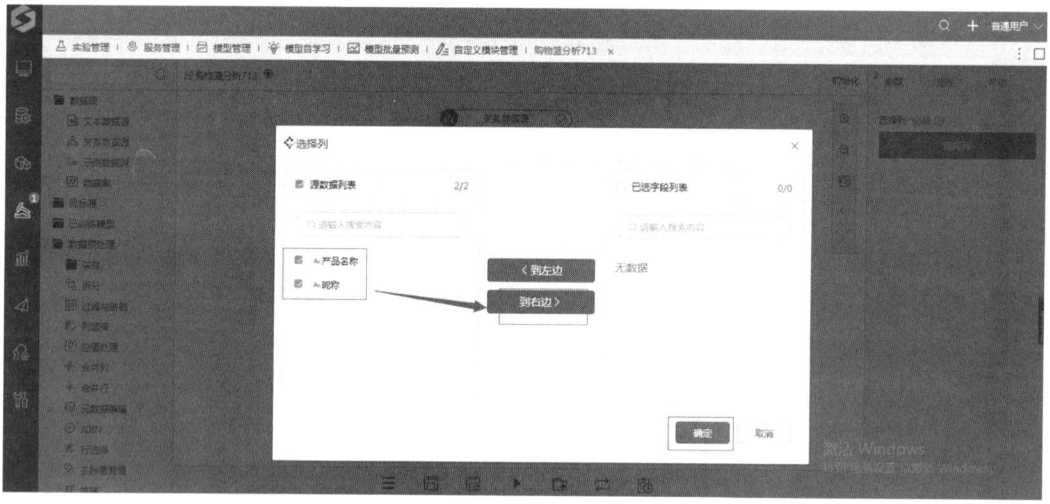

图 4-22　选择列

观察数据，为方便分析，我们可以做一个聚合处理，将每个订单的商品以一个数组的形式呈现。这里可以用到"数据预处理"下的"聚合"节点，拖拽"聚合"节点到画布区，建立关联，如图 4-23 所示。

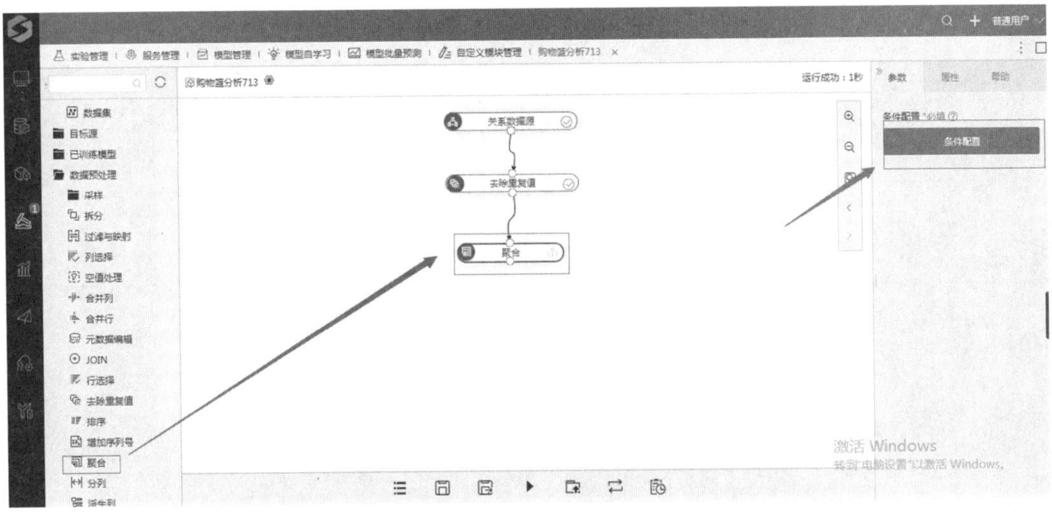

图 4-23　聚合

进行条件配置，注意添加完条件一定要点后面的"+"键，才算成功。分别选择"昵称"进行 Group 操作，选择"产品名称"进行 Collect_list 操作，选择"产品名称"进行 Count 操作，全部设置完成点击确定，最后运行，如图 4-24 所示。

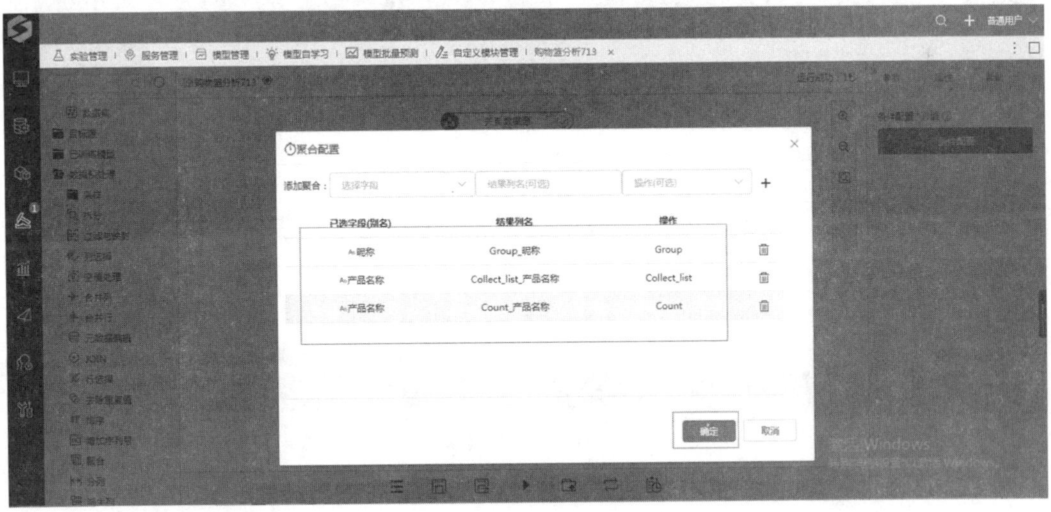

图 4-24　条件配置

由于系统会根据客户购物篮中的产品进行产品推荐，所以首先要根据客户购买数量将数据进行拆分。

拖拽"行选择"到画布区，与上一节点建立关联，点击"行选择条件"，进入过滤与筛选页面，勾选"根据条件筛选"，选择产品数量大于 1，点击"添加"，最后"确定"运行。具体操作如图 4-25 所示。

图 4-25　添加操作

再拖拽一个"行选择"到画布区，并且设置条件为产品数量等于 1，如图 4-26 所示。

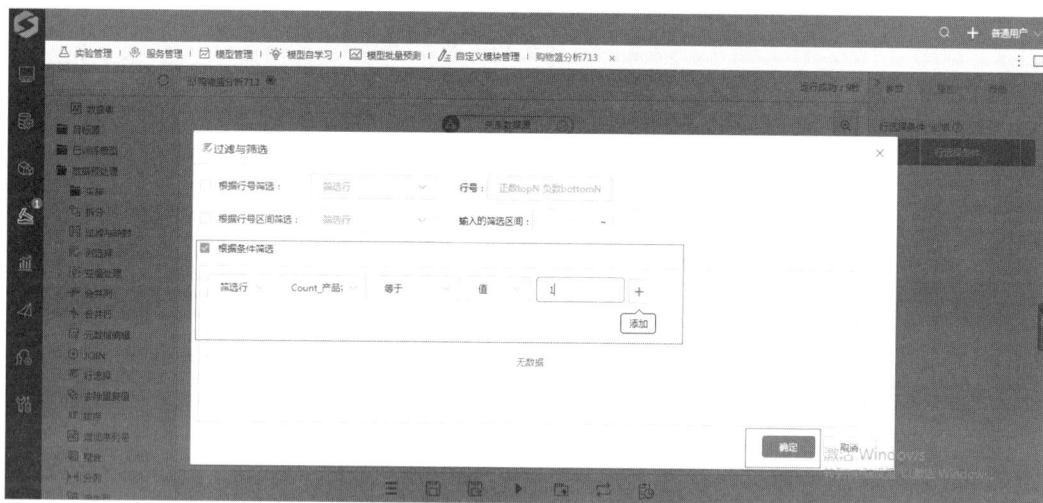

图 4-26　行选择

（2）模型训练

在进行训练之前，首先选择需要的特征字段。

拖拽"特征选择"到画布区，与产品数量大于 1 的行选择节点进行关联，点击"选择特征列"选择"Collect_list 产品名称"到右边，点击"确定"后运行，如图 4-27 所示。

图 4-27 特征选择

拖拽 "机器学习" 下的 "FP-Growth" 和 "训练" 到画布区，"训练" 节点左侧连接算法，右侧连接数据集，并对 "FP-Growth" 的参数进行设置，参数大小可根据最后预测结果的数量需要进行选择，这里我们按图 4-28 所示进行设置，然后运行。

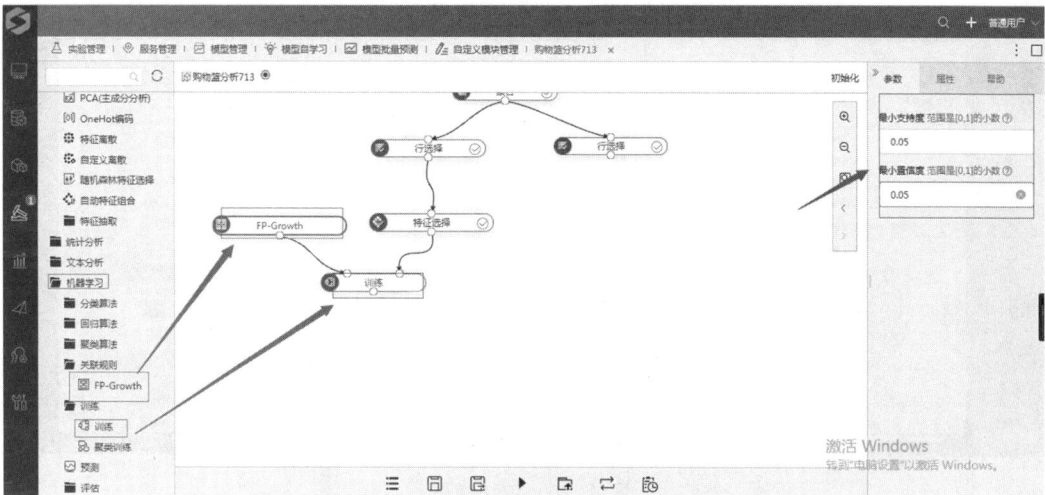

图 4-28 参数设置

3. 预测展示

拖拽 "机器学习" 下的 "预测" 节点到画布区，与上面的节点建立如图 4-29 所示的关联，然后运行。

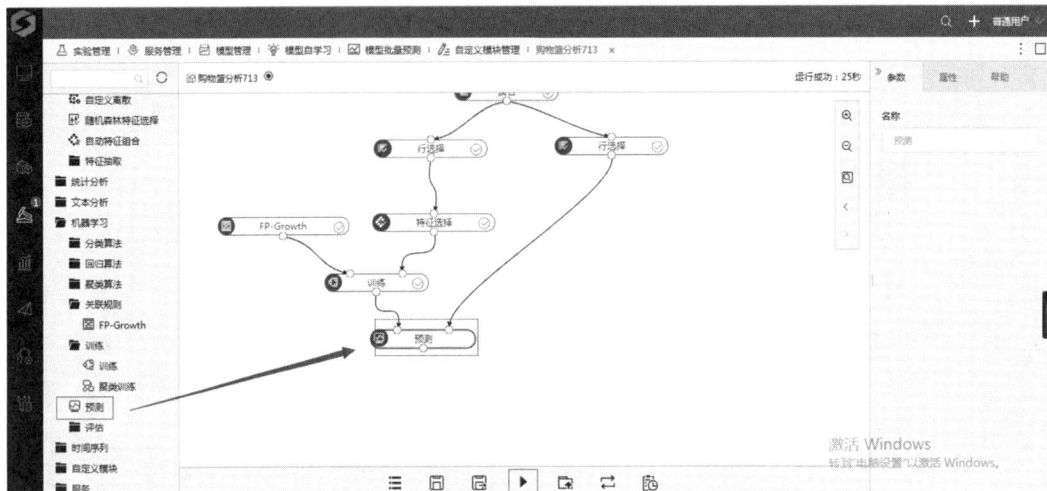

图 4-29　预测

全部执行，执行成功之后，点击右键"训练"节点"查看分析结果"，即可查看模型的训练结果，如图 4-30 所示。

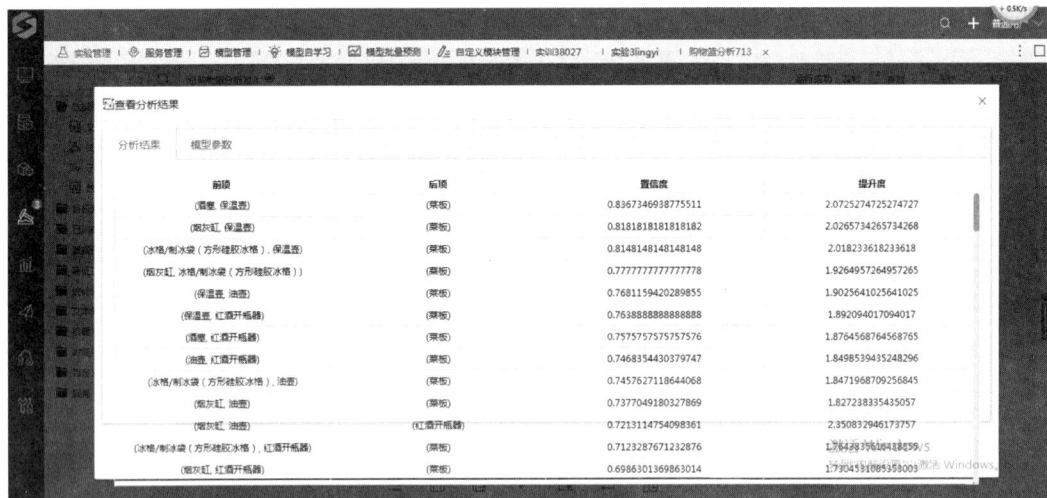

图 4-30　训练结果

以第一行数据为例，意味着如果客户买了酒塞和保温壶，那么他有 84% 的概率购买菜板。

右键点击"预测"节点"查看输出"即可查看测试集预测结果，如图 4-31 所示。

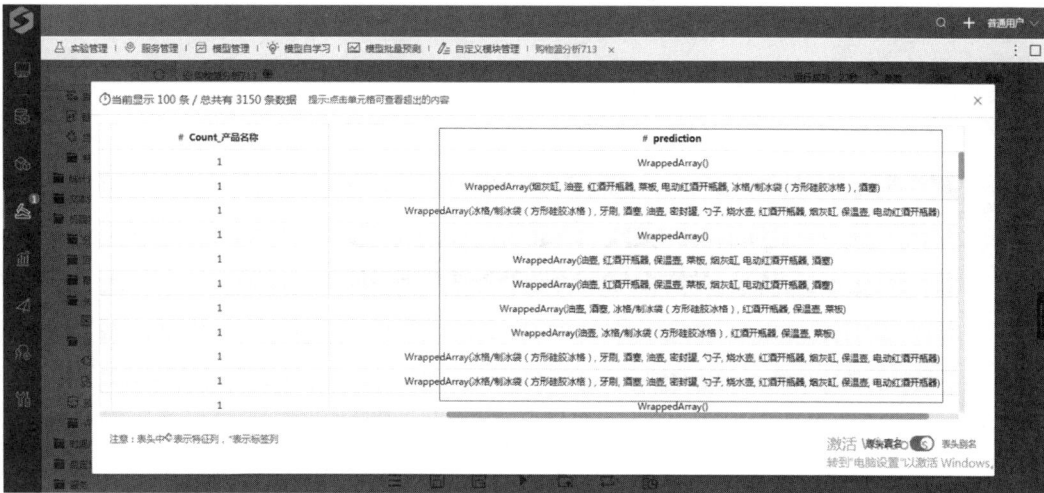

图 4-31　预测结果

第五章

电子商务运营数据分析

➤ **章节目标**

◎ 掌握电商运营基础数据分析。

◎ 掌握时间数列和相关的分析方法。

◎ 能够熟练运用 Excel 表格进行运营数据分析。

◎ 能够运用时间数列法对店铺销售额预测分析。

◎ 能够运用相关关系法完成店铺相关指标分析。

➤ **学习重点、难点**

重点

◎ 店铺运营的重要数据相关知识。

◎ 店铺运营数据的分析指标。

难点

◎ Excel 在电商运营数据分析中的应用。

◎ 时间数列法和相关关系法在运营数据分析中的应用。

➤ **本章思维导图（见图 5-1）**

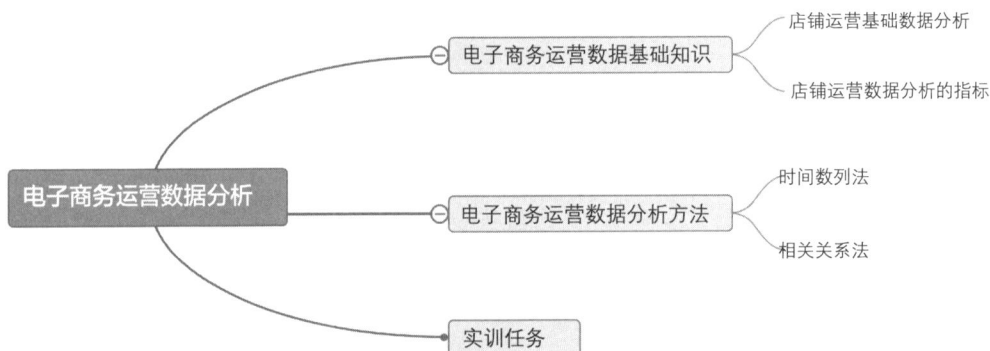

图 5-1　第五章思维导图

第一节　电子商务运营数据基础知识

一、店铺运营基础数据分析

为了更准确地了解客户的所需所想，就需要用到店铺运营数据分析。

（一）店铺运营分析

网店运营分析一般是指从网店运营过程及最终成效上进行分析，重点分析过程中相关服务的及时率和有效率，以及不同类型客户之间对于服务需求的差异化表现。

知识助手：你知道网店运营数据分析的方法有哪些吗？

方法1：通过帕累托及同、环比的方法进行网店运营数据分析，呈现简单的变动规律及主要类型的客户。

方法2：通过统计分析的方法，如时间数列法、相关与回归法等，得出哪些特征的客户对哪些服务是具有突出需求的，哪些指标对购买及满意度是有直接影响的，以及如何制定店铺整体运营规划和预测店铺的销售额等。

（二）店铺运营数据分析的相关概念

1. 转化率（Conversion Rate，CR）

转化率是所有到达店铺并产生购买行为的人数和所有到达你的店铺的人数的比率。

计算公式为

转化率 = 产生购买行为的客户人数 / 所有到达店铺的访客人数 × 100%

例如，访问店铺的消费者有50人，最终下单支付人数为5人，则

转化率 =5/50×100%=10%

消费者从访问到支付的过程于又被称为支付转化，支付转化率直接决定着店铺销售额的高低。

视野拓展：你知道支付转化率指的是什么吗？有哪些分类吗？

支付转化率是指统计时间内，支付买家数 / 访客数，即来访客户转化为支付买家的比例。具体包括以下几类：引导支付转化率、下单支付转化率、搜索支付转化率、词均支付转化率。

1. 引导支付转化率是指统计时间内，访问分类页的人数中，后续点击访问商品详情并最终拍下付款的买家数占比。

2. 下单支付转化率是指统计时间内，下单且支付的买家数 / 下单买家数，即统计时间内下单买家中完成支付的比例。

3. 搜索支付转化率是指在统计时间内由搜索带来的支付转化率，即搜索带来支付买家数 / 搜索带来的访客数。该指标主要用于评估搜索带来的效果。

4. 词均支付转化率是指统计时间内，对用户的搜索词分词后，根据词性匹配出的相关目标词搜索词的引导支付转化率累加，包含目标词的相关搜索词数。

网店转化率是影响网店销售额和利润的关键因素之一，因此提高网店转化率是至关重要的。店铺经营者可以优化店铺整体装修、优化宝贝展示与形象设计、完善促销区活动搭配、提高回购率和重复购买率、积极开展外部推广等方式提高网店的转化率。

2. 点击率（Clicks/Views）

淘宝点击率是宝贝展现后的被点击比率。计算公式为

点击率 =（点击量 / 展现量）×100%

点击率越高说明宝贝越吸引买家，点击率越低表示宝贝对于买家的吸引力越低。

商品的标题、单价、销量、主图等都会影响点击率。以标题为例，当商品标题中没有包含有效的关键词，即没有包含消费者会搜索到的关键词时，消费者无法通过关键词搜索到该商品，商品没有展示机会，当然也不会有点击。因此标题设计得是否合理，直接影响着商品点击量。

3. 购买频率（Frequency of Purchase）

购买频率是指消费者或用户在一定时期内购买某种或某类商品的次数。一般来说，消费者的购买行为在一定的时限内是有规律可循的。购买频率就是度量购买行为的一项指标，它一般取决于使用频率的高低。购买频率是企业选择目标市场、确定经营方式、制定营销策略的重要依据。

首先从质量和购买频率的关系看，购买频率低的产品，卖方要在较长时间之后才能享受溢价。这样，只有溢价足够大才能抑制其质量欺诈倾向。相反，对于购买频率高的产品，卖方在未来存在更多的以降低质量来牟利的机会，故在每次交易中要求补偿其守信行为的溢价就较小，即溢价大小与购买频率成反比。再从消费者接受品牌溢价大小与购买频率看，对于那些购买频率高的产品，由于消费者经常购买该消费品，所积累的品质评价经验很丰富了，所以当一个品牌的产品比另一个品牌的价格高许多而评价品质相差不多时，他所可能接受的溢价支付就比较小了。这我们可以发现这样一个有趣现象，就是购买频率可能降低品牌传递品质优秀资讯的能力。

4. 收藏率和加购率（Collection Rate and Additional Purchase Rate）

收藏率指收藏人数与访问客数之比，加购率指加购人数与访问客数之比。商品的收藏率和加购率越高，说明该商品的意向消费者越多，这部分消费者促成成交的概率也就越大。

评判商品是否能得到大家的喜欢，除了点击转化之外，就是收藏加购率了。这个收藏加购率我们需要很好地去提升，下面是提高这个指标常用的几个方法：详情页引导、主图引导、客服引导和推广引导。

5. 投资回报率（Return On Investment，ROI）

投资回报率是指投资后所得的收益与成本之间的百分比。其计算公式为

投资回报率（ROI）= 税前利润 / 投资总额 ×100%

🖱 知识助手：你知道成本指的是什么吗？网店运营成本都有哪些？

成本指的是商品经济的价值范畴，是商品价值的组成部分，也称为费用。网店运营成本是指网店运营过程中的总花费，其构成包括经营成本、推广成本、人员成本、商品折损成本、退换货成本、物流成本、库存成本等。

从公式可以看出，企业可以通过降低销售成本，提高利润率，从而提高投资回报率。通过 ROI 的分析，能够直接判断营销活动是否盈利，当 ROI 为 1 时，可以认为本次营销活动的收益与花费是持平的。

☀ 知识链接：淘宝直通车的 ROI 计算

直通车的投资回报率（ROI）

= 直通车效益 / 直通车花费 ×100%

=（产出 × 毛利润率 − 直通车花费）/ 直通车花费 ×100%

=（客单价 × 成交笔数 × 毛利润率 − 直通车花费）/ 直通车花费 ×100%

=（客单价 ×UV× 转化率 × 毛利润率 − 直通车花费）/ 直通车花费 ×100%

=（客单价 ×UV× 转化率 × 毛利润率 −UV×PPC）/（UV×PPC）×100%

= UV×（客单价 × 转化率 × 毛利润率 −PPC）/（UV×PPC）×100%

=（客单价 × 转化率 × 毛利润率 −PPC）/PPC×100%

注：UV= 访客数（Unique Visitor），指网店各页面的访问人数。所选时间段内，同一访客多次访问会进行去重计算。

PPC= 点击付费广告（Pay Per Click），是一种网络广告的收费计算形式，被搜索引擎、广告网络，以及网站或博客等网络广告平台广泛使用。

6. 毛利润率（Gross Profit Margin）

毛利润率是指毛利润占销售收入的百分比。其计算公式为

毛利润率 =（销售收入 − 销售成本）/ 销售收入 ×100%

☀ 知识链接：销售额、利润、客单价的计算公式

销售额 = 访客数 × 转化率 × 客单价

利润 = 访客数 × 转化率 × 客单价 × 购买频率 × 毛利润率 − 成本

客单价均值 = 该月多天客单价之和 / 该月天数

二、店铺运营数据分析的指标

如何评价运营的效果，就应该以数据为指导，来发现问题，解决问题，网店运营体系的数据模型应从以下指标进行评判。

（一）店铺每日数据分析

1.流量数据分析指标

（1）独立访客数（UV）

①计算公式

UV= 当天 0 点截至当前时间访问店铺页面或商品详情页的去重人数

②指标意义

统计访问某网店的访客数量。

③指标用法

在网店流量分析中，独立访问者数量可用来分析网络营销效果，例如，用于比较分析不同网店的引流效果，或者用于比较分析网店不同时期访问量的变化，以独立访客数为基础还可以反映出网店访问者的多项行为指标，包括用户终端的类型、显示模式、操作系统、浏览器名称和版本等。

（2）浏览量（PV）

①计算公式

PV= 网店或商品详情页被访问的次数

②指标意义

反映网店或商品详情页对用户的吸引力。

③指标用法

当一个网店的客户浏览量低于行业平均水平时，说明内容不受用户喜欢，因此该指标可以作为网店运营改进的依据。

（3）平均停留时长

①计算公式

平均停留时长 = 来访店铺的所有访客总的停留时长 / 访客数（秒）

②指标意义

反映访客在线时间的长短，时间越长，则网店黏性越高，即为访客提供了更有价值的商品和服务，实现访客价值转化的机会也就越大。

③指标用法

当一个网店的平均停留时长低于行业平均水平时，说明网店的黏性不足，用户体验不好，需要改进。

（4）跳失率

①计算公式

跳失率 = 一天内来访店铺浏览量为 1 的访客数 / 店铺总访客数

②指标意义

它是指访客数中只有一个浏览量的访客数占比。该值越低则表示所获取流量的质量越好。

③指标用法

当一个网店的跳失率高于行业平均水平时，说明网店引来流量的质量不佳，或者需要改进购物流程和用户体验等环节。

（5）店铺新访客占比

①计算公式

店铺新访客占比＝来访店铺的新访客数量/当天访客数量

②指标意义

反映访问网店的新用户比例。

③指标用法

店铺新访客占比有一个合理范围，如果店铺新访客占比过低，则说明网店曝光偏少。

2.订单数据分析指标

（1）下单买家数

①计算公式

下单买家数＝统计时间内拍下商品的去重买家人数

②指标意义

反映店铺销售情况。

③指标用法

通过下单买家数的同比和环比，可以了解本网店的销售变动情况。

（2）支付买家数

①计算公式

支付买家数＝统计时间内完成支付的去重买家人数

②指标意义

反映店铺销售情况。

③指标用法

通过支付买家数的同比和环比，可以了解本网店的销售变动情况。通过支付买家数的行业排名，可以了解本网店在行业中所处的地位。

（3）退款率

①计算公式

退款率＝退款成功笔数/支付子订单数 ×100%

②指标意义

该指标反映店铺商品的品质好坏、商品的性价比及服务态度，该指标直接影响店铺的搜索排名。

③指标用法

一旦店铺的退款率大于行业均值，则说明网店的售中和售后服务存在问题，应及时予以处理。

（4）支付金额

①计算公式

支付金额 = 统计时间内买家拍下商品后支付的金额总额

②指标意义

即为网店总销售额，反映网店销售情况。

③指标用法

通过支付金额的同比和环比，可以了解本网店的销售变动情况。通过支付金额的行业排名，可以了解本网店在行业中所处的地位。

（5）客单价

①计算公式

客单价 = 统计时间内支付金额 / 支付买家数

②指标意义

衡量统计时间内每位支付买家的消费金额大小，客单价是构成网店销售额的重要指标。

③指标用法

如果本网店的客单价低于行业平均水平，则说明网店在关联销售、商品促销等环节存在不足，需要改进。

（6）营业利润金额

①计算公式

营业利润金额 = 营业收入 − 营业成本金额

②指标意义

反映网店在统计时间内的盈利情况。

③指标用法

如果网店的营业金额未达到网店经营的预期目标，则需要查找原因，并采取措施予以改进。

3. 库存数据和退货数据分析指标

（1）库存天数

①计算公式

库存天数 = 期末库存金额 /（某个销售期的销售金额 / 销售天数）

②指标意义

库存天数也就是存货天数，它能有效地衡量库存可持续销售的时间，并且与销售速度密切相关，随着销售速度变化而变化。

③指标用法

通过库存天数可以判断网店是否存在缺货的风险。

（2）库存周转率

①计算公式

库存周转率 = 销售数量 /[（期初库存数量 + 期末库存数量）/2]×100%

②指标意义

库存周转率是一个偏财务的指标，一般用于审视库存的安全性问题。在电子商务数据分析中，库存周转率高，则商品畅销；库存周转率低，则有滞销风险。

③指标用法

作为网店判断和调整采购政策与销售政策的依据。

（3）金额退货率

①计算公式

金额退货率＝某段时间内的退货金额／总销售金额×100%

②指标意义

金额退货率是指商品售出后由于各种原因被退回的商品金额与同期总销售金额的比率。

③指标用法

通过金额退货率的变动趋势可以从退货金额方面来判断网店的商品质量和售后服务质量。

（4）订单退货率

①计算公式

订单退货率＝某段时间内的退货订单数量／总订单量×100%

②指标意义

订单退货率是指商品售出后由于各种原因被退回的订单数量与同期总订单量的比率。

③指标用法

通过订单退货率的变动趋势可以从退货订单数量方面来判断网店的商品质量和售后服务质量。

（5）数量退货率

①计算公式

数量退货率＝某段时间内的商品退货数量／总销售数量×100%

②指标意义

数量退货率是指商品售出后由于各种原因被退回的数量与同期售出的商品总数量之间的比率。

③指标用法

通过数量退货率的变动趋势可以从商品退货数量方面来判断网店的商品质量和售后服务质量。

（二）店铺每周数据分析

1.店铺流量分析指标

（1）跳失率

跳失率高绝不是好事，但知道跳失的问题在哪里才是关键。在进行一些推广活动或投放大媒体广告时，跳失率都会很高，跳失率高可能意味着人群定位不精准，或者广告诉求与访问内容有着巨大的差别，或者本身的访问页面有问题。

（2）回访者占比

①计算公式

回访者占比 = 统计时间内 2 次及以上回访者数量 / 总来访者数量

②指标意义

反映网店的吸引力和访客忠诚度。

③指标用法

当流量稳定的情况下，此数据太高则说明新用户开发得太少，太低则说明用户的忠诚度太差，复购率也不会高。

（3）访问深度比率

①计算公式

访问深度比率 = 访问超过 11 页的用户数量 / 总的访问数

②指标意义

这两项指标代表网店内容的吸引力。

③指标用法

访问深度比率和访问时间比率越高越好。

2. 其他数据分析指标

其他数据分析指标有总订单数、有效订单数、订单有效率、客单价、毛利润、毛利率、退货率、退款率、下单转化率等。

（三）店铺长期数据分析

1. 用户数据分析

所谓用户分析就是对访客数据进行分析。在网店的经营过程中，我们需要对自己店铺的客户消费情况进行分析，以了解线上店铺的经营情况，从而制定相应的应对措施和方案，使网店发展得更好。访客的主要指标有新访客数、新访客转化率、访客总数、访客复购率等。

知识链接：访客复购率

访客复购率分析包括 1 次购物比例、2 次购物比例、3 次购物比例、高频购物比例。

2. 流量数据分析

流量数据分析可以监控各渠道转化率，从而让运营人员发掘出转化效果好的渠道和媒体。淘宝店铺的流量一般分为站内和站外两种来源渠道。

知识助手：你知道站内和站外流量的区别吗？

站内流量和站外流量的区别在于：淘宝站内的流量，是淘宝平台已经培育好的，客户本身就是有购买需求的，所以成交的机率高，即高质量流量。而站外的流量，客户不一定有明确的购买需求，所以成交的机率相对低，流量质量不可控。

3. 内容数据分析

网店内容数据分析主要有两个指标：跳失率和热点内容。其中跳失率指的是统计时间内，访客中没有发生点击行为的人数占访客数的比重，而热点内容指的是消费者最关注的是什么，什么商品、什么品牌点击最高。

4. 商品销售数据分析

商品销售数据是企业内部数据，根据每周、每月的商品销售详情，了解店铺经营状况，做出未来销售判断。商品销售数据分析指标包括销售计划完成率、销售利润率、成本利润率等。

知识链接：销售计划完成率、销售利润率、成本利润率计算公式

销售计划完成率 =（企业商品实际销售量 × 实际单价）/（商品计划销售量 × 计划单价）

销售利润率 = 企业利润 / 销售收入

成本利润率 = 企业利润 / 成本

第二节　电子商务运营数据分析方法

一、时间数列法

（一）时间数列的含义和作用

时间数列又称时间序列、动态数列，它是将某一统计指标在不同时间上的数值按时间先后顺序排列而形成的一种统计数列。

时间数列在统计研究中具有重要作用，主要表现在以下几方面。

（1）通过时间数列可以描述某一社会经济现象的发展状况、变化的过程和规律。

（2）利用时间数列资料便于计算一系列动态分析指标。

（3）根据时间数列可以揭示现象发展变化的趋势，从而为统计预测提供依据。

知识助手：为什么用时间数列分析与预测数据呢？

1. 时间数列是按时间先后顺序排列。

2. 时间数列中的数据没有遗漏。

3. 时间数列的观测值具有差异，即时间数列每一数据都是在某一时间点上观测到的随机变量，重复可能性极小。

4. 时间数列是按一定方式搜集的一系列数据。因为时间数列中各个数值的间隔是相同的，数据的采集起点也是相同的。

（二）现象变动分析的影响因素

时间数列各项发展水平的变化，是由许多复杂因素共同作用的结果。影响因素归纳起来大体有四类。

1. 长期趋势

长期趋势是指现象在一段较长的时间内，由于普遍的、持续的、决定性的基本因素的作用，使发展水平沿着一个方向，逐渐向上或逐渐向下变动的趋势。例如，粮食生产由于种植方法的不断改良、日益发达的农田水利设施等根本因素的影响，从较长时期来看，总趋势是持续增加、向上发展的。认识和掌握事物的长期趋势，可以把握事物发展变化的基本特点。

2. 季节变动

季节变动是指现象受季节影响而发生的变动。其变动的特点是，在一年或更短的时间内随着时序的更换，使现象呈周期重复的变化。引起季节变动的原因既有自然因素，也有人为因素，如气候条件、节假日及风俗习惯等。季节变动的影响有以一年为周期的，也有月、周、日（少于一年）为变动周期的。认识和掌握季节变动，对于近期行动决策有重要的作用。

3. 循环变动

循环变动是指现象发生周期比较长（一般是 1 年以上）、有规律的涨落起伏的变动。通常所指的循环变动是经济发展繁荣与衰退不断交替的变动。它与春夏交替相继不息的天时循环变动有明显的不同(时间周期较长)，也不同于朝单一方向持续发展的长期趋势。循环变动可能由于不同的原因，使得变动的周期长短不同，常在一年以上，七八年甚至几十年长期变动。各期始末难定为何年何月，上下波动程度也不相同。

4. 不规则变动

不规则变动是指现象除了受以上各种变动的影响以外，还受临时的、偶然因素或不明原因而引起的非周期性、非趋势性的随机变动。不规则变动是无法预知的。

现象变动趋势分析就是要把时间数列受各类因素的影响状况分别测定出来，弄清楚研究对象发展变化的原因及其规律，为预测未来和决策提供依据。

○ 知识助手：时间序列的模型

在经济分析中季节变动和不规则变动的存在干扰了对经济发展趋势及经济状态的分析。因此，剔除季节变动和不规则变动的影响非常重要。根据时间数列中要素和模型的相互关系时间数列分解模型一般分为两类，即乘法模型和加法模型，经常使用的是加法模型。

乘法模型的一般形式为：$Y=T \times S \times C \times I$（式中，$Y$、$T$ 是总量指标；S、C、I 为比率，用百分比表示）。

加法模型的一般形式为：$Y=T+S+C+I$（式中，Y、T、S、C、I 都是总量指标）。

（三）移动平均法

移动平均法采用逐期递推移动的方法计算一系列扩大时距的序时平均数，并以这一系列移动平均数作为对应时期的趋势值。通过移动平均数对数列修匀，可以消除原数列中的短期波动，更深刻地描述现象发展的长期趋势。

移动平均法所采用的扩大时距，也应由时间数列的具体特点决定。同时与时距扩大法一样，要注意数列水平波动的周期性。一般要求扩大的时距与周期变动的时距相吻合，或为它的整倍数，例如，对于具有季度水平资料的时间数列，经受每年季节性的涨落，主要必须消除季节变动因素，以运用4项或8项移动平均为宜。在以年为单位的数据所形成的时间数列中，不存在季节变动因素，因此要消除的是循环变动和不规则变动因素。我们可以借助于对时间数列水平的观察，循环周期大体几年，就相应采用几年移动平均。若数列水平呈无规则的波动，也是采取逐步扩大时距的办法，直到所求的移动平均数能把现象变动趋势表现出来。

移动平均法的具体做法是从时间数列第一项数值开始，按一定项数求序时平均数，逐项移动，得出一个由移动平均数构成的新的时间数列，这个派生数列把受某些偶然因素影响所出现的波动修匀了，使整个数列的总趋势更加明显。移动平均法根据资料的特点及研究的具体任务，可能进行3项、4项、5项乃至更多项移动平均。数列项数为奇数项时，移动平均所得的数值放在中间一项的位置上，一次移动即可得到趋势值；偶数项移动平均所得的数值放在中间两项位置中间，并需要将第一次得到的趋势值进行二次移动平均，才能得到新的趋势值并组成新的时间数列。被移动平均的项数越多，对原数列修匀的作用就越大，但得到的新时间数列的项数却越少。

【例5-1】：表5-1是我国2010—2019年某产品产量资料，利用移动平均法计算长期趋势。

表5-1 我国2010—2019年某产品产量

年份	序号	产量/万吨	移动平均趋势值		
			3项移动平均/万吨	4项移动平均/万吨	5项移动平均/万吨
2010	1	58478.1			
2011	2	67884.6	66941.767		
				69792.625	
2012	3	74462.6	73564.133		72741.3
				75689.975	
2013	4	78345.2	78291.767		78384.7
				81079.375	
2014	5	82067.5	83284.967		83935.9
				86792.425	
2015	6	89442.2	89608.167		90098.1
				93403.775	
2016	7	97314.8	97182.533		97732.1
				102060.400	
2017	8	104709.6	106266.467		107944.5
				113828.600	
2018	9	116694.0	119333.200		
2019	10	136515.0			

根据资料进行3项、4项和5项移动平均。

3项移动平均：第一个平均数为（58478.1+67884.6+74462.6）÷3=66941.767，正对第2年的位置。依次类推移动平均，得出3年移动平均数列8项。

4 项移动平均：第一个平均数为（58478.1+67884.6+74462.6+78345.2）÷4=69792.625，正对第 2 ～ 3 项的中间。依次类推，得出 4 项移动平均数列。每个新的指标值都无法对应具体时间，无法作为长期趋势值，因此还须进行一次移动平均。即再进行一次两项移动平均，这样各平均数都对准各期，形成修正的 4 项平均移动平均数列。

从表 5-1 看出，移动平均的结果使短期的偶然因素引起的波动被削弱，整个时间数列被修匀得更加平滑，波动趋于平稳。

按移动平均法对时间数列修匀后，趋势值的个数比原数列实际水平的个数减少了。

例 5-1 中，按 4 项和 5 项移动，首尾都有两个时期得不到趋势值。这无疑在一定程度上减少了研究最初和最末发展阶段显示趋势特点的可能性。所以移动平均法虽然能够看到长期趋势变动的特点，但是，移动平均数不能对趋势进行分析修匀，即无法对现象的发展趋势做出预测。

（四）季节变动的测定

1. 季节变动的含义

在日常经济生活中，我们经常会听到"销售旺季""旅游旺季"，或"销售淡季""旅游淡季"之说，这是由于这些活动因季节的不同而发生着变化。所谓季节变动，是指客观现象由于受自然因素和生产生活条件的影响在一年内随着季节的更换而引起的比较有规律的变动。

现在季节变动中的"季节"，不仅仅指一年中的四季，而是指任何一种周期性的变化。农业生产、旅游业、商品销售、交通运输等都有明显的季节变动规律。我们对现象的季节变动进行分析和研究，可以通过确定现象过去的季节变动规律来为当前的生产经营活动提供依据。此外，也可通过对季节变动的测定消除时间数列中的季节因素，以便分析其他构成因素的影响。

季节变动是一种各年变化强度大体相同并且每年重复出现的有规律的变动，我们将其归纳为一种典型的季节模型。季节模型是由一套指数组成的，各个指数刻画了现象在一个年度内各月或季的典型数量特征。如果所分析的是月份数据，季节模型就由 12 个指数组成；如果是季度数据，季节模型就由 4 个指数组成。季节变动分析就是对一个时间数列计算出这种月（季）指数，即季节指数，也称季节比率，然后根据各季节指数与其平均数的偏差程度来测定季节变动的程度。下面将介绍常用的简单分析方法——按月（季）平均法。

2. 按月（季）平均法

这种方法不考虑长期趋势影响，直接用原时间数列来计算。它是用各月（或季）的平均数作为该月（或季）的代表值，以消除随机影响，然后计算出各年总月（或总季）的平均数作为全年的代表值。二者相比，即为季节比率。其具体计算步骤如下。

（1）根据各年按月（季）的时间数列资料计算出各年同月（季）的平均水平，具体公式为

$$\overline{y}_i = \frac{\sum_{i=1}^{N} y_i}{N} \quad (N \text{ 为年数}) \tag{5-1}$$

（2）计算各年所有月（季）的总平均水平，具体公式为

$$\overline{y} = \frac{\sum_{i=1}^{n} y_i}{n} \quad (n \text{ 为月数或季数}) \tag{5-2}$$

（3）将各年同月（季）的平均水平与总平均水平进行对比，即得出季节比率，具体公式为

$$s_i = \frac{\overline{y}_i}{\overline{y}} \tag{5-3}$$

【例 5-2】某服装公司 2015—2019 年各月的销售额资料及计算的季节比率如表 5-2 所示。

表 5-2　某服装公司 2015—2019 年各月的销售额季节比率计算表

月份	各年销售额/万元					5年同月销售额合计/万元	5年同月销售额平均/万元	季节比率/%
	2015	2016	2017	2018	2019			
	（1）	（2）	（3）	（4）	（5）	（6）	（7）	（8）
1	1.1	1.1	1.4	1.4	1.3	6.3	1.26	18.1
2	1.2	1.5	2.1	2.1	2.2	9.1	1.82	26.1
3	1.9	2.2	3.1	3.1	3.3	13.6	2.72	39.0
4	3.6	3.9	5.2	5.0	4.9	22.6	4.52	64.8
5	4.2	6.4	6.8	6.6	7.0	31.0	6.20	88.9
6	4.2	16.4	18.8	19.5	20.0	78.9	15.78	262.4
7	24.0	28.0	31.0	31.5	31.8	146.3	29.26	419.5
8	9.5	12.0	14.0	14.5	15.3	65.3	13.06	187.2
9	3.8	3.9	4.8	4.9	5.1	22.5	4.50	64.5
10	1.8	1.8	2.4	2.5	2.6	11.1	2.22	31.8
11	1.2	1.3	1.2	1.4	1.4	6.5	1.30	18.6
12	0.9	1.0	1.1	1.2	1.1	5.3	1.06	15.2
总计	57.4	79.5	91.9	93.7	96.0	418.5	6.98	1200.0

5 年间 1 月份的平均销售额为

$$\overline{y}_i = \frac{\sum_{i=1}^{N} y_i}{N}$$

见表 5-2 中"5 年同月销售额平均/万元"一栏数字。

$$\overline{y}_i = \frac{1.1+1.1+1.4+1.4+1.3}{5} = 1.26 \text{（万元）}$$

5 年间总平均月销售额为

$$\overline{y} = \frac{\sum_{i=1}^{n} \overline{y}_i}{n} = \frac{1.26+1.82+2.72+4.52+6.2+15.78+29.26+13.06+4.50+2.22+1.30+1.06}{12}$$
$$=6.98(万元)$$

季节比率为

$$s_i = \frac{\overline{y}_i}{\overline{y}}$$

例如，1 月的季节比率为

$$s_1 = \frac{1.26}{6.98} = 18.1\%$$

2 月的季节比率为

$$s_2 = \frac{1.82}{6.98} = 26.1\%$$

见表 5-2 中"季节比率 /%"一栏数字。

12 个月的季节比率之和应为 1200%，4 个季度的季节比率之和应为 400%。如果不等，应当调整。其方法是：将 1200（或 400）除以 12 个月（或 4 个季度）的季节比率之和，得到一个调整系数，然后，将此系数分别乘以原来的各个季节比率所得的数，即调整后的季节比率，它们之和为 1200（或 400）。【例 5-2】12 个月的季节比率之和正好为 1200%，无须调整。

这样，由各月份季节比率组成的数列清楚地表明，该服装公司销售额的季节性变动趋势，自 1 月起逐月增长，7 月达到最高峰，8 月开始下降，到 12 月降到最低点。若以横轴表示月份，纵轴表示季节比率，绘成季节变动图，就更能明显地看出季节性变动趋势，如图 5-2 所示。

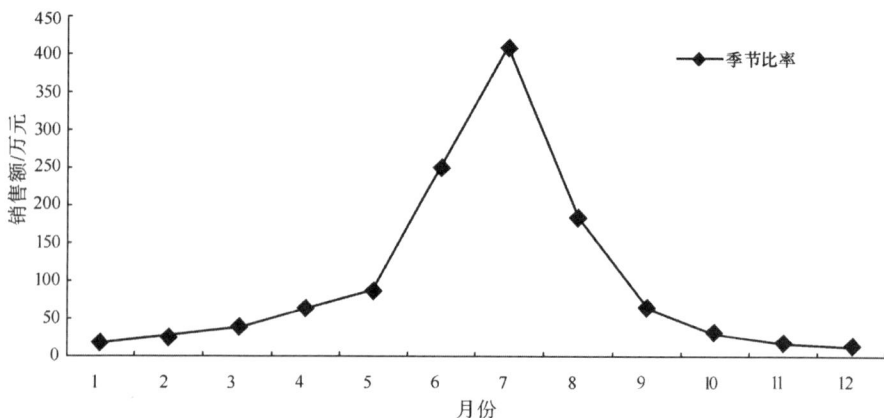

图 5-2 某服装公司销售额季节变动

按月平均法计算简便，容易掌握。但季节比率的计算不够精确，因为它不考虑长期趋势的影响。在前后期月水平波动较大的资料中，后期各月水平比前期水平有较大提高，对平均数的影响大，从而影响了季节比率的准确性。我们可以用移动平均趋势剔除法来测定季节变动。在此，就不再介绍了。

应用季节变动的资料，可以进行某些外推预测。比如，时间数列没有明显的长期趋势，或允许不考虑长期趋势存在的情况下，可直接以按月（季）平均法计算的季节比率来调整各月（季）预测值。有以下两种方法：

第一，如果已测得下一年度全年预测值，则各月（季）预测值等于月（季）平均预测值乘以该月（季）的季节比率；

第二，如果已知下一年份几个月的实际水平，则以后各月（季）的预测值等于已知月（季）的实际水平乘以后各月（季）的季节比率与已知月（季）季节比率之比。

就上面关于服装销售的例子，假设已预测 2020 年全年销售额为 99.6 万元，平均每月销售额为 8.3 万元，则

1 月预测值为：8.3×18.1%=1.50（万元）；

2 月预测值为：8.3×26.1%=2.17（万元）。

其余各月预测依次类推。

二、相关关系法

（一）相关关系的概念

相关关系是指现象间确实存在的但在数量上表现为不确定的相互依存关系。这种关系的特征是：一种现象发生变化，会引起另一种现象的变化，但这种变动关系不是唯一确定的，它可以有多种不同的数量表现。这意味着一个变量虽然受另外一个变量影响，却并不由这一个变量完全确定。例如，粮食平均亩产和施肥量之间存在着一定的依存关系，即随着施肥量的增加，平均亩产一般也会相应增加，但其增加情况不是唯一确定的。因为平均亩产除受施肥量影响外，还受种子、土壤、气温、雨量、密植程度等因素的影响，这种关系就是相关关系。在许多社会经济现象中都存在着这种相关关系，如提高劳动生产率会使成本降低、利润增加等。

（二）相关关系的分类

社会经济现象之间的相关关系是错综复杂的，表现为各种不同的形态和类型。现从不同的角度对其进行划分。

1. 按相关关系的变量多少不同，可分为单相关和复相关

（1）单相关

两个变量之间的相关关系称为单相关，即一个自变量和一个因变量之间的依存关系。

（2）复相关

3 个或 3 个以上变量之间的相关关系称为复相关或多元相关，即一个因变量和 2 个（或者 2 个以上）自变量之间的复杂依存关系。

2. 按相关关系的表现形式不同，可分为线性相关和非线性相关

（1）线性相关（直线相关）

当相关关系的一个变量变动时，另一个变量也相应地发生大致均等的变动，这种相

关关系被称为线性相关。

（2）非线性相关（曲线相关）

当相关关系的一个变量变动时，另一个变量也相应地发生变动，但这种变动是不均等的，这种相关关系就被称为非线性相关。

3．按相关关系的程度不同，可分为不相关、完全相关和不完全相关

（1）不相关

如果两个变量彼此的数量变化互相独立，这种关系为不相关。

（2）完全相关

如果一个变量的数量变化由另一个变量的数量变化唯一确定，这时两个变量间的关系被称为完全相关。这种情况下，相关关系实际上是函数关系。所以，函数关系是相关关系的一种特殊情况。

（3）不完全相关

如果两个变量之间的关系介于不相关和完全相关之间，被称为不完全相关。大多数相关关系属于不完全相关。

4．按相关的方向不同，可把线性相关分为正相关和负相关

（1）正相关

两个变量的变化方向一致，都是增长趋势或下降趋势，如图5-3所示。

（2）负相关

两个变量变化趋势相反，一个下降而另一个上升，或一个上升而另一个下降，如图5-4所示。

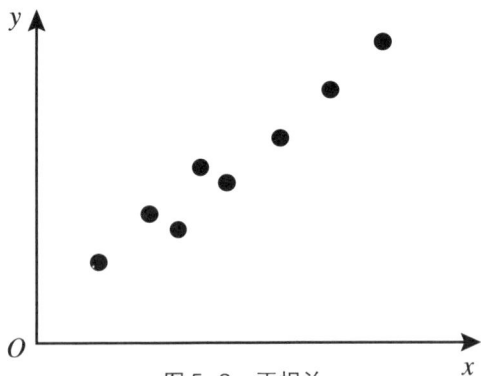
图5-3　正相关

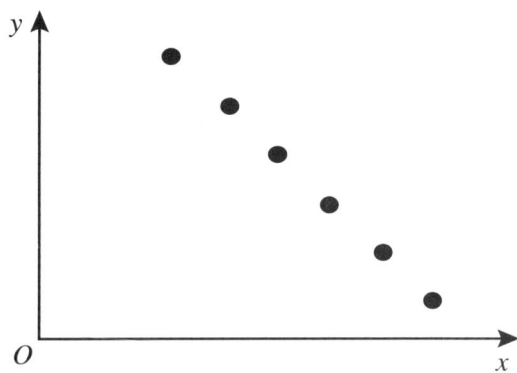
图5-4　负相关

（三）相关系数

1．相关系数的意义

相关系数是在直线相关条件下，说明两个变量之间相关关系密切程度的统计分析指标。相关系数通常用 r 表示。

相关系数比相关表和相关图更能概括表现相关的形式和程度。根据相关系数的大小，或把若干个相关系数加以比较，可以发现现象在发展变化中具有决定作用的因素，因而相关系数对于判断变量之间相关关系的密切程度，有其重要的意义。

相关系数的取值范围在 -1 和 +1 之间，即 $-1 \leqslant r \leqslant 1$。当 $r>0$，为正相关，$r<0$ 则为负相关。相关系数 r 的绝对值越接近于 1，表示相关关系越强；越接近于 0，表示相关关系越弱。如果 $|r|=1$，则表示两个变量完全直线相关。如果 $|r|=0$，则表示两个变量完全不相关。但要注意的是，r 只表示 x 与 y 的直线相关密切程度，当 r 很小甚至为 0 时，并不表示 x 与 y 之间不存在其他非直线型的相关关系。

为在实际分析时有个判断标准，现将相关关系密切的等级列于表 5-3 中。

表 5-3　相关关系密切等级

相关系数绝对值 $|r|$	相关密切程度等级
0.3 以下	不相关
0.3～0.5	低度相关
0.6～0.8	显著相关
0.8 以上	高度相关

2. 相关系数的计算

相关系数的测定方法，直接来源于数理统计中相关系数的定义。这里，我们不对公式做理论上的推导和证明，只简要介绍各公式间的联系关系。相关系数的定义公式为

$$r = \frac{\sigma_{xy}^2}{\sigma_x \sigma_y} = \frac{\frac{1}{n}\sum(x-\bar{x})(y-\bar{y})}{\sqrt{\frac{1}{n}\sum(x-\bar{x})^2}\sqrt{\frac{1}{n}\sum(y-\bar{y})^2}} \quad (5-4)$$

式（5-4）中，n 是资料项数；σ_x 是 x 变量的标准差；σ_y 是 y 变量的标准差；σ_{xy}^2 是两个变量的协方差。

式（5-4）的分子分母中，有公因子 $1/n$，同时约掉化简得

$$r = \frac{\sum(x-\bar{x})(y-\bar{y})}{\sqrt{\sum(x-\bar{x})^2}\sqrt{\sum(y-\bar{y})^2}} \quad (5-5)$$

式（5-5）是通过各变量离差乘积的方法来计算相关系数的，也称为"积差法"相关系数公式。由于各变量的离差通常带有小数，因而"积差法"公式的计算结果往往缺乏准确性。在实际应用中，如果依据原始资料计算相关系数，可用式（5-5）的简化公式计算，简化后的公式为

$$r = \frac{n\sum xy - \sum x\sum y}{\sqrt{n\sum x^2 - (\sum x)^2}\sqrt{n\sum y^2 - (\sum y)^2}} \quad (5-6)$$

式（5-6）是由积差法公式推导出来的。按照该公式计算系数，只须列 3 个计算栏：xy，x^2，y^2。避免了平均数、协方差、标准差的直接计算，大大简化了运算过程。

现在用表 5-1 的资料，计算 8 个企业月产量与生产费用之间的相关系数。所需资料如表 5-4 所示。

表 5-4 相关系数计算表

企业序号	月产量 x/千吨	生产费用 y/万元	x^2	y^2	xy
1	1.2	62	1.44	3844	74.4
2	2.0	86	4.00	7396	172.0
3	3.1	80	9.61	6400	248.0
4	3.8	110	14.44	12100	418.0
5	5.0	115	25.00	13225	575.0
6	6.1	132	37.21	17424	805.2
7	7.2	135	51.84	18225	972.0
8	8.0	160	64.00	25600	1280.0
合计	36.4	880	207.54	104214	4544.6

由表中资料得如下有关数据

$$r = \frac{n\sum xy - \sum x \sum y}{\sqrt{n\sum x^2 - (\sum x)^2}\sqrt{n\sum y^2 - (\sum y)^2}} = \frac{8 \times 4544.6 - 36.4 \times 880}{\sqrt{8 \times 207.54 - 36.4^2}\sqrt{8 \times 104214 - 880^2}}$$
$$= 0.9697$$

计算结果表明月产量和生产费用之间存在高度的正相关关系。

通过以上的计算与分析过程，我们看到：统计中研究现象之间的相关关系，应该是真实的、客观存在的关系，而不是主观臆造或形式上的偶然巧合。这就要求我们在实际进行相关关系分析时，应依据有关的科学理论，通过观察和试验，在对现象做深入分析的基础上，来确定这种联系关系，而且还要经过理论和实践的进一步检验。只有这样，才可能得到正确的结论。

第三节　实训任务

一、实训任务一：天猫店铺销售额 ARIMA 算法预测分析

（一）业务背景

销售额预测是指估计在未来特定时间内，整个产品或特定产品的销售数量与销售金额。销售目标额是销售计划的主题，而销售预测，又是决定销售目标额所不可或缺的判断资料。有时，甚至以销售预测的估计值，作为货币收入的目标额。因此，销售预测在销售计划中的地位，相当重要。

本案例采用动态分析法，运用某店铺前几个月的销量数据建立一个时间数列，进而对这个时间数列进行分析与研究，建立模型，并对后一个月的销售额进行预测。本实训用 ARIMA 算法进行时间数列的分析。具体遵循以下步骤。

（1）对数据进行去除重复值、排序、元数据编辑等预处理工作。

（2）选择特征列，利用统计日期来预测支付金额。

（3）模型的结果预测可利用模型 ARIMA 模型进行天猫店铺销售额的预测。

知识助手：ARIMA 模型简介

ARIMA 模型即差分整合移动平均自回归模型，又称整合移动平均自回归模型（移动也可称作滑动），是时间数列预测分析方法之一。ARIMA（p，d，q）中，AR 是"自回归"，p 为"自回归项数"；MA 为"滑动平均"，q 为"滑动平均项数"，d 为"使之成为平稳序列所做的差分次数（阶数）"。"差分"一词虽未出现在 ARIMA 的英文名称中，却是关键步骤。

ARIMA 模型是在平稳的时间数列基础上建立起来的，因此时间数列的平稳性是建模的重要前提。检验时间数列模型平稳的方法一般采用 ADF 单位根检验模型去检验。当然如果时间数列不稳定，也可以通过一些操作去使得时间数列稳定（比如取对数、差分），然后进行 ARIMA 模型预测，得到稳定的时间数列的预测结果，然后对预测结果进行之前使数列稳定的操作的逆操作（取指数、差分的逆操作），就可以得到原始数据的预测结果。

（二）具体操作流程

1.数据准备

第 1 步：新建实验，保存之后从左边数据源中拖拽"关系数据源"到中间"画布区"，并在右边参数区关系数据源中选择天猫店铺销售额业绩数据，如图 5-5 所示。

图 5-5 数据准备

第 2 步：运行之后，在"关系数据源"节点鼠标右键单击，选择查看输出（见图 5-6 所示），即可查看本数据源详细数据。

图 5-6　查看详细数据

2. 建立模型

（1）数据处理

第 1 步：观察数据集详细数据可知该数据是杂乱无章且存在重复值的，在分析之前需要对数据进行预处理。

拖拽"去除重复值"到"画布区"，与上一节点建立关联，点击选择列选择"统计日期"到右边，将统计日期重复的数据去除，如图 5-7 所示。

图 5-7　去除重复值

第 2 步：执行后拖拽"排序"到画布区，与上一节点建立关联，点击参数区的"条件"，在添加排序下方的框内选择"统计日期"按 asc 升序排列，如图 5-8 所示。

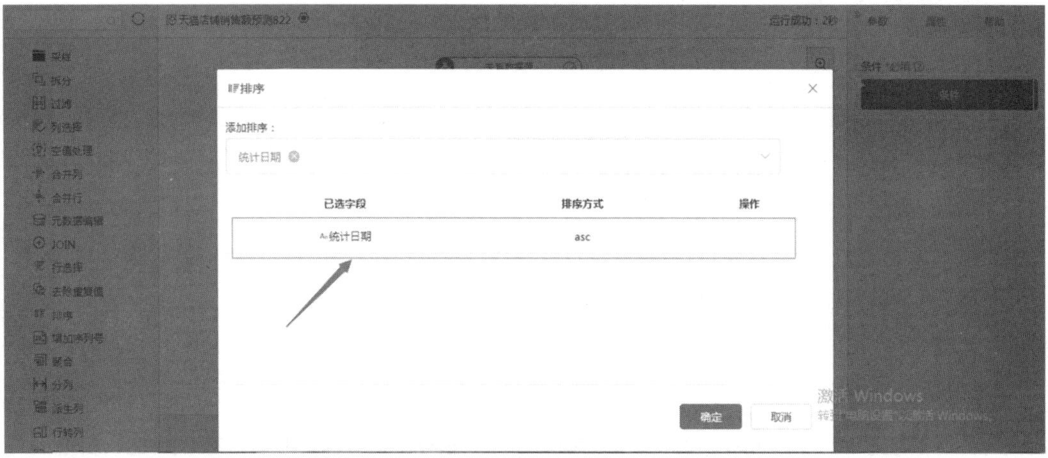

图 5-8　排序

第 3 步：运行成功后拖拽"元数据编辑"到画布区，与上一节点建立关联，点击参数区的"元数据设置"，将统计日期的数据类型修改为 date，如图 5-9 所示。

图 5-9　元数据编辑

第 4 步：全部运行完成后，点击右键"查看输出"，可以与之前的数据进行对比，如图 5-10 所示。

图 5-10　查看详细数据

（2）算法模型

第 1 步：接着拖拽"特征工程"下的"特征选择"节点到画布区，与上一节点建立关联，选择"统计日期"特征列进行支付金额的预测，并且需要设置标签列，如图 5-11 所示。

图 5-11　特征选择

第 2 步：配置完成之后执行，执行成功之后最后拖拽"ARIMA"算法节点，建立关联，如图 5-12 所示。

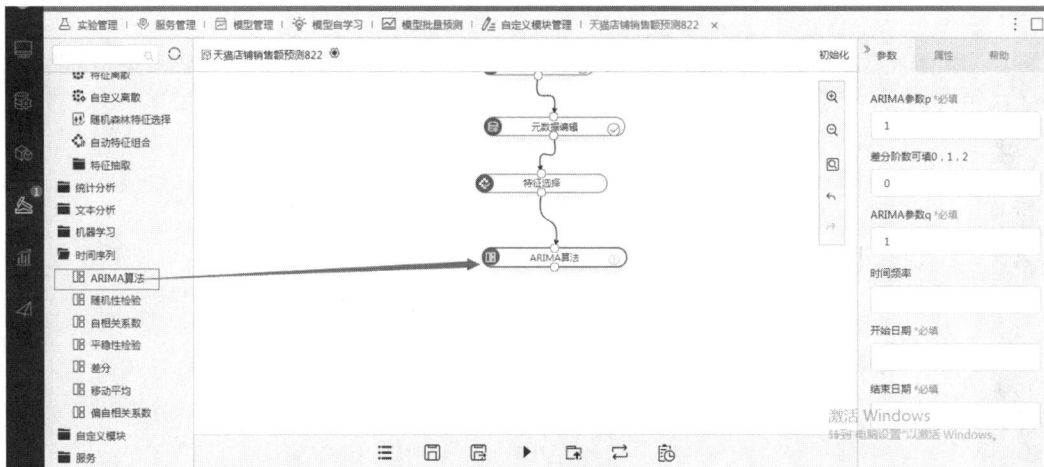

图 5-12　ARIMA 算法

第 3 步：在右边参数区进行相关参数配置，先输入模型系数，再输入开始日期和结束日期进行预测，如图 5-13 所示。

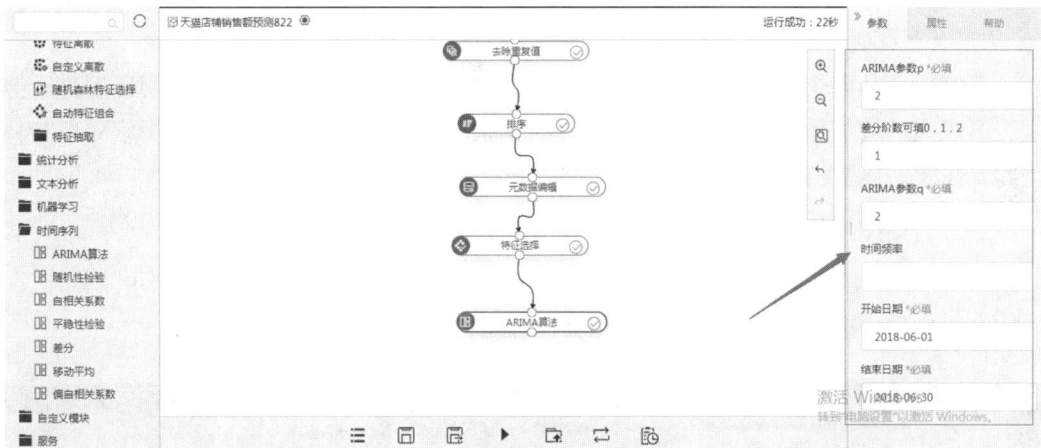

图 5-13　参数配置

需要注意的是，日期格式必须一致：数据集中为 yyyy（年）-mm（月）-dd（日），开始日期和结束日期的格式也必须是 yyyy-mm-dd。开始日期必须为数据集中的开始日期 +1。

第 4 步：本案例选择预测后面 6 月份的数据，配置完成之后执行，成功之后点击右键"查看输出"即可看到预测的结果，如图 5-14 所示。

图 5-14　预测结果

二、实训任务二：店铺相关指标分析

（一）业务背景

店铺指标从各个方面对本店铺的相关情况进行展示，对变量之间的密切程度进行测定，可以为后续的数据分析做准备。做好店铺指标相关性分析，可以大致了解哪些指标之间存在相关性及相关性的强弱，有助于提升店铺的浏览量及产品转化率。

（二）具体操作流程

第 1 步：新建实验，保存之后从左边数据源中拖拽"关系数据源"到中间"画布区"，并在右边参数区选择中选择店铺指标相关性数据，如图 5-15 所示。

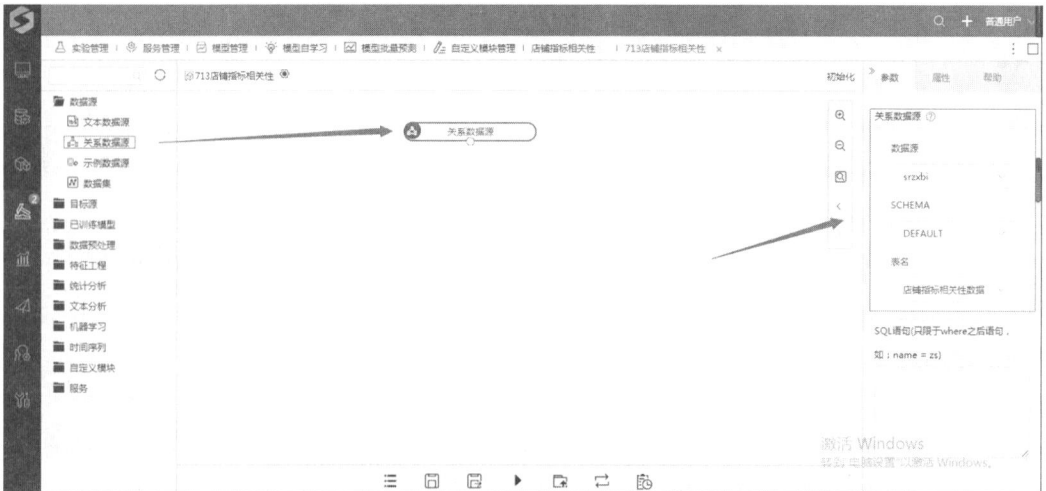

图 5-15　拖拽关系数据源节点

第 2 步：执行后查看输出可以看到源数据情况，如图 5-16 所示。

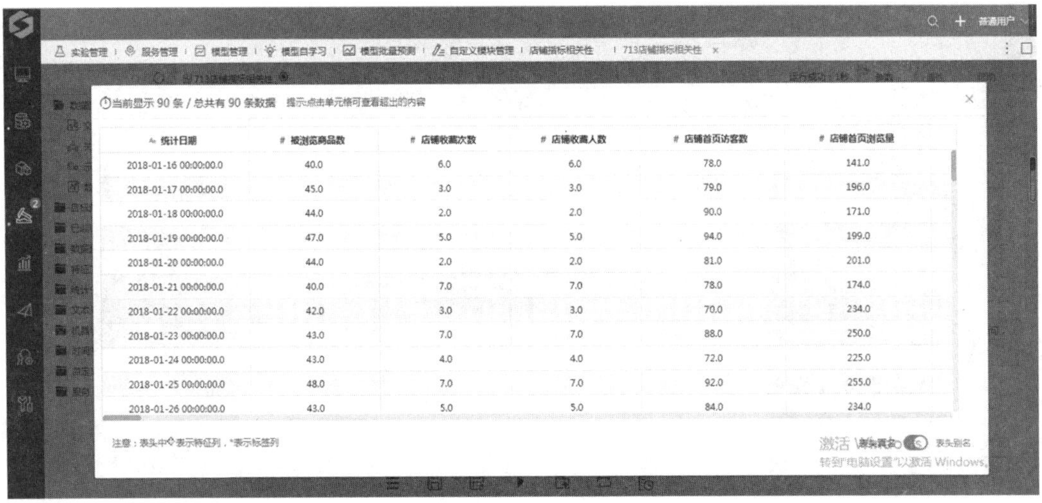

图 5-16　详细数据

第 3 步：现在我们想要知道哪些店铺指标存在相关性，为后面进行的数据分析工作做准备，因此我们需要做一个相关性分析。拖拽"统计分析"下的"相关性分析"节点，并与上一节点建立关联，如图 5-17 所示。

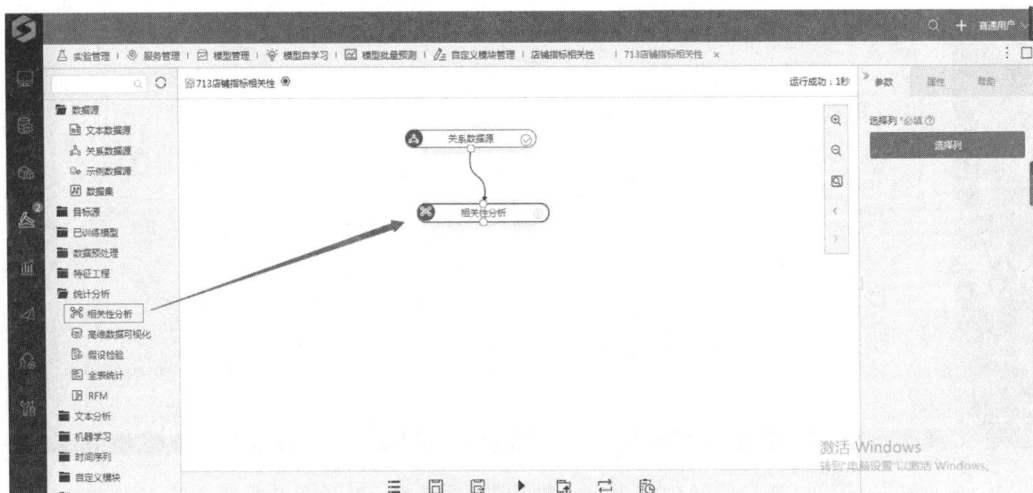

图 5-17　拖拽相关性分析节点

第 4 步：点击右侧参数区的选择列，选择所有数值型字段，点击确定，如图 5-18 所示。

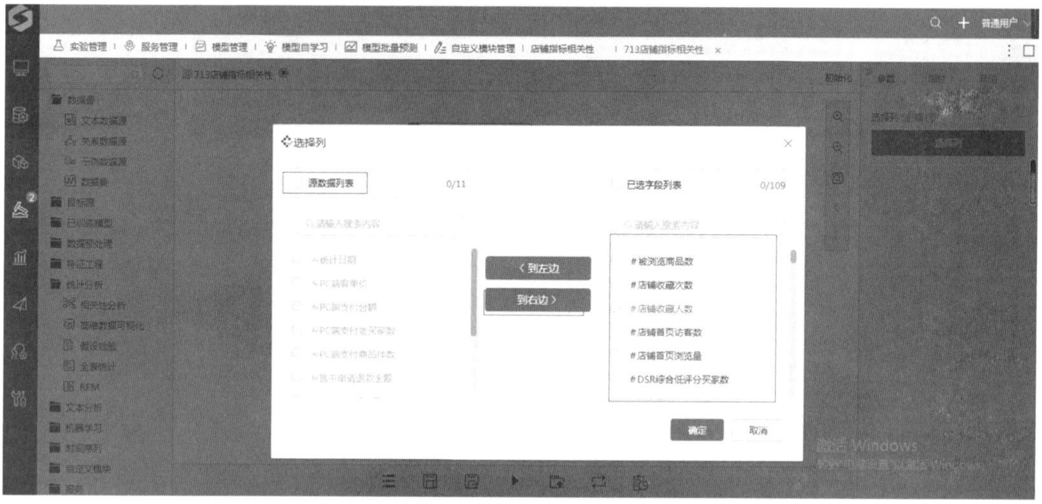

图 5-18　选择字段

第 5 步：运行成功之后点击右键"查看分析结果"，就可以看到各指标之间的相关性情况，如图 5-19 所示。

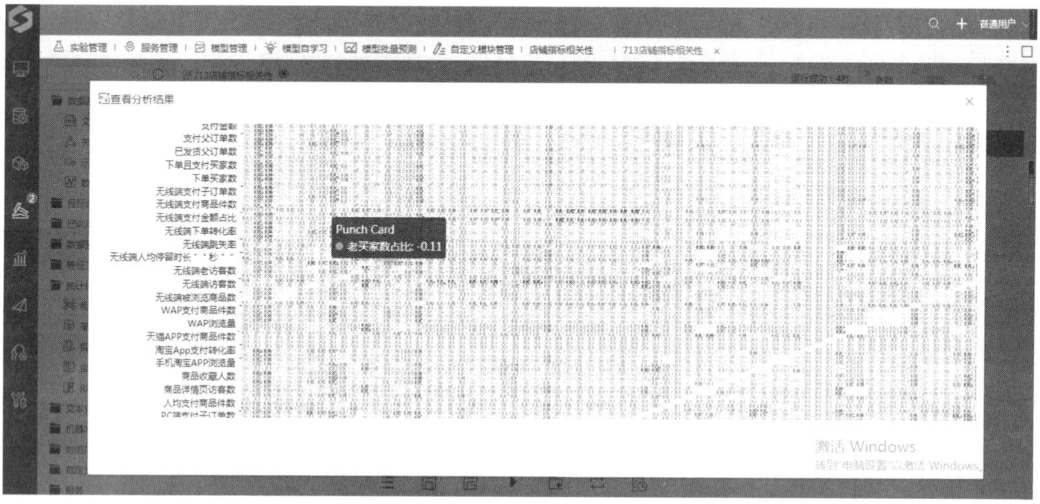

图 5-19　相关性分析结果

一般相关性的系数在 -1 和 1 之间。当相关系数为正的时候，意味着变量之间是正相关的；当相关系数为负的时候，意味着变量之间是负相关；为 0 就意味着不相关。

第六章

电子商务供应链数据分析

▶▶ **章节目标**

◎ 掌握电子商务供应链数据分析基础知识。

◎ 了解电子商务供应链的概念、特点。

◎ 了解影响供应商选择的基本因素和降低采购价格的方法。

◎ 了解库存的定义、分类、控制技术与方法。

◎ 能够用自助 ETL 法对商品库存数据进行分析。

◎ 能够用自助仪表盘法进行客户成交量分析。

▶▶ **学习重点、难点**

重点

◎ 降低采购价格的方法。

◎ 库存控制技术与方法。

难点

◎ 自助 ETL 法在商品库存数据分析中的应用。

◎ 自助仪表盘法在客户成交量分析中的应用。

▶▶ **本章思维导图**（见图6-1）

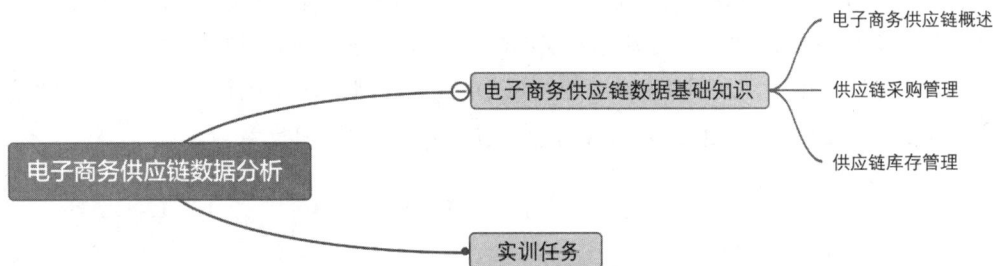

图 6-1　第六章思维导图

第一节　电子商务供应链数据基础知识

一、电子商务供应链概述

供应链是一个由生产设施和配送服务组成的网络，它包括原材料采购、生产制造、存贮运输、配送销售等方面。供应链存在于各类企业中。生产型企业面临供应链问题，服务型企业同样也面临供应链问题。问题的难易复杂程度与行业特征和企业自身的特点紧密相关，供应链有时也被等同于物流网络（Logistics Network），因为它们都涉及供应商、生产部门、库存部门和配送中心。

（一）供应链的概念

供应链管理就是要整合供应商、制造部门、库存部门和配送商等供应链上的诸多环节，减少供应链的成本，促进物流和信息流的交换，以求在正确的时间和地点，生产和配送适当数量的正确产品，提高企业的总体效益。

（二）供应链的特点

现代物流把提高效率的重心放在公司内部的业务上，而供应链管理的理念是追求供应链整体效率化。与现存的现代物流相比，供应链管理理念有以下 3 个特点。

1. **供应链整体最佳化**

供应链管理将供应链上的业务和相关者视为一体，以整体最佳化为目标。而现代物流强调的是部门内部、企业内部的最佳化，但是，这些部门最佳效果的总和，并不能视为整体最佳化。

2. **企业间建立的相互协作关系**

实现供应链整体最佳化，需要企业间的相互合作，这种企业间的协作关系就是"合作伙伴关系"。

在合作伙伴关系中，企业间的关系是平等的。供应链管理正是在企业间的合作伙伴关系基础上，致力于提高为企业和消费者双方都带来利益的供应链效率。

3. **站在消费者的立场考虑问题**

基于合作伙伴关系考虑供应链整体最佳化时，各企业间不同利害关系就会呈现出来。例如，厂商大批量生产同种产品可提高生产效率，而销售商则希望分门别类地销售畅销产品，供应链管理则是站在消费者立场来判断、考虑双方都能赢利的方法。

另外，在与最终消费者接触的消费领域中，供应链管理能将消费者实际购买的销售信息共享给供应链上游的相关环节，以提高其决策的准确性和效率。

二、供应链采购管理

（一）影响供应商选择的基本因素

1. 产品因素

（1）价格因素

这里的价格主要指的是供应商所供给的原料、初级产品或消费品组成部分的价格。供应商的产品价格决定了最终消费品的价格和整条供应链的投入产出比，对生产商和销售商的利润率也会产生一定程度的影响。

（2）质量因素

质量因素主要是指供应商所供给的原材料、初级产品或消费品组成部分的质量。产品的质量是供应链生存的根本，是产品使用价值的基础，也决定了产品的市场竞争力。而供应商所提供产品的质量是整条供应链的根源质量，是最终消费品质量的根源所在，因此也是一个至关重要的因子。

（3）品种因素

品种因素主要是指供应商所供给的原材料、初级产品或消费品组成部分的品种，还包括品种的柔性。供应商的品种决定了消费品的品种，供应商的柔性生产能力决定了供应链的产品柔性，从而决定供应链的生存与发展。

（4）技术研发因素

在集成化的供应链内部，要求供应链各节点都要具有强大的研发能力，还要强调产品的独特性。因此，是否具有差异化生产能力也是影响供应商选择的因子之一。

2. 交易因素

（1）交货准时性因素

交货准时是指按照购货方所要求的时间和地点，供应商将指定产品准时送到指定地点。在现代企业管理中，JIT（Just in Time，准时制）生产方式被普遍采用，这就对供应商的交货准时性提出了较高的要求，因而，交货准时性也就成为影响供应商选择的因子，而且是重要因子。

（2）交货提前期与交货提前量

货方为了避免对特定产品在特定时间和地点完成交易时发生的拖延，有时会对供应商提出提前供货的要求。但是交货提前量越大，交货提前期越长，库存波动就越大，企业的风险就越大，对市场的反应就越慢，灵敏度就越低。由此看来，交货提前量和交货提前期也是影响供应商选择的重要因子。

3. 其他因素

（1）从业经验

从业经验是指供应商先前的相同行业或类似公司的经验，这些经验可以使物流供应商能够快速准确地为客户提供相似的服务。

（2）付款周期

企业付给供应商的服务款项的时间周期，周期越长对本企业越有利。

（3）紧急情况处理能力

紧急情况处理能力是指在紧急情况发生时物流供应商的处理能力，包括提前通知、启动紧急预案等，这对于保证服务的连续性有重要意义。

（4）必要时高级管理层的参与

必要时高级管理层的参与是指要建立长期的关系，供应商高级管理层要参与到质量改善、关系维护之中，此指标用来衡量供应商要建立长期关系的决心和诚意。

（5）客户支持服务

客户支持服务是指供货商的客户支持服务的水平，如是否提供 24×7 服务等。

（6）信息系统的兼容性

这是指供应商和客户的信息系统之间的兼容性，双方的兼容性好才能提高工作流的效率和信息的准确性。

（7）实时的数据传递

供货商能否为客户提供数据的实时传递影响着客户对当前情况的分析和未来的预测。

（8）数据安全和准确性

供货商 IT 系统对数据加密，IT 系统能够稳定提供准确、完整、可靠的数据传递服务。

（二）降低采购价格的方法

根据全美财富 200 强公司所使用的降低成本的方法，最有效果的前 10 项如下。

1. 价值分析（Value Analysis, VA）

价值分析着重于功能分析，力求用最低的生命周期成本，可靠地实现必要功能的有组织的创造性活动。价值分析中的"价值"是指评价某一事物与实现它的费用相比的合理程度的尺度。

2. 价值工程（Value Engineering, VE）

针对产品或服务的功能加以研究，以最低的生命周期成本，透过剔除、简化、变更、替代等方法，来达成降低成本的目的。价值分析用于新产品工程设计阶段，而价值工程则是针对现有产品的功能/成本，做系统化的研究与分析。现在，价值分析与价值工程已被视为同一概念使用。

3. 谈判（Negotiation）

谈判是买卖双方为了各自目标，达成彼此认同的协议过程，这也是采购人员应具备的最基本的能力。谈判并不只限于价格方面，也适用于有某些特定需求时。使用谈判的方式，通常价格降低的幅度约为 3%～5%。如果希望达成更大的降幅，则需运用价格/成本分析、价值分析与价值工程（VA/VE）等方法。

4. 目标成本法（Target Costing）

管理学大师彼得·F.德鲁克（Peter F. Drucker）在《企业的五大致命过失》（*Five*

Deadly Business Sins）一文中提到，企业的第 3 个致命过失是定价受成本的驱动（Cost-Driven Pricing）。大多数美国公司及几乎所有的欧洲公司，都是以成本加上利润率来制定产品的价格。然而，他们刚把产品推向市场，便不得不开始削减价格，重新设计那些花费太大的产品，并承担损失。而且，他们常常因为价格不正确，而不得不放弃一种很好的产品。产品的研发应以市场乐意支付的价格为前提，因此必须假设竞争者产品的上市价，然后再来制定公司产品的价格。丰田和日产把德国的豪华型轿车挤出了美国市场，便是采用价格引导成本（Price-Driven Costing）的结果。

5. 早期供应商参与（Early Supplier Involvement，ESI）

这是在产品设计初期，选择让具有伙伴关系的供应商参与新产品开发小组。通过早期供应商参与的方式，新产品开发小组对供应商提出性能规格方面的要求，借助供应商的专业知识来达到降低成本的目的。

6. 杠杆采购（Leveraging Purchases）

综合各事业单位或不同部门的需要量，以集中扩大采购量而增加议价空间的方式进行采购。避免因各自采购而造成组织内不同事业单位向同一个供应商采购相同零件，从而使价格不同，但彼此又不知情，平白丧失节省采购价格的机会。

7. 联合采购（Consortium Purchasing）

联合采购主要用于非营利事业单位（如医院、学校等）的采购，综合各不同采购组织的需要量，以获得较好的数量折扣价格。这也被应用于一般商业活动之中，应运而生的新兴行业有第三者采购，专门替那些需要量不大的企业单位服务。

8. 为便利采购而设计（Design for Purchase，DFP）

自制与外购的策略主要是在产品的设计阶段采用，利用供应商的标准流程与技术，以及使用标准零件，以方便原物料的取得。这样，不仅大大减少了自制所需的技术支援，同时也降低了生产所需的成本。

9. 价格与成本分析（Cost and Price Analysis）

这是专业采购的基本工具，了解价格结构的基本要素，对采购者是非常重要的。如果采购者不了解所买物品的价格结构，也就不能了解所买的物品是否为公平合理的价格，同时也会失去许多降低采购价格的机会。

10. 标准化（Standardization）

实施规格的标准化，对不同的产品项目、夹具或零件使用通用的设计 / 规格，或降低定制项目的数目，以规模经济量达到降低制造成本的目的。但这只是标准化的其中一环，组织应扩大标准化的范围和作业程序，以获得更大的效益。

三、供应链库存管理

（一）库存的定义和分类

库存（Inventory）是指处于储存状态的物品。广义的库存还包括处于制造加工状态和运输状态的物品。库存控制（Inventory Control）是在保障供应的前提下，使库存物品的数量最少所进行的有效管理的技术经济措施。换句话说，库存控制既要防止缺货、避免库存不足，又要防止库存过量，避免发生大量不必要的库存费用。库存控制在物流过程中有举足轻重的地位，国外有些物流学者甚至把物流管理定义为对静止或运动库存的管理。

库存可从几个方面来分类。从生产过程的角度可分为原材料库存、零部件及半成品库存、成品库存 3 类。从库存物品所处状态可分为静态库存和动态库存。静态库存是指长期或暂时处于储存状态的库存（Inventory at Rest），这是人们一般意义上认识的库存概念。实际上广义的库存还包括处于制造加工状态或运输状态的库存，即动态库存（Inventory in Motion /In-process or In-transit Stock），指在处于加工状态及为了生产的需要暂时处于储存状态的零部件、半成品或成品。运输过程的库存是指处于运输状态或为了运输的目的而暂时处于储存状态的物品。

（二）库存控制技术与方法

1. 定量订货方式

定量订货方式（Fixed-quantity System，FQS）是指当库存量下降到预定的最低的库存数量（订货点）时，按规定数量（一般以经济订货批量为标准）进行订货补充的一种库存管理方式。当库存量下降到订货点 R 时，企业马上按预先定的订货量 Q 发出订单，经过提前期 L（提前期或前置期：从发出订货单到收到货物的时间间隔）收到订货，库存水平上升。可见，定量订货方式的关键在于确定订货点 R 和订货量 Q。

2. 经济订货批量

经济订货批量（Economic Order Quantity，EOQ）是通过平衡采购进货成本和保管仓储成本核算，以实现总库存成本最低的最低订货量。

由定义可知，总库存成本 = 采购进货成本 + 保管仓储成本。采购进货成本是指随着采购次数变动而变动的费用，包括差旅费、邮电费、业务费等。采购进货成本与采购批量成反比例关系，因为每采购一次，就要花费一次采购成本。当在一定时间内采购总量一定时，每次采购的批量大，采购的次数少，采购成本就低。反之，采购批量小，采购次数多，采购成本就大。

保管仓储成本包括搬运费、资金占用利息费、商品损耗费等，它同采购批量成正比例关系。因为当该商品的销量均匀时，每次采购批量大，平均库存量就大，因而付出的保管仓储成本就高；反之，采购批量小，平均库存量小，需要支付的保管仓储成本也小。

在采购过程中，既不能不考虑采购成本的节约，也不能不考虑保管仓储成本的节约，应当力求使二者之和最小。相应的，能使两种成本之和最小的批量也就是经济采购批量。

3. 定期订货方式

定期订货方式（Fixed-interval System，FIS）是按预先确定的订货间隔期间进行订货补充的一种库存管理方式。

4.ABC 分类管理

ABC 管理法的指导思想是"20/80"原则，它是一个统计规律，即 20% 的少量因素带来 80% 的大量结果。当然，20% 和 80% 不是绝对的，它只是提示人们：不同的活动在同一活动中起着不同的作用，且在资源有限的情况下，应当注意起关键作用的因素，加强管理工作的针对性、提高效率，取得事半功倍的效果。ABC 管理法又称重点管理法，主要被用来保持合理的库存量，从而实现合理的采购；其基本方法是将库存货物根据其消耗的品种数和金额按一定的标准进行分类，对不同类别的货物采用不同的管理方法。

第二节　实训任务

一、实训任务一：商品库存数据分析

（一）业务背景

库存是电商运营中采购与销售的中转站，用于商品存取、周转和调度。它能够保证商品的及时供应，防止供货短缺或中断。如果做不好库存管理工作，就可能出现占用大量资金、库存成本增加等情况的发生，所以商家需要定期对库存数据进行分析，制定合理的仓库管理策略。

本案例采用自助 ETL 法，首先对库存数据进行预处理，然后根据品牌、品类等维度进行库存数据查看。具体遵循以下步骤。

（1）导入数据，将商品库存数据按入库日期进行排序，并且增加相应序列号。

（2）通过行选择查看具体某品牌的库存数据情况。

（3）通过行选择查看存库数少于 70 的商品。

（二）具体操作步骤

1. 数据准备

首先，将商品库存数据导入。拖拽关系数据源节点，选择相应的库存数据表，如图 6-2 所示。

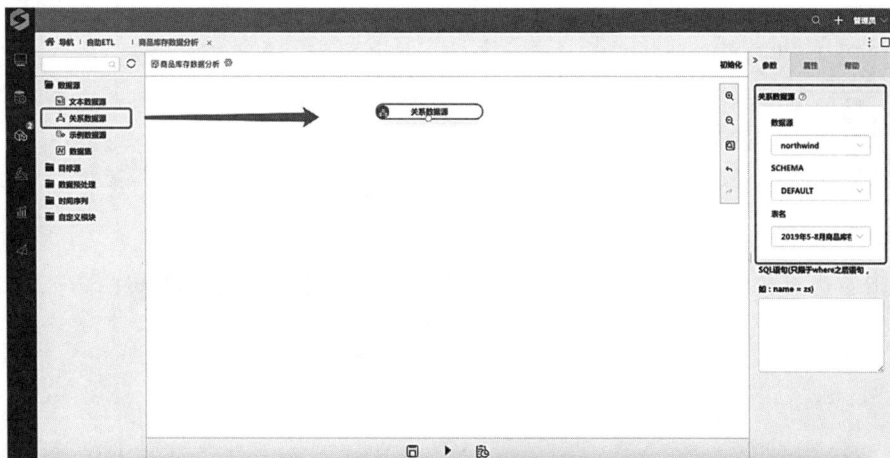

图 6-2　导入库存数据

执行成功之后，点击右键"查看输出"，即可查看数据的具体情况，如图 6-3 所示。

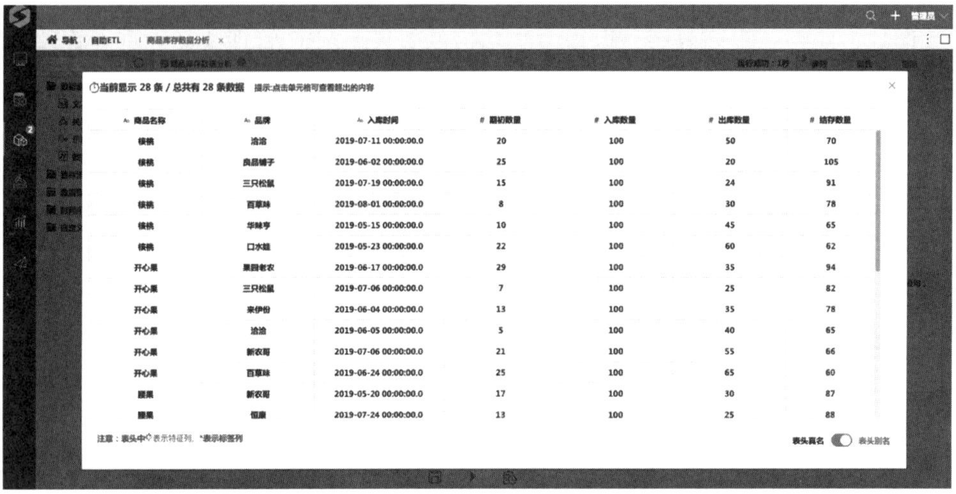

图 6-3　数据详情

2. 数据预处理

观察数据发现每个商品没有具体的标号，所以首先可以对商品进行标号。我们选择按照入库时间排序，进行标号。

拖拽排序节点，并与数据源节点关联，如图 6-4 所示。

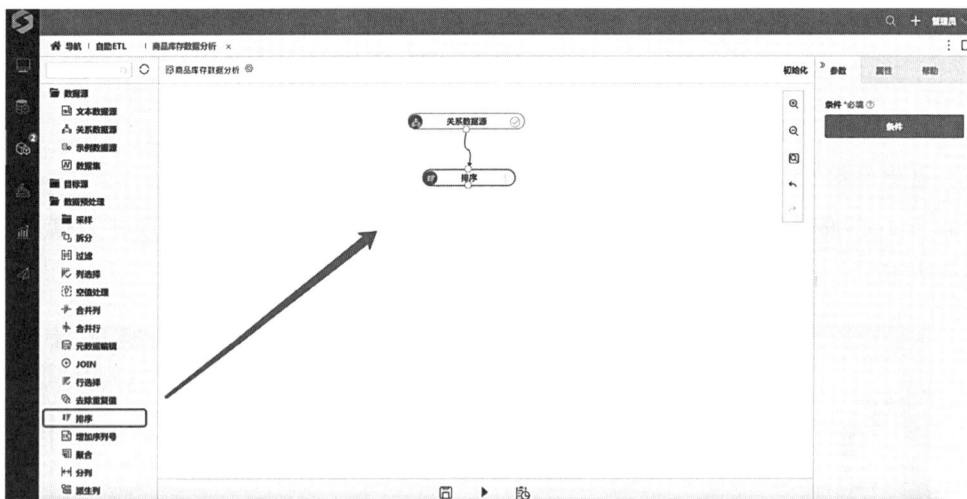

图 6-4　排序

点击右边参数区的"条件"，进行排序条件设置，选择按照时间升序排序，如图 6-5 所示。

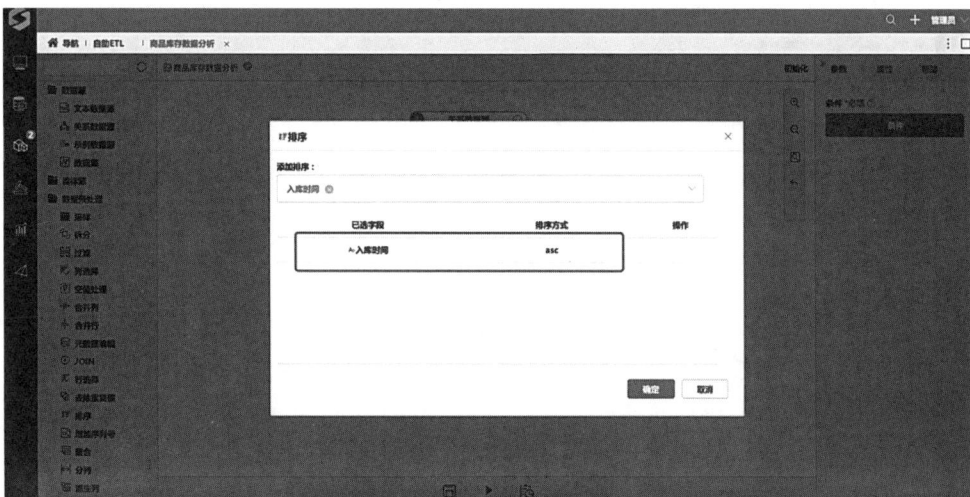

图 6-5　排序条件配置

运行成功之后在排序节点右键"查看输出"，即可查看排序后的结果，如图 6-6 所示。

图 6-6　排序结果查看

接着对商品增加序号，拖拽"增加序列号"节点，并在右边参数区设置序列名称，如图 6-7 所示。

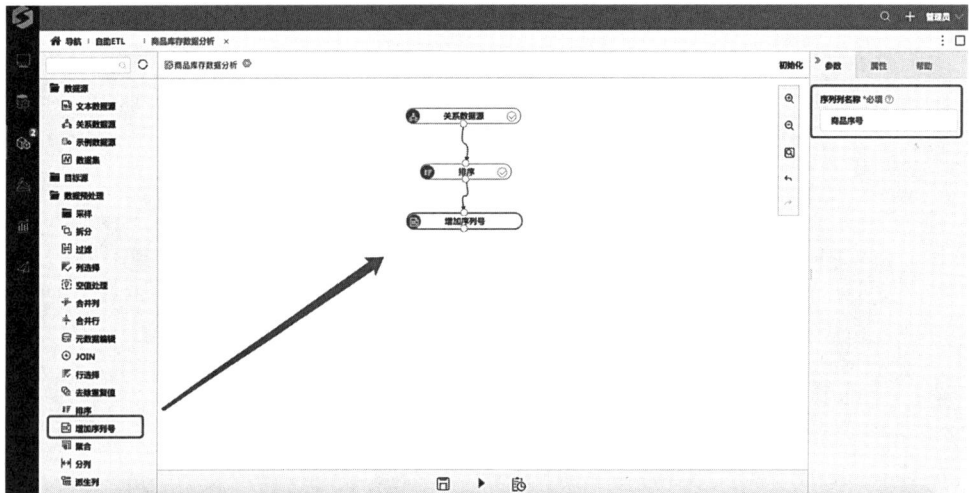

图 6-7 增加序列号

增加序列号后的效果如图 6-8 所示。

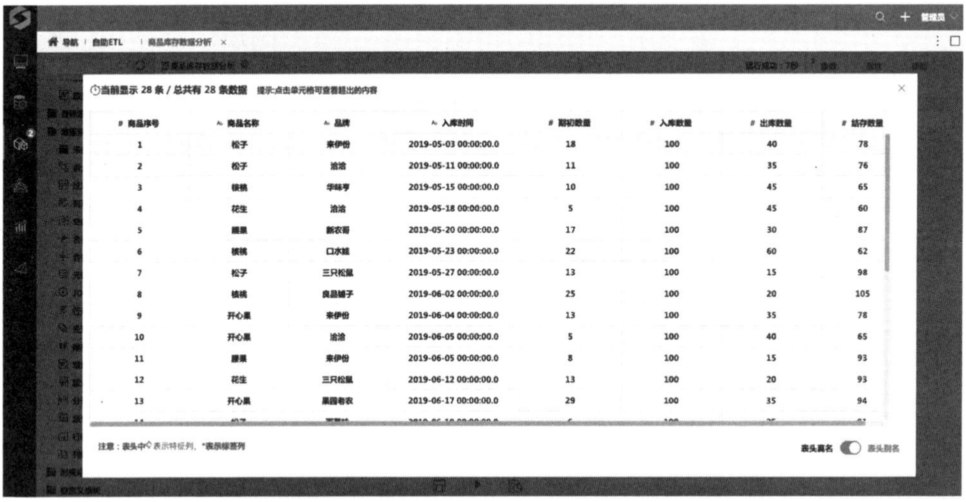

图 6-8 查看增加序列号后的数据详情

3. 查看品牌库存数据

假设我们想看某品牌的商品库存数据情况，来判断是否需要对该品牌进行采购。可以拖拽"行选择"节点，并就上面的节点建立关联，如图 6-9 所示。

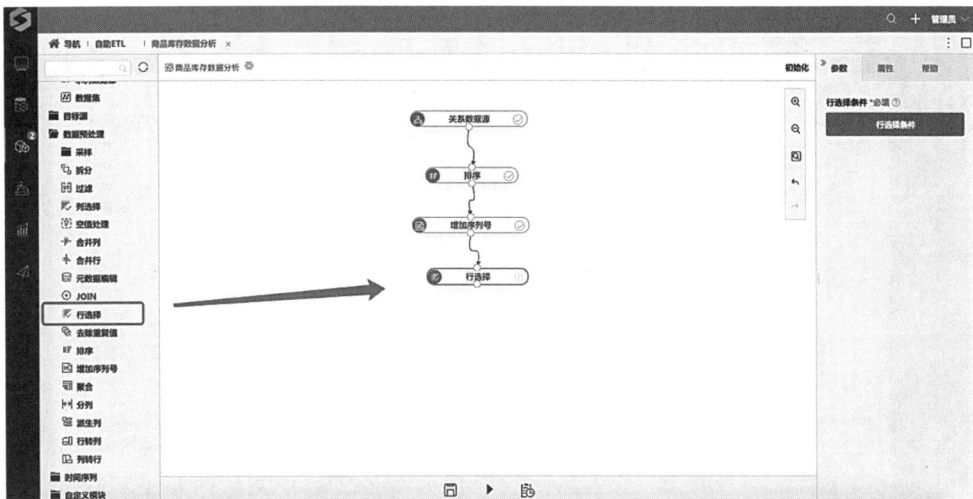

图 6-9　行选择

点击右边参数区的"行选择条件"，进行条件配置，如图 6-10 所示。该条件的含义是：筛选出"品牌"列中所有值为"三只松鼠"的数据。设置好之后切记要点击右边的"+"才算配置成功。

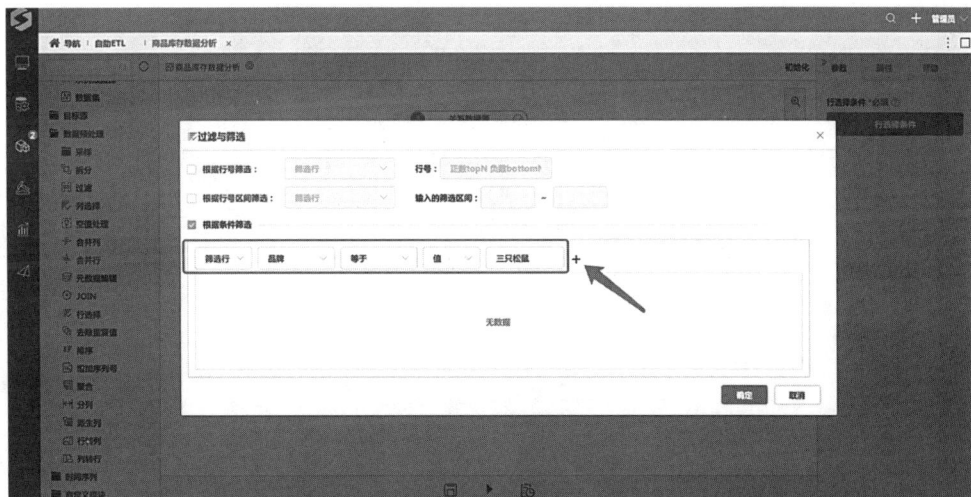

图 6-10　行选择条件设置

配置好条件之后运行，运行成功之后，点击右键"查看输出"，即可查看行选择后的数据，如图 6-11 所示。

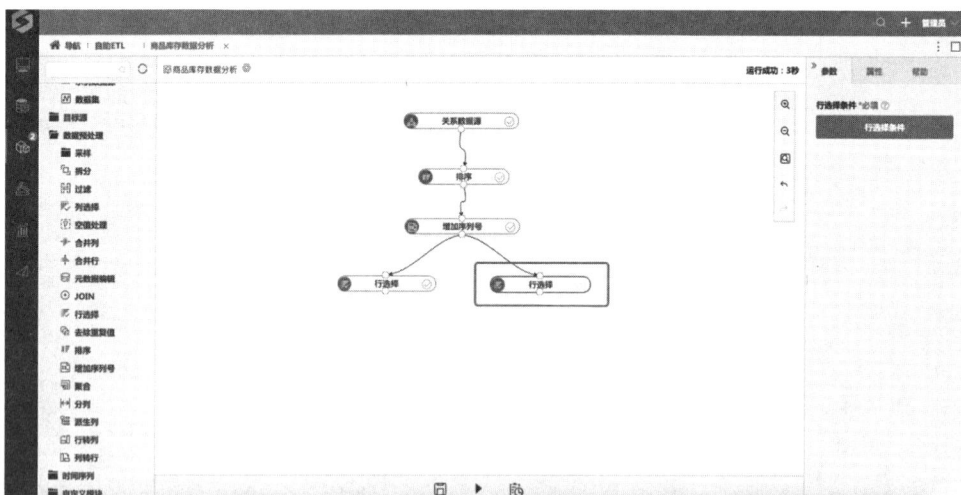

图 6-11　行选择结果查看

我们可以根据三只松鼠品牌几件商品的结存数量来判断是否需要对该品牌进行采购。

4. 查看库存紧缺商品数据

继续拖拽"行选择"，如图 6-12 所示。

图 6-12　行选择

进行如下配置，如图 6-13 所示。该条件含义为筛选出结存数量小于 70 的商品数据。

图 6-13　行选择条件配置

查看行选择后的数据，如图 6-14 所示。以下 7 款商品的库存低于 70，可以根据具体情况判断是否需要采购。

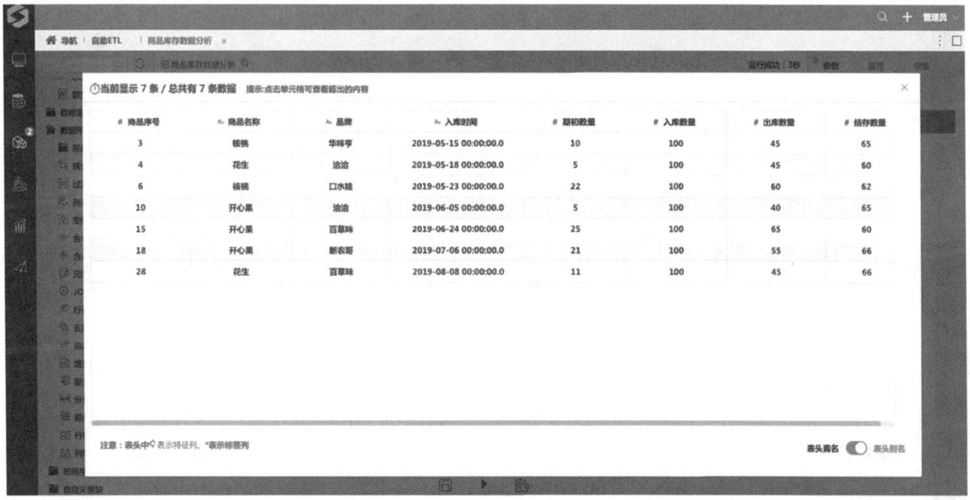

图 6-14　行选择结果

二、实训任务二：客户成交量分析

（一）业务背景

客户成交量不仅可以反映一个业务员的业务能力，同时也可以分析每个月份或者季度的具体客户成交量情况。通过自助式可视化仪表盘，可以更直观、更方便地判断每个业务员的业务水平情况及各月份成交客户概况。

本案例采用自助仪表盘法，通过可视化的图表，制作出每个业务员的成交量情况图表及每个月的成交量概况。具体遵循以下步骤。

（1）将数据集导入自助仪表盘，确定要分析的几个指标维度。

（2）制作业务员成交量详情数据表，查看业务能力前三的业务员。

（3）制作各月份成交量数据表，查看各月份的成交量概况。

（二）具体操作步骤

1. 数据准备

首先，打开自助仪表盘进入，如图 6-15 所示。

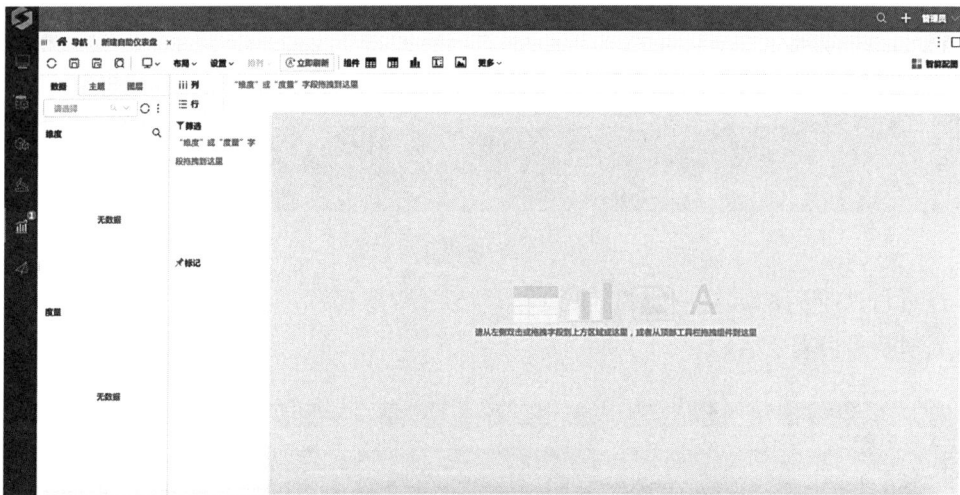

图 6-15　进入自助仪表盘

选择相应的数据集，如图 6-16 所示。

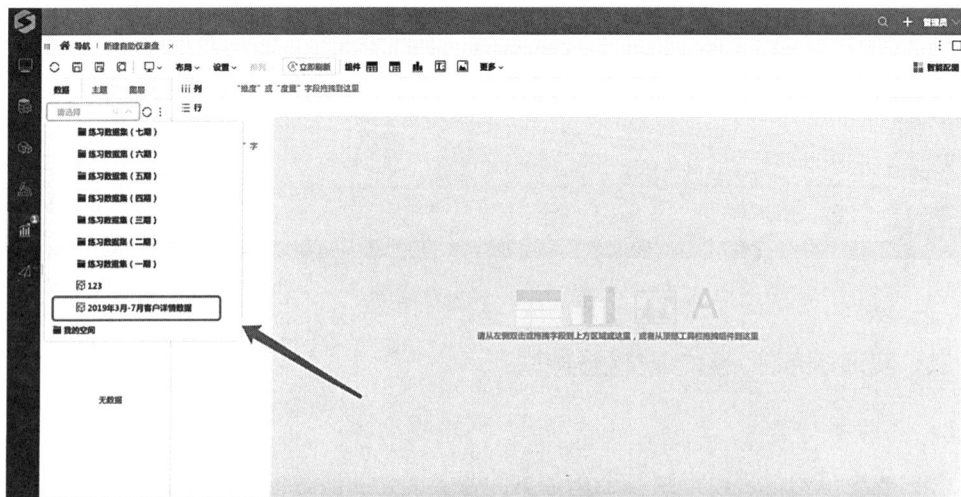

图 6-16　导入数据集

2. 制作业务员成交量统计表

从上方组件栏拖拽"图形"组件到中间，或者双击"图形"组件也可，如图 6-17 所示。

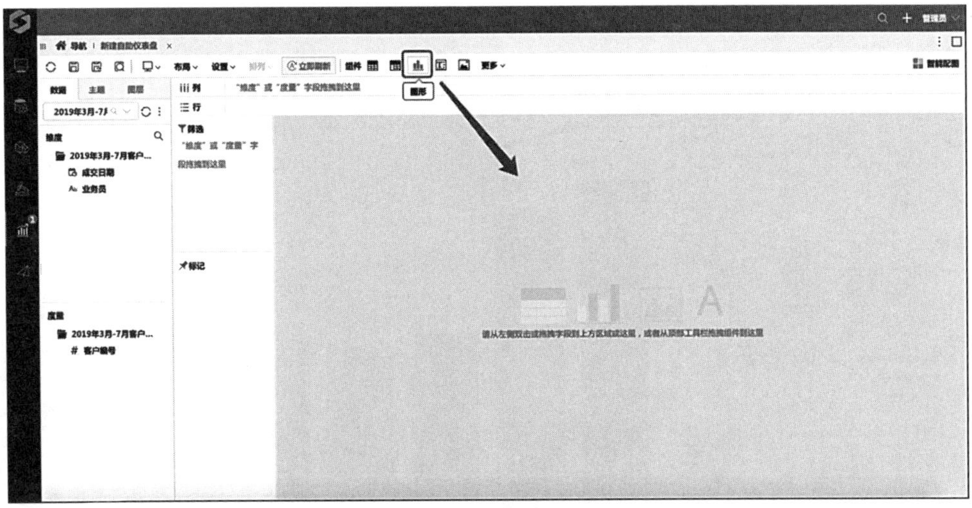

图 6-17　拖拽图形组件

在智能配图区选择"柱图",如图 6-18 所示。

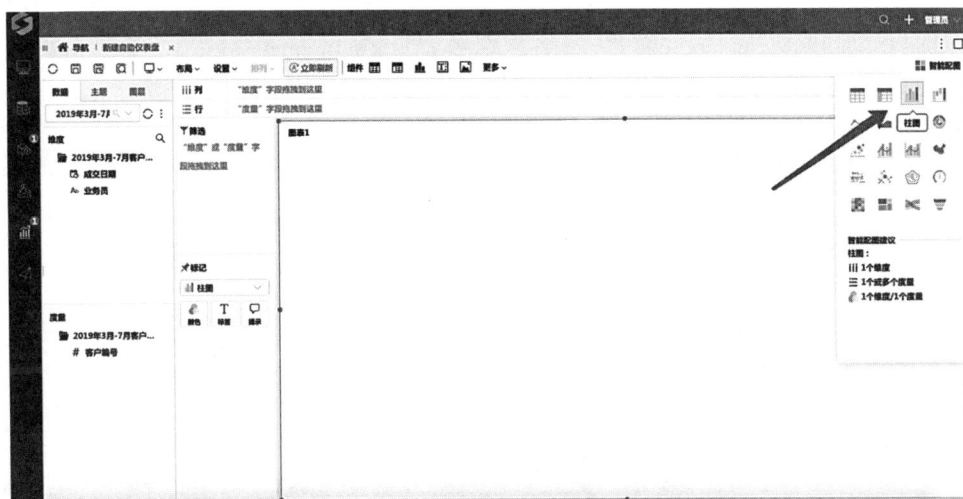

图 6-18　选择图形

将左边维度区的"业务员"拖拽到列,将"客户编号"拖拽到行,如图 6-19 所示。

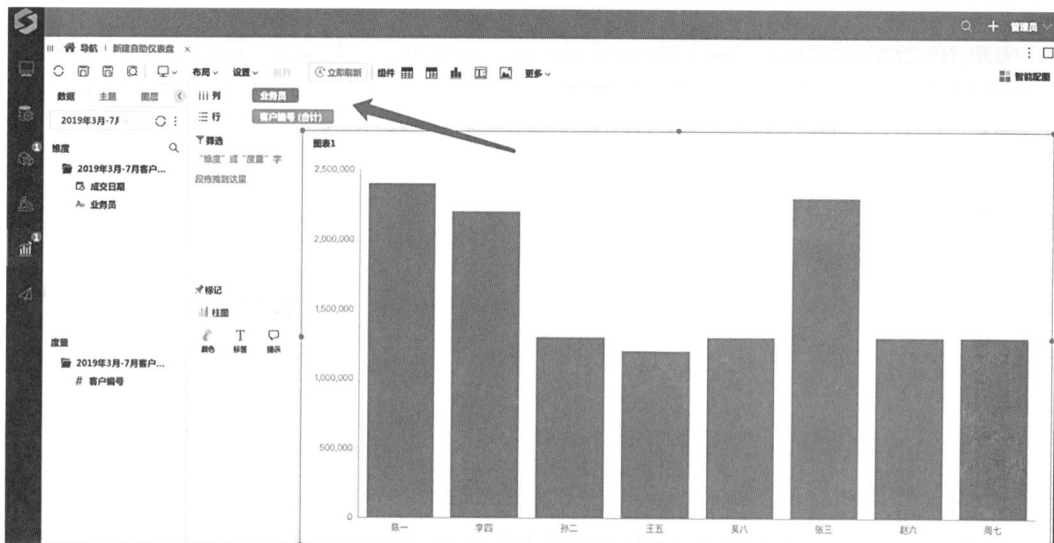

图 6-19 拖拽字段

这个时候我们会发现，"客户编号"的度量采用的是"合计"方式，但是这里我们需要的是业务员的成交量，因此需要将"客户编号"的度量设置为"计数"，如图 6-20 所示。这时候的值就是业务员的总成交量。

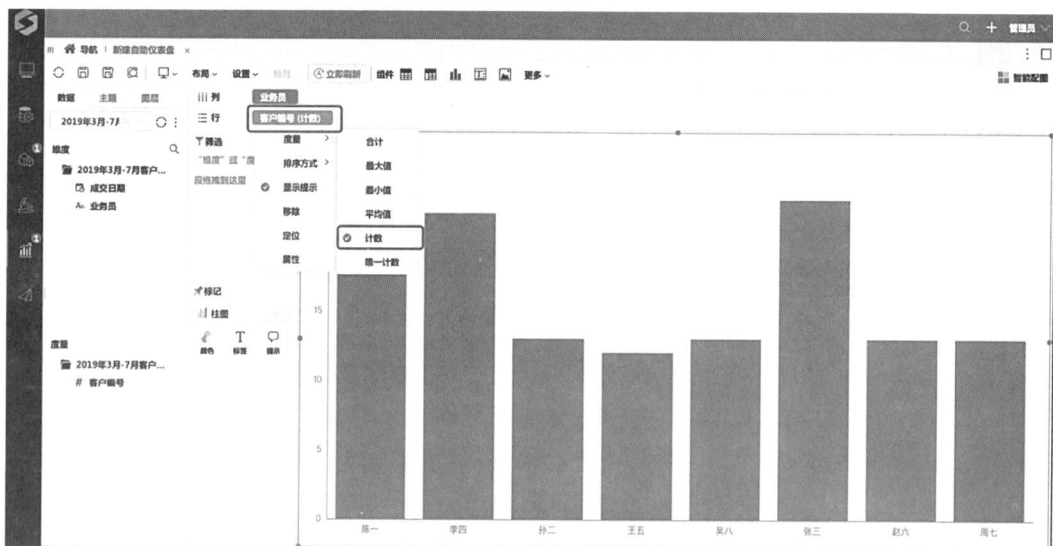

图 6-20 将"客户编号"的度量设置为"计数"

为了方便查看业务员成交量的排序情况，可以对成交量进行降序排序，如图 6-21 所示。通过图表可以看出业务员的业务能力高低。

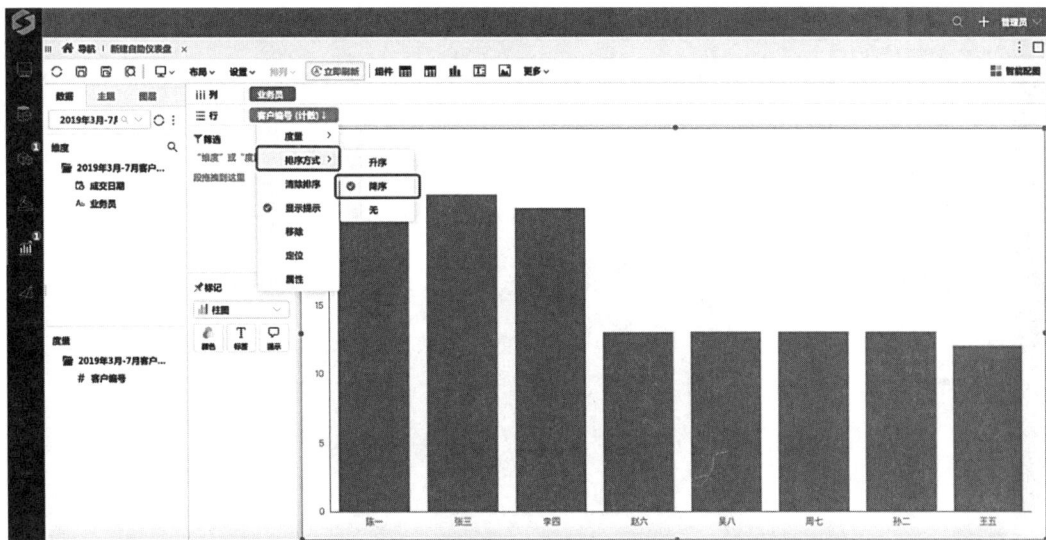

图 6-21　降序排序

点击图表右上角的组件设置，可以选择设置图表标题，如图 6-22 所示。

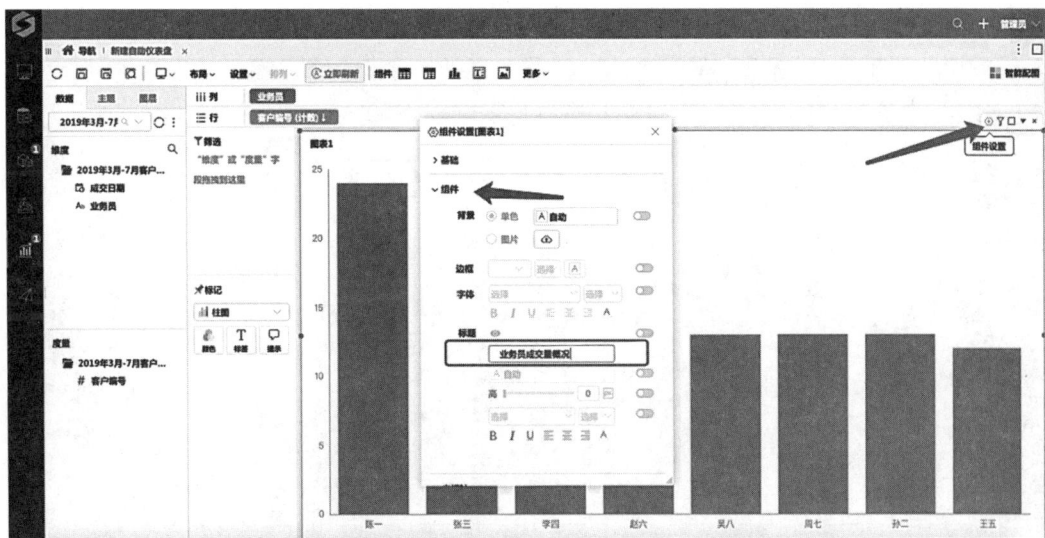

图 6-22　修改图表标题

3.查看各月份成交量情况

接下来我们查看各月份成交量情况，首先我们需要对时间字段创建时间维，点击右键"成交日期"字段，点击创建时间维度，如图 6-23 所示。

图 6-23　创建时间维度

在弹出来的对话框中选择"年季月"，如图 6-24 所示。

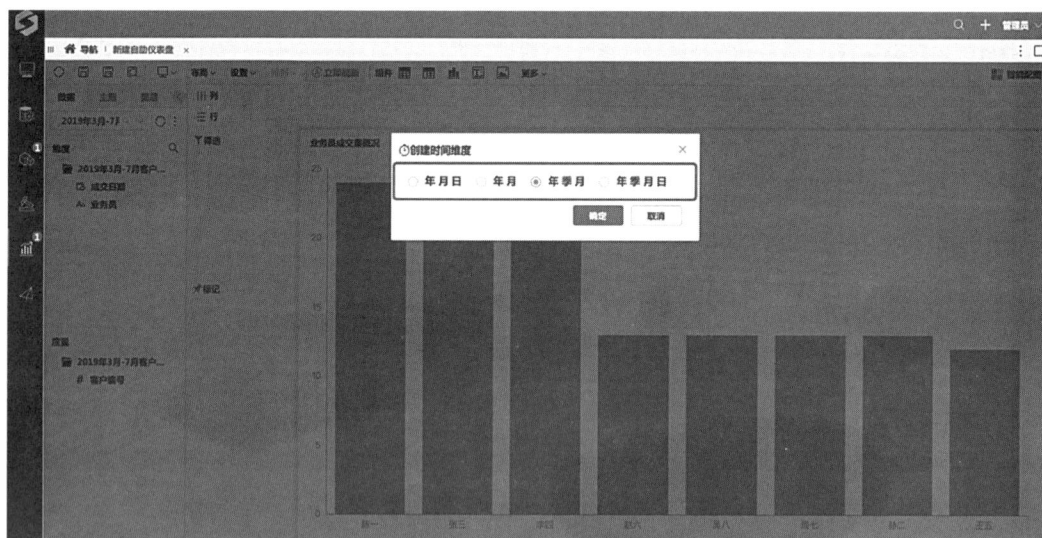

图 6-24　选择"年季月"创建时间维度

点击确定之后，维度区自动生成时间维度，如图 6-25 所示。

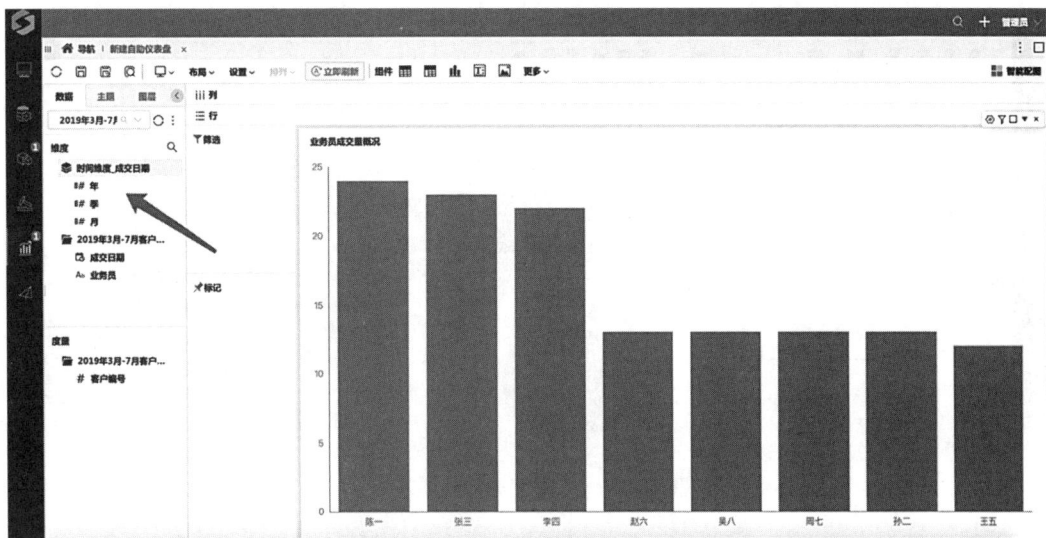

图 6-25　生成时间维度

再次拖拽一个图形组件，将"月"字段拖拽到列，将"客户编号"拖拽到行，并设置为"计数"、降序，再设置标题为"各月份成交量情况"，如图 6-26 所示。

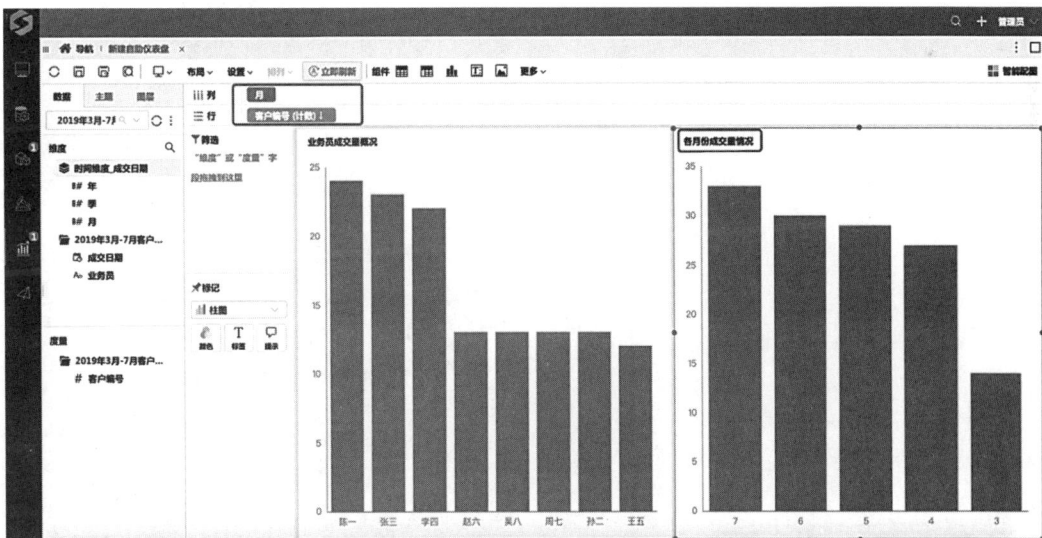

图 6-26　各月份成交量情况表

4. 查看各季度成交量情况

同理，可以做出各季度成交量情况表，如图 6-27 所示。

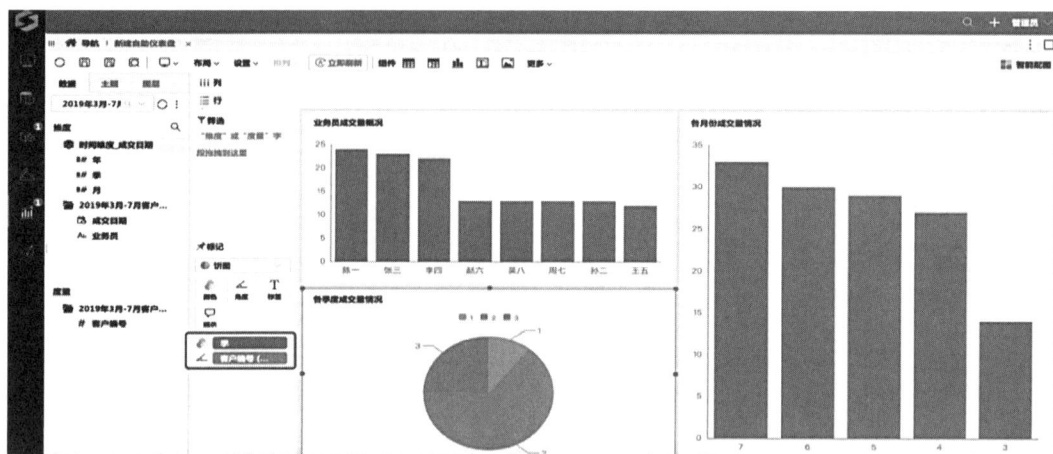

图 6-27　各季度成交量情况表

第七章

电子商务客户数据分析

▶ **章节目标**

◎ 掌握电子商务客户基础数据分析相关知识。

◎ 掌握聚类分析法、分类分析法、决策树算法模型、朴素贝叶斯算法模型相关知识。

◎ 能够熟练运用 Excel 表格进行客户数据分析。

◎ 能够运用聚类分析法进行会员聚类分析。

◎ 能够运用分类分析法进行买家营销行为响应预测分析。

◎ 能够运用决策树算法模型进行消费者舆情预测分析。

◎ 能够运用朴素贝叶斯算法模型进行客户成交量分析。

▶ **学习重点、难点**

重点

◎ 电子商务客户数据的重要知识。

◎ 聚类分析法、分类分析法、决策树算法模型、朴素贝叶斯算法模型相关知识。

难点

◎ Excel 在电子商务客户数据分析中的应用。

◎ 聚类分析法、分类分析法、决策树算法模型、朴素贝叶斯算法模型在电商数据分析中的应用。

▶ **本章思维导图（见图 7-1）**

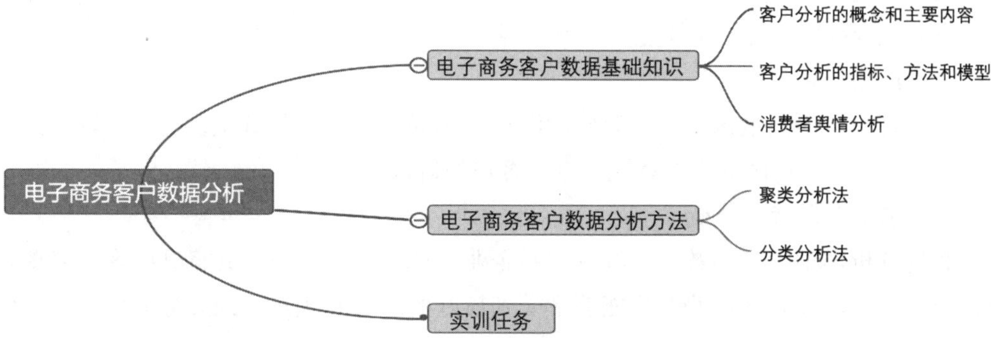

图 7-1　第七章思维导图

第一节　电子商务客户数据基础知识

一、客户分析的概念和主要内容

商家为了获得更好的经营效果，就要开展合理的、系统的客户分析，了解不同客户的需求。同时客户分析也可以帮助商家发现潜在客户，进一步扩大商业规模，使企业得到快速发展。

（一）客户分析的概念

客户分析就是根据各种关于客户的信息和数据来了解客户需要，分析客户特征，评估客户价值，从而为客户制订相应的营销策略与资源配置计划。

知识助手：你知道商家可以从哪些方面进行客户分析吗？

1. 个性化需求

"以客户为中心"的个性化服务越来越受到重视。实施 CRM 的一个重要目标就是能够分析出客户的个性化需求，并对这种需求采取相应措施，同时分析不同客户对企业效益的不同影响，以便做出正确的决策。这些都使得客户分析成为企业实施 CRM 时不可缺少的组成部分。

2. 客户行为

通过客户分析，企业可以利用收集到的信息，跟踪并分析每一个客户的信息，不仅知道什么样的客户有什么样的需求，同时还能观察和分析客户行为对企业收益的影响，使企业与客户的关系及企业利润得到最优化。

3. 有价值的信息

利用客户分析系统，企业不再只依靠经验来推测，而是利用科学的手段和方法，收集、分析和利用各种客户信息，从而轻松地获得有价值的信息。如企业的哪些产品最受欢迎，原因是什么，有什么回头客，哪些客户是最赚钱的客户，售后服务有哪些问题等。客户分析将帮助企业充分利用其客户关系资源，在新经济时代从容自由地面对客户。

（二）客户分析的内容

1. 商业行为分析

商业行为分析通过对客户的资金分布情况、流量情况、历史记录等方面的数据来分析客户的综合利用状况。主要包括以下内容。

（1）产品分布情况

分析客户在不同地区、不同时段所购买的不同类型的产品数量，可以获取当前营销系统的状态，各个地区的市场状况，以及客户的运转情况。

（2）消费者保持力分析

通过分析详细的交易数据，细分那些企业希望保持的客户，并将这些客户名单发布到各个分支机构以确保这些客户能够享受到最好的服务和优惠。细分标准可以是单位时间交易次数、交易金额、结账周期等指标。

（3）消费者损失率分析

通过分析详细的交易数据来判断客户是否准备结束商业关系，或正在转向另外一个竞争者。其目的在于对那些已经被识别为结束了交易的客户进行评价，寻找他们结束交易过程的原因。

（4）升级／交叉销售分析

对那些即将结束交易周期或有良好贷款信用的客户，或者有其他需求的客户进行分类，便于企业识别不同的目标对象。

2. 客户特征分析

客户特征分析要求商家根据历史的消费数据来了解客户的购买行为习惯、对新产品的反应、客户的反馈意见等。主要包括以下内容。

（1）客户行为习惯分析

根据客户购买记录识别客户的价值，主要用于根据价值来对客户进行分类。

（2）客户产品意见分析

根据不同的客户对各种产品所提出的各种意见，以及当各种新产品或服务推出时的不同态度来确定客户对新事物的接受程度。

3. 客户忠诚分析

客户忠诚基于对企业的信任度、来往频率、服务效果、满意程度及继续接受同一企业服务可能性的综合评估值，可根据具体的指标进行量化。保持老客户要比寻求新客户更加经济，保持与客户之间的不断沟通、长期联系、维持和增强消费者的感情纽带，是企业间新的竞争手段。而且巩固这种客户忠诚度的竞争具有隐蔽性，竞争者看不到任何策略变化。

4. 客户注意力分析

客户注意力分析就是指对客户的意见情况、咨询情况、接触情况、满意度等进行分析。主要包括以下内容。

（1）客户意见分析

根据客户所提出意见的类型、相关产品、日期、发生和解决问题的时间、销售代表和区域等指标来识别与分析一定时期内的客户意见，并指出哪些问题能够成功解决，而哪些问题不能，分析其原因。

（2）客户咨询分析

根据客户咨询产品、服务和受理咨询的部门，以及发生和解决咨询的时间来分析一定时期内的客户咨询活动，并跟踪这些建议的执行情况。

（3）客户接触评价

根据企业部门、产品、时间区段来评价一定时期内各个部门主动接触客户的数量，并了解客户是否在每个星期都受到多个组织单位的多种信息。

（4）客户满意度分析与评价

根据产品、区域来识别一定时期内感到满意的 20% 的客户和感到不满意的 20% 的客户，并描述这些客户的特征。

5. 客户营销分析

为了对潜在的趋势和销售数据模型有比较清楚的理解，需要对整个营销过程有一个全面的观察。

客户营销分析通过对产品、价格、促销、分销 4 个营销要素的反应，使商家对产品未来的销售趋势和销售状况有一个全面的了解，通过改变相应的营销策略来提高营销的效果，有助于商家制定更合理的营销策略。

6. 客户收益率分析

对每一个客户的成本和收益进行分析，可以判断出哪些客户是为企业带来利润的。然后企业可以对这些重要客户进行重点营销，提高企业的投资回报率。

二、客户分析的指标、方法和模型

（一）客户分析的指标

1. 客户活跃率

店铺通过客户活跃数来了解客户活跃率。计算公式为

客户活跃率 = 活跃客户数 ÷ 客户总数 ×100%

注意如果经历一个长的生命周期，客户活跃还能保持在 5%~10%，则是一个好的客户活跃的表现。

> 知识链接：活跃客户数的理解
>
> 活跃客户数是指不定时光顾网店，并为网店带来一定价值的客户。活跃客户是相对于"流失客户"的一个概念，一旦客户活跃度下降，就意味着客户的流失或离开，所以客户的活跃度是非常重要的。

2. 客户回购率

客户回购率即复购率和重复购买率，是指消费者对该品牌产品或者服务的重复购买次数。其计算公式为

客户回购率 = 老客户下单数 ÷ 所有下单数 ×100%

> ⓘ 温馨提示
>
> 客户回购率是衡量客户忠诚度的一个重要指标，重复购买率越高，反映出消费对品牌的忠诚度越高。

3. 平均购买次数

平均购买次数是指在某个时间内每个客户平均购买的次数。其计算公式为

平均购买次数 = 订单总数 ÷ 购买客户总数 ×100%

4. 客户留存率

客户留存率是指一段时间内回访客户数占新增客户数的比率。其计算公式为

客户留存率 = 回访客户数 ÷ 新增客户数 × 100%

ⓘ 温馨提示

客户留存率是一种转化率，由初期的不稳定客户转化为活跃客户、稳定客户、忠诚客户的过程，店铺通过对客户留存率的分析，可以得到网站的服务效果是否能留住客户等信息。

5. 客户流失率

客户流失率是指一段时间内没有消费的客户占总客户的比率。其计算公式为

客户流失率 = 一段时间内没有消费的客户数 ÷ 客户总数 × 100%

☼ 知识链接：客户流失的原因有哪些?

造成用户流失常见的原因有四点，主要是产品、体验、需求、活动 4 个方面。

1. 产品：产品陈列摆放有问题，用户找不到想要或感兴趣的产品。

2. 体验：用户搜索体验差，进入网站要很长时间才能找到想要的商品，甚至找不到。

3. 需求：商品种类与客户需求不匹配，或是推荐的产品不是用户想要的。

4. 活动：促销活动少，或者活动不具有吸引力。

（二）客户分析的方法

1. AB 客户分类

AB 客户分类的分割点采用 20/80 原则：20% 为 A 类客户、80% 为 B 类客户。

ⓘ 温馨提示

要使企业客户管理工作做得有效，对于贡献了 80% 利润的所有 A 类客户，企业务必使他们满意，而让部分 B 类客户逐渐提高满意度。

2. 客户价值分类

根据价值指标设定客户价值金字塔模型，根据客户价值金字塔模型设置客户价值等级区段。可将客户分为 4 个区间：VIP 客户、重点客户、普通客户和小客户。

📢 视野拓展：顾客价值理论

顾客价值理论是现代营销的基础理论之一。认为市场营销的核心在于帮助交换各方感知产品或服务的价值。将整个营销过程看成是一个价值感测、价值创造和价值传递的过程。其中价值感测过程目的是发现新价值机会；价值创造过程则研究如何有效地形成和塑造更多有前景、有新价值的市场供应品；价值传递是指创设一定的条件，使人们获得和继承某一社会文化中种种价值观念的过程和方式。

3. 客户多维分类

描述客户属性的因素有很多，包括年龄、性别、收入、职业、地址等信息。分析这些属性因素，可以进行多维组合型分析，挖掘客户个性需求，做好客户服务工作。

4.潜在客户的分类

紧迫性是指顾客对购买公司产品、服务的迫切程度。

根据可能成交的紧迫性将潜在客户进行分类，1个月内可能成交的顾客，被称为渴望顾客。3个月内可能成交的顾客，被称为有望顾客。超过3个月才能成交的顾客，被称为观望顾客。

知识链接：针对潜在客户的3种类型，商家有哪些应对策略呢？

1. 对于渴望顾客，销售人员可以增加访问的频率与深度。

2. 对于有望顾客，销售人员需要积极争取，主动出击。

3. 对于观望顾客，销售人员需要做出进一步的判断与评估，然后安排访问的时间。

（三）客户分析的模型

1.RFM 模型

RFM（Recency，Frequency，Monetary）模型是衡量客户价值和客户创利能力的重要工具和手段。在众多的客户关系管理（CRM）的分析模式中，RFM 模型是被广泛提到的。它是通过客户购买行为中的"最近一次消费"、"消费频率"和"消费金额"3个数据，来了解客户的层次和结构、客户的质量和价值，以及客户流失的原因，从而为商家制定销售策略提供依据。

（1）最近一次消费

最近一次消费（Recency）意指上一次购买的时间距分析时点的天数。天数越小，说明客户购买的时间越近。理论上，上一次消费时间越近的顾客应该是比较好的顾客，对提供即时的商品或是服务也最有可能会有反应。营销人员若想业绩有所增长，就要密切地注意消费者的购买行为，那么最近的一次消费就是营销人员第一个要利用的工具。历史显示，如果我们能让消费者购买，他们就会持续购买。这也就是为什么，0~6个月的顾客收到营销人员的沟通信息多于31~36个月的顾客。

知识链接：最近一次消费的功能和应用

最近一次性消费的功能在于不但可以提供促销信息，而且通过消费报告，营销人员可以掌握公司发展的状况。优秀的营销人员会定期查看消费分析，以掌握趋势。例如，月报告显示最近1个月购买的客户人数增加，则表示该公司是个稳健成长的公司；反之，如最近1个月内购买的客户越来越少，则说明该公司运行不够稳定。

最近一次消费报告是维系顾客的一个重要指标。买过你的商品、服务或是曾经光顾你商店的消费者，是最有可能再向你购买东西的顾客。再则，要吸引一个几个月前才上门的顾客购买，比吸引一个一年多以前来过的顾客要容易得多。营销人员如接受这种强有力的营销哲学——与顾客建立长期的关系而不仅是卖东西，会让顾客持续保持往来，并赢得他们的忠诚度。

（2）消费频率

消费频率（Frequency）是顾客在限定的期间内所购买的次数。我们可以说最常购买的顾客，也是满意度最高的顾客。如果相信品牌及商店忠诚度的话，最常购买的消费者，忠诚度也就最高。增加顾客购买的次数意味着从竞争对手处抢夺市场占有率。

知识链接：消费频率的应用

根据这个指标，我们又把客户分成五等分，这个五等分分析相当于是一个"忠诚度的阶梯"（Loyalty Ladder），如购买一次的客户为新客户，购买两次的客户为潜力客户，购买三次的客户为老客户，购买四次的客户为成熟客户，购买五次及以上的客户则为忠实客户。其诀窍在于让消费者一直顺着阶梯往上爬，比如尽量想办法把两次购买的顾客转化成三次购买的顾客，把一次购买的客户转化成两次购买的顾客。

（3）消费金额

消费金额（Monetary）理论上和 F 值是一样的，都带有时间范围，指的是一段时间（通常是 1 年）内的消费金额。通过客户的消费金额，可以衡量出客户对商家的贡献程度。

ⓘ 温馨提示

根据美国数据库营销研究所 Arthur Hughes 的研究，消费金额是所有数据库报告的支柱，也可以验证"帕累托法则"（Pareto's Law）——公司 80% 的收入来自 20% 的顾客。它显示出排名前 10% 的顾客所花费的金额比下一个等级者多出至少 2 倍，占公司所有营业额的 40% 以上。

2. 客户价值矩阵模型

客户价值矩阵模型是对 RFM 模型的改进，它消除了消费次数与总消费额之间的多重共线性，用平均消费额代替总消费额。客户价值矩阵分析剔除了最近一次消费（R）变量，它由消费频率（F）与平均消费额（A）构成，使细分结果更加简单。客户价值矩阵将客户分为 4 种类型，即优质型客户、消费型客户、经常型客户和不确定型客户。

知识链接：客户价值矩阵模型 4 种客户的解读

1. 优质型客户：他们是企业的基础，是企业利润的主要来源，必须保持。

2. 消费型客户：他们的平均消费额很高，但消费次数过低，最好的策略是设法增加他们的消费次数。

3. 经常型客户：他们高频率地消费证明了对企业的忠诚，对他们最适合的策略是通过促销、交叉销售、销售推荐等办法来增加他们的消费金额。

4. 不确定型客户：他们要进行筛选，企业要争取将不确定型客户变成消费型客户或是经常型客户甚至是优质型客户，将营销的重点放到不确定的新客户身上，必要的时候可以对他们采取放弃的策略。

三、消费者舆情分析

电子商务的核心维度是产品、营销和服务，做好这 3 个维度就可以立足于电商。而消费者的舆情则是优化这 3 个维度的核心数据支撑。消费者如何评价我们的产品和服务，将直接指导我们对产品和服务进行升级迭代。舆情数据从电商评价、客服聊天记录、社交平台等渠道采集。

（一）舆情关键词

Power BI Desktop 自身并没有关键词提取功能，但可以通过互联网接口的方式进行拓展。本例使用的接口申请地址为 http://bosonnlp.com，可免费申请商业试用，每天有固定的访问次数。

进入 Power Query 编辑器，在"添加列"选项卡中单击"自定义列"，通过访问 API 接口提取评价文本的关键词。

输入表达式："= Json.Document（Web Contents（http∶//api.bosonnlp.com/keywords/analysis，[Headers=[#"X-Token"="API 密钥"]，Content-Text. ToBinary（" ["""&[评价]&"""]"）]））"，其中 #"X-Token"="API 密钥"，读者将 API 密钥换成自己的即可。

完成后 API 以 List（列表）形式返回数据。

返回的结构共需要拓展 3 次，前两次采用拓展到新行的方式。第三次采用提取值的方式。单击"提取值"，在弹出的对话框中将分隔符设置为"逗号"，返回的数据有概率和关键词两个字段。

在"开始"选项卡中依次单击"拆分列""按分隔符"，选择"逗号"作为分隔符，将两个字段分隔开来。对列名进行重命名，分别为"概率"和"关键词"，同一条评价文本的关键词概率平方和为 1。设置好数据后，在"开始"选项卡中单击"关闭并应用"。

（二）舆情分析

舆情分析就是根据特定问题的需要，对针对这个问题的舆情进行深层次的思维加工和分析研究，得到相关结论的过程。通常有两大分析方法。

1. 内容分析法

内容分析法是一种对信息内容做客观系统的定量分析的专门方法，其目的是弄清或测验信息中本质性的事实和趋势。提示信息所含有的隐性情报内容，对事物发展做情报预测。

2. 实证分析法

实证分析法是通过分析大量案例和相关数据后试图得出某些结论的一种常见研究方法。对于电商行业，舆情分析是指将客户在线上留下的文字（聊天记录、评论等）进行统计和模型分析，了解客户对品牌、产品的看法，了解其需求和情感上的喜恶。这对品牌、产品的战略定位将起到非常重要的作用，能够为运营者做出正确决策提供重要参考。

第二节　电子商务客户数据分析方法

一、聚类分析法

（一）聚类分析的定义

聚类（Clustering）是将数据划分成群组的过程。研究如何在没有训练的条件下把对象化分为若干类。通过确定数据之间在预先制定的属性上的相似性来完成聚类任务，这样最相似的数据就聚集成簇（Cluster）。聚类与分类不同，聚类的类别取决于数据本身，而分类的类别是由数据分析人员预先定义好的。使用聚类算法的用户不但需要深刻地了解所用的特殊技术，而且还要知道数据收集过程的细节及拥有应用领域的专家知识。

（二）k-means 聚类方法

1. k-means 算法概念

k-means 算法接受输入量 k，然后将 n 个数据对象划分为 k 个聚类以便使得所获得的聚类满足：同一聚类中的对象相似度较高，而不同聚类中的对象相似度较小。聚类相似度是利用各聚类中对象的均值所获得一个"中心对象"（引力中心）来进行计算的。

2. k-means 算法的工作过程

首先从 n 个数据对象任意选择 k 个对象作为初始聚类中心；而对于所剩下其他对象，则根据它们与这些聚类中心的相似度（距离），分别将它们分配给与其最相似的聚类中心所代表的聚类；然后再计算每个所获新聚类的聚类中心（该聚类中所有对象的均值）；不断重复这一过程直到标准测度函数开始收敛为止。一般都采用误差平方和作为标准测度函数，即准则函数。k 个聚类具有以下特点：各聚类本身尽可能紧凑，而各聚类之间尽可能地分开。样本点分类和聚类中心的调整是迭代交替进行的两个过程。

3. k-means 算法描述

k-means 算法描述如下。

输入：聚类个数 k，以及包含 n 个数据对象的数据库。

输出：满足方差最小标准的 k 个聚类。

4. k-means 处理流程

k-means 处理流程如下。

Step1：从 n 个数据对象任意选择 k 个对象作为初始聚类中心。

Step2：根据簇中对象的平均值，将每个对象重新赋给最类似的簇。

Step3：更新簇的平均值，即计算每个簇中对象的平均值。

Step4：循环 Step2 到 Step3 直到每个聚类不再发生变化为止。

5. 定义准则函数 E

$$E = \sum_{i=1}^{k} \sum_{x \in C_i} d^2(x, z_i) \tag{7-1}$$

设待聚类的数据集为 $X=\{x_1, x_2, ..., x_n\}$，将其划分为 k 个簇 C_i，均值分别为 z_i，即 z_i 为簇 C_i 的中心（$i=1, 2, \cdots, k$）。E 是所有对象的误差平方的总和，$x \in X$ 是空间中的点，$d(x, z_i)$ 为点 x 与 z_i 间的距离，可以利用明氏、欧氏、马氏或者兰氏距离求得。

（三）聚类分析算法实例

设有数据样本集合为 $X=\{1, 5, 10, 9, 26, 32, 16, 21, 14\}$，将 X 聚为 3 类，即 $k=3$。随机选择前 3 个数值为初始的聚类中心，即 $z_1=1$，$z_2=5$，$z_3=10$（采用欧氏距离进行计算。）

第一次迭代：按照 3 个聚类中心将样本集合分为 3 个簇 {1}，{5}，{10, 9, 26, 32, 16, 21, 14}。对于产生的簇分别计算平均值，得到平均值点填入第 2 步的 z_1、z_2、z_3 栏中。

第二次迭代：通过平均值调整对象所在的簇，重新聚类。即将所有点按距离平均值点 1、5、18.3 最近的原则重新分配，得到 3 个新的簇：{1}，{5, 10, 9}，{26, 32, 16, 21, 14}。填入第 2 步的 C_1、C_2、C_3 栏中。重新计算簇平均值点，得到新的平均值点为 1、8、21.8。

依此类推，第五次迭代时，得到的 3 个簇与第四次迭代的结果相同，而且准则函数 E 收敛，迭代结束，结果如表 7-1 所示。

表 7-1　k-means 聚类算法计算过程

步骤	z_1	z_2	z_3	C_1	C_2	C_3	E
1	1	5.0	10.0	{1}	{5}	{10, 9, 26, 32, 16, 21, 14}	433.43
2	1	5.0	18.3	{1}	{5, 10, 9}	{26, 32, 16, 21, 14}	230.80
3	1	8.0	21.8	{1}	{5, 10, 9, 14}	{26, 32, 16, 21}	181.76
4	1	9.5	23.8	{1, 5}	{10, 9, 14, 16}	{26, 32, 21}	101.43
5	3	12.3	26.3	{1, 5}	{10, 9, 14, 16}	{26, 32, 21}	101.43

二、分类分析法

（一）分类分析的概述

分类（Classification）是一个有监督的学习过程，目标数据库中有哪些类别是已知的，分类过程需要做的就是把每一条记录归到对应的类别之中。由于必须事先知道各个类别的信息，并且所有待分类的数据条目都默认有对应的类别，因此分类算法也有其局限性，当上述条件无法满足时，我们就需要尝试聚类分析。

聚类和分类是两种不同的分析。分类的目的是为了确定一个点的类别，具体有哪些类别是已知的，是一种有监督学习。聚类的目的是将一系列点分成若干类，事先是没有类别的，常用的算法是 k-means 算法，是一种无监督学习。决策树是一种有指导的学习方法。该方法先根据训练子集形成决策树。如果该树不能对所有对象给出正确的分类，那么选择一些其他的训练子集加入到原来的训练子集中，重复该过程一直到形成正确的决策集。最终得到一棵树，其叶节点是类名，中间节点是带有分支的属性，该分支对应该属性的某一可能值。

决策树的算法：构造决策树算法有多种，较有代表性的有罗斯·昆兰（Ross Quinlan）的 ID3 算法（Iterative Dichotomiser 3，迭代二叉树 3 代），里奥·布莱曼（Leo Breiman）等人的 CART 算法，乐秀威（Gabriel H. Loh）和张世富（Shih-Fu Chang）的 QUEST 算法，以及 J. 马吉德森（J. Magidson）的 CHAID 算法等。

（二）ID3 算法描述

早期著名的决策树算法是 1986 年由罗斯·昆兰提出的 ID3 算法。ID3 算法用信息增益（Information Gain）作为属性选择度量。信息增益值越大，不确定性越小。因此，ID3 总是选择具有最高信息增益的属性作为当前节点的测试属性。信息增益越大，信息的不确定性下降的速度也就越快。这种信息理论方法使得对一个对象分类所需的期望测试数目达到最小，并尽量确保找到一棵简单的（但不必是最简单的）树来刻画相关的信息。

信息熵定义：假设训练样本集 T 包含 n 个样本，这些样本分别属于 m 个类，其中第 i 个类在 T 中出现的比例为 p_i，那么 T 的信息熵为

$$I(T) = -\sum_{i=1}^{m} p_i \log_2 p_i \tag{7-2}$$

信息熵（Entropy，简称为熵）表示信源的不确定性，熵越大，把它搞清楚所需要的信息量也就越大。从信息熵的计算公式可以看出，训练集在样本类别方面越模糊越杂乱无序，它的熵值就越高；反之，则熵值越低。熵的单位可以相应地是比特（二进制）、铁特（三进制）、笛特（十进制）或奈特（自然单位），其中比特是最常用的表示方法。

假设属性 A 把集合 T 划分成 v 个子集 $\{T_1, T_2, ..., T_v\}$，其中 T_i 所包含的样本数为 n_i，如果 A 作为测试属性，那么划分后的熵就是

$$E(A) = \sum_{i=1}^{v} \frac{n_i}{n} I(T_i) \tag{7-3}$$

$\frac{n_i}{n}$ 充当第 i 个子集的权，它表示任意样本属于 T_i 的概率。熵值越小，划分的纯度越高。用属性 A 把训练样本集分组后，样本集的熵将会降低，因为这是一个从无序向有序的转变过程。

信息增益定义为分裂前的信息熵（即仅基于类比例）与分裂后的信息熵（即对 A 划分之后得到的）之间的差。简单地说，信息增益是针对属性而言的，没有这个属性时样本所具有的信息量与有这个属性时的信息量的差值就是这个属性给样本所带来的信息量。

$$Gain(A) = I(T) - E(A) \tag{7-4}$$

ID3 算法以自顶向下递归的分而治之方式构造决策树。ID3 算法就是根据"信息增益越大的属性对训练集的分类越有利"的原则来选取信息增益最大的属性作为"最佳"分裂点。算法描述如下。

输入：训练样本 samples，各属性均取离散数值，可供归纳的候选属性集为 attribute_list。

输出：决策树。

处理流程如下。

step1：创建一个节点 N。

step2：if 该节点中所有样本 samples 均为同一个类 C then；// 开始根节点对应的训练样本。

step3：返回 N 作为叶节点，以类 C 标记。

step4: if attribute_list 为空 then。

step5: 返回 N 作为叶节点，标记为该节点所含样本中类别个数最多的类别；// 多数表决。

step6: 选择 attribute_list 中具有最高信息增益的属性 test_attribute。

step7: 以 test_attribute 标记节点 N。

step8: for each test_attribute 中的已知值 v；// 划分 samples。

step9: 由节点 N 长出一个条件为 test_attribute= v 的分枝，以表示该测试条件。

step10: 设 sv 是 test_attribute= v 的样本的集合；// 一个划分。

step11: if sv 为空 then。

step12: 将相应叶节点标记为所含样本中类别个数最多的类别。

step13: else 将相应叶节点标志 Generate_decision_tree（sv,attribute_list-test_attribute）返回的节点。

第三节 实训任务

一、实训任务一：会员聚类分析

（一）业务背景

信息时代的来临使得企业的营销焦点从以产品中心转变为以客户中心，客户关系管理成为企业的核心问题。客户关系管理的关键问题是客户分类，通过客户分类，区分无价值客户、高价值客户，企业针对不同价值的客户制定优化的个性化服务方案，采取不同营销策略，将有限营销资源集中于高价值客户，实现企业利润最大化目标。准确的客户分类结果是企业优化营销资源分配的重要依据，客户分类越来越成为客户关系管理中亟待解决的关键问题之一。

本实训大致步骤如下。

第一，选择关键的特征因子。从买家会员名、用户等级、交易总金额、交易频次、最近一次交易间隔等多种影响因子中选择关键的特征因子。

第二，客户聚类模型的构建。通过采用机器学习中无监督类的方法，如 k-means 方法，基于前一步寻找到的主要特征，训练得到客户聚类模型。

第三，客户聚类的效果展示。在构建完客户聚类模型以后，可根据客户的相关信息，通过散点图等图形展示出客户聚类的直观效果。

（二）具体操作步骤

1. 数据准备

新建实验，保存之后从左边数据源中拖拽"数据集"到中间"画布区"，并在右边参数区"数据集选择"中选择"客户聚类数据集"，如图 7-2 所示。

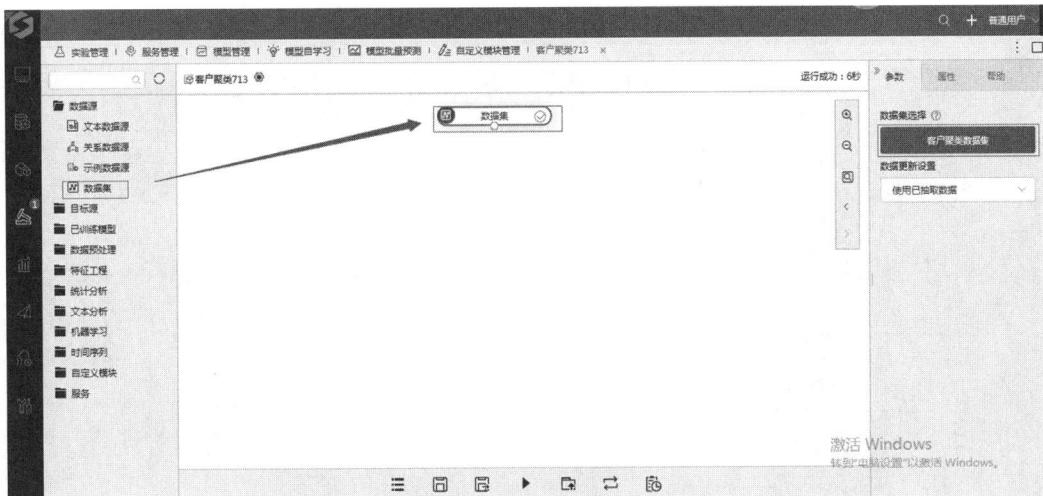

图 7-2　数据准备

运行之后，在"数据集"节点鼠标右键单击，选择"查看输出"，如图 7-3 所示，即可查看本数据集详细数据。

图 7-3　查看详细数据

2. 建立模型

（1）拖拽"特征工程"下的"特征选择"到画布区，与前面的节点建立关联，这里选择的特征列是图 7-4 的 3 个字段，分别是交易总金额、交易频次、最近一次交易间隔。

图 7-4　特征选择

（2）接下来我们进行算法的选择，客户聚类分析我们采用 K 均值算法。

① K 均值聚类算法是一种基于距离的聚类算法，它将所有数据归类到其最邻近的中心。它适用于对球形簇分布的数据进行聚类分析，可用于客户细分、市场细分等分析场景。用户在使用时需要制定聚类个数。

在左侧选择"机器学习"下"聚类算法"的"K 均值"节点，如图 7-5 所示。

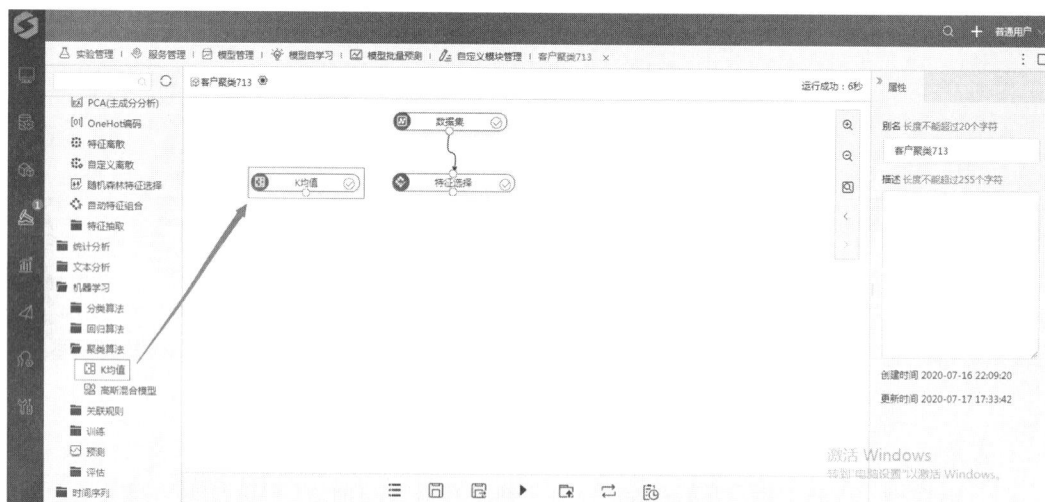

图 7-5　K 均值聚类算法

②调整相关参数，也可以先采用系统默认值，等最后再调整参数，优化模型，如图 7-6 所示。

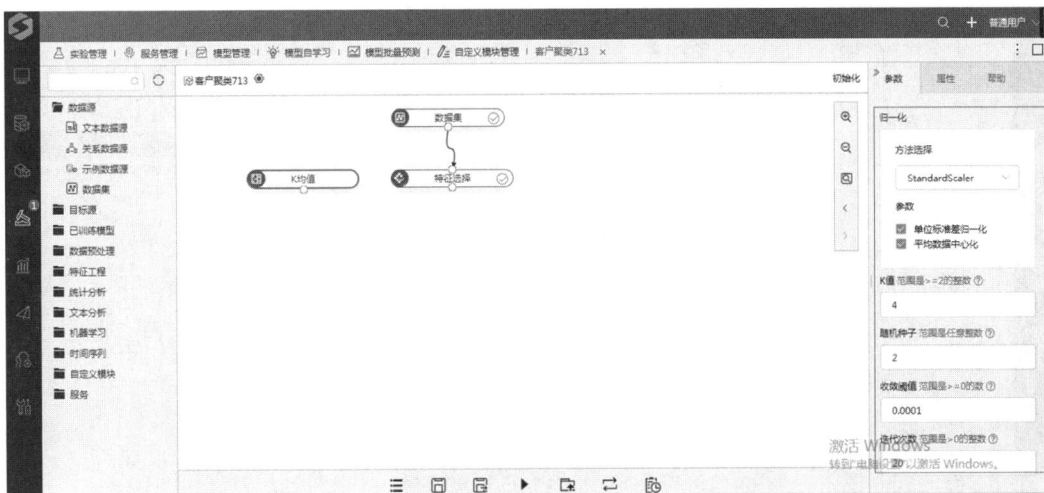

图 7-6　调整参数

（3）对数据进行聚类训练。拖拽"机器学习"—"训练"下的"聚类训练"，然后对训练结果进行分析，建立见图 7-7 所示的关联。

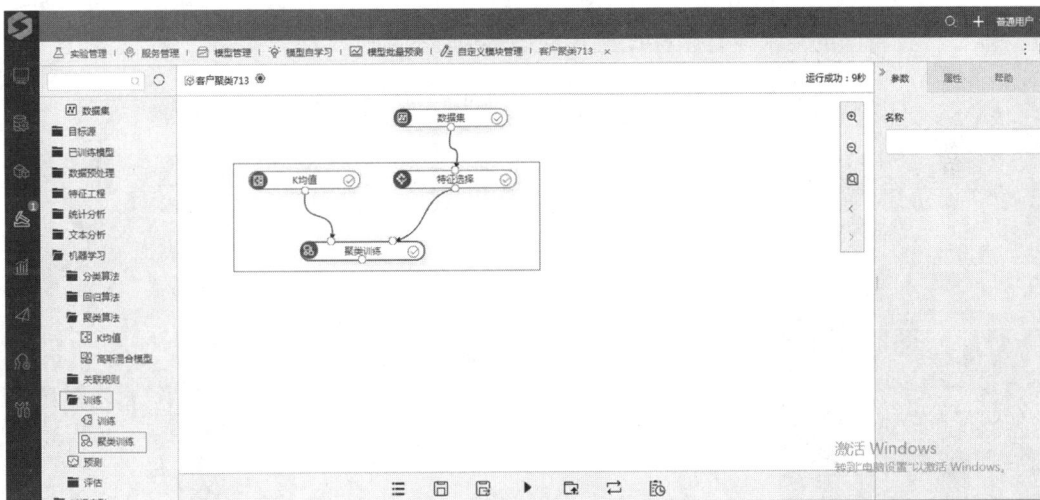

图 7-7　模型训练

聚类训练基于特征进行，左边输入为待训练的聚类算法，右边输入则为特征选择的结果。

（4）实验结果我们可以通过拖拽"统计分析"下的"高维数据可视化"，更加清晰地观察出来，如图 7-8 所示。

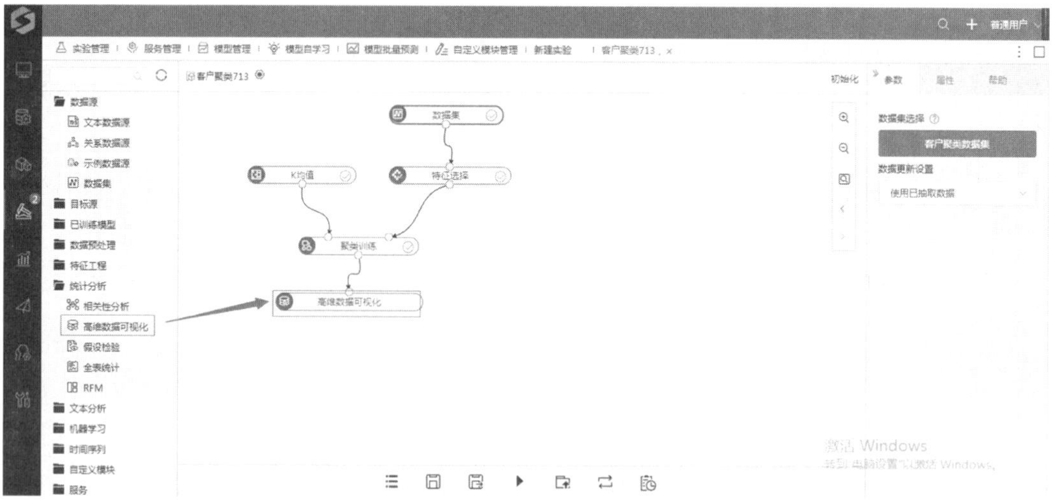

图 7-8　高维数据可视化

高维数据可视化是将数据用图形展示（散点图／平行坐标图），实现对数据或结果的可视化分析。

对参数进行设置，点击选择列，选择需要可视化的字段列表，点击确定并与上面建立关联，根据自己的需求设计采样比例，如图 7-9 所示。

图 7-9　参数设置

全部运行，成功之后选中"高维数据可视化"节点，点击右键查看分析结果，就可以自行设置相关字段，制作散点图来查看聚类的直观结果，如图 7-10 所示。

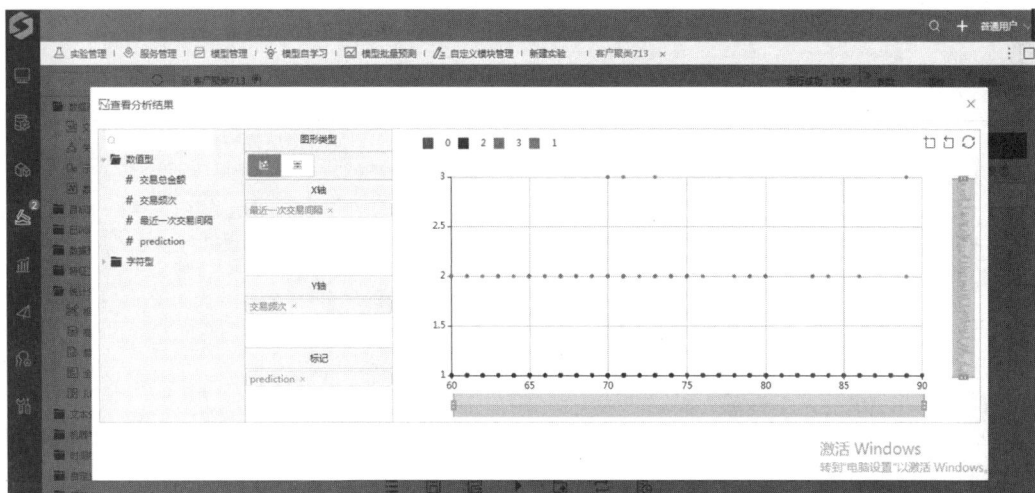

图 7-10　聚类结果

（三）评估

从左边拖拽"机器学习"—"评估"下的"模型系数"到中间"画布区"，如图 7-11 所示。运行成功之后点击右键可以查看输出，显示模型的参数信息，如图 7-12 所示。

图 7-11　模型系数

图 7-12　查看输出信息

二、实训任务二：买家营销行为响应分析

（一）业务背景

在电商领域中，营销行为是频率非常高的活动，比如我们刚开店的时候，我们需要通过一些营销活动来提升曝光量和销量；或者到店铺进入一个相对衰落的时期，我们也会选择做一些降价等促销活动来避免销售额的快速下降。

但是，并不是一营销就能收获好的效果，很多企业的营销效果其实是没有达到预期，因此我们需要利用手头的一些数据，通过分析更精准地做营销。

本实训中，我们已知有买家相关属性地址、购买件数、购买种类、下单金额等数据，通过分析这些数据，建立分类预测模型，预测消费者是否会响应营销行为的促销活动，从而来判断哪些买家会重复购买，可以为下一次的营销活动筛选出优先名单，进一步改善营销效果。

本实训大致步骤如下。

第一，选择关键的特征因子。从观察对象的地址、购买件数等影响因子中选择关键的特征因子。

第二，消费者是否响应商家营销活动预测模型的构建。通过采用机器学习中分类的方法，如决策树方法，基于前一步寻找到的主要特征，得到买家是否响应商家促销活动预测模型。

（二）具体操作步骤

1. 数据准备

新建实验，保存之后从左边数据源中拖拽"数据集"到中间"画布区"，并在右边参数区"数据集选择"中按照图 7-13 所示路径，选择"消费者营销响应训练集"数据。

图 7-13 数据准备

运行之后，在"数据集"节点鼠标右键单击，选择"查看输出"，如图 7-14 所示，即可查看本数据集详细数据。

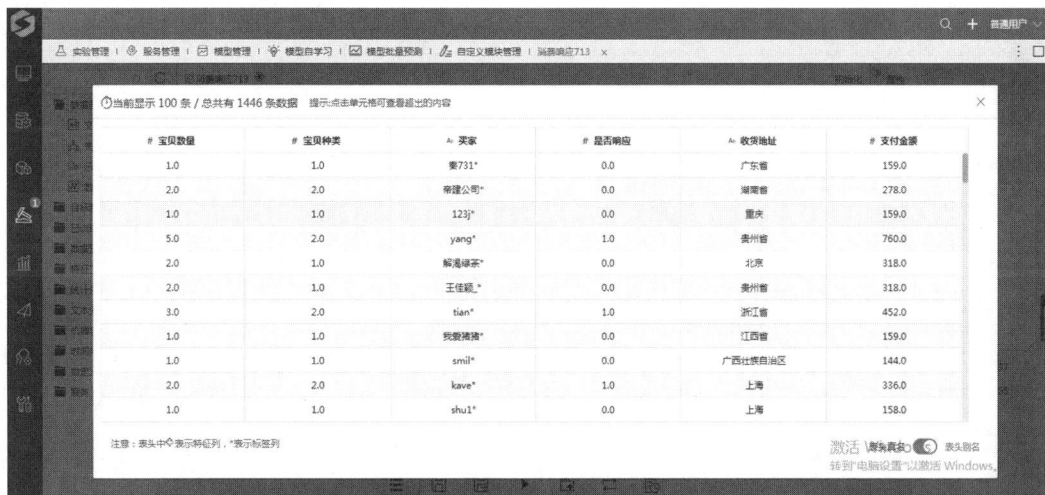

图 7-14 查看详细数据

2. 建立模型

（1）数据处理

导入数据之后开始对数据进行处理，我们观察源数据可以发现有些字段是字符串形式，首先我们需要将其转换成数据类型。

拖拽"特征工程"下的"特征选择"到画布区，并与上一节点建立关联，点击"选择特征列"，将"收货地址"选择到右边，标签列不选择，如图 7-15 所示。

图 7-15　特征选择

运行之后，拖拽"特征工程"下的"特征转换""抽取""变换"到画布区，并且建立关联，如图 7-16 所示。

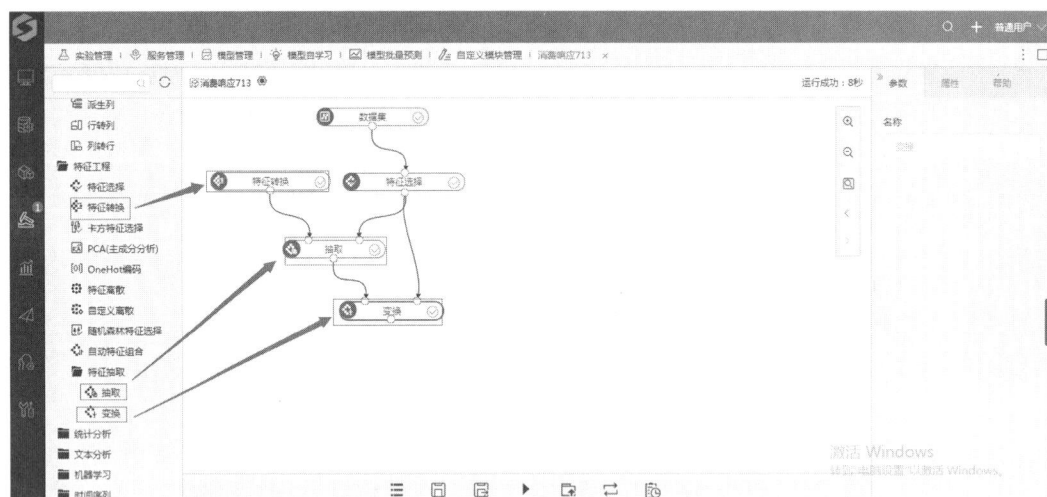

图 7-16　数据类型转换

运行全部，运行成功之后选中"变换"节点，点击右键"查看输出"，可以看到数据集的变化，在最右边新增了"收货地址 Index"列，将前一列"收货地址"进行了相应的特征转换，详细数据如图 7-17 所示。

图 7-17 详细数据

（2）算法模型

我们要建立算法模型，可再次拖拽"特征选择"，如图 7-18 所示。

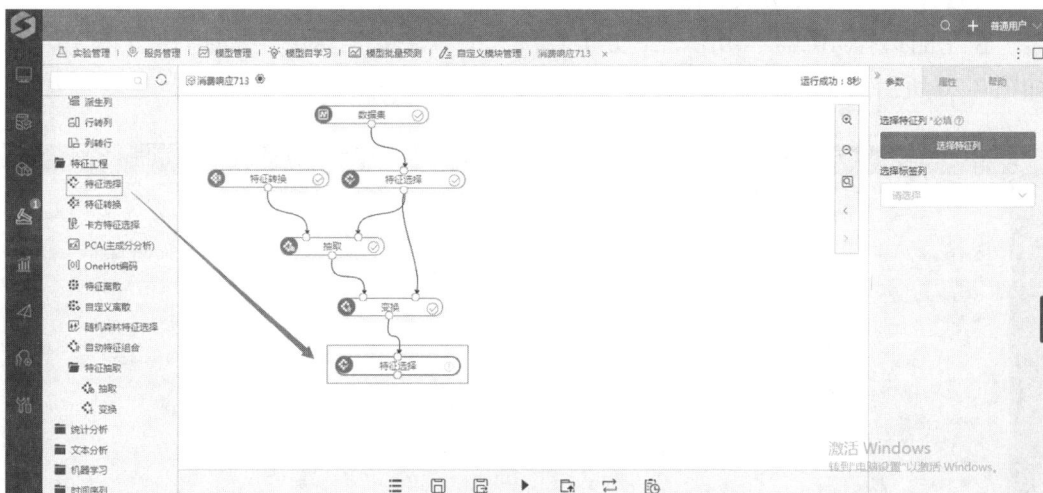

图 7-18 拖拽"特征选择"

对相关参数进行配置，在右边参数区点击"选择特征列"，将 4 个关键特征因子选中，并且将标签列选择为"是否响应"列，如图 7-19 所示。

图 7-19　配置相关参数

接下来我们进行算法的选择。预测消费者是否响应，是一个分类问题，所以选择分类算法建立模型进行训练。

先选择算法节点：分类算法—决策树。

在左侧选择"机器学习"—"分类算法"—"多分类算法"中的"决策树"节点，如图 7-20 所示。

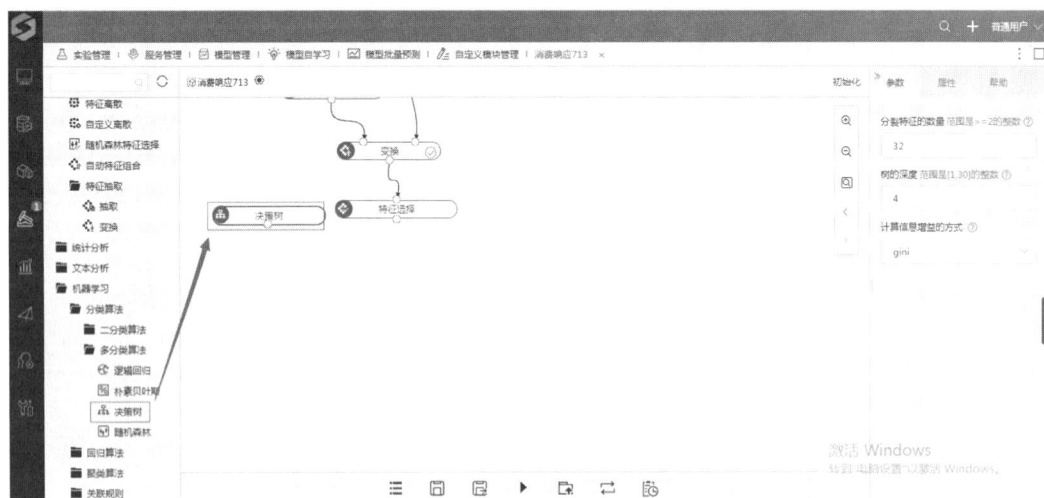

图 7-20　决策树算法选择

决策树算法相关配置说明如表 7-2 所示。

表 7-2　决策树算法相关配置

这里我们采用系统默认配置即可。

选择"机器学习"中的"训练",训练方法是决策树,建立关联,如图 7-21 所示。

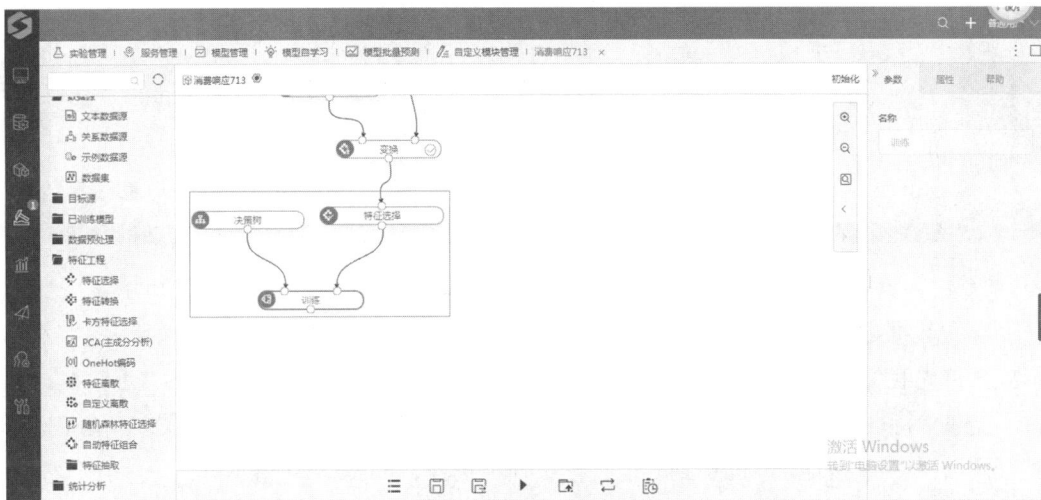

图 7-21　决策树算法训练

然后对训练结果通过引入测试集进行预测,操作过程如下。

3. 预测

从左边数据源中拖拽"数据集"到中间"画布区",并在右边参数区"数据集选择"中按照图 7-22 所示路径,选择"消费者营销响应预测集"数据。

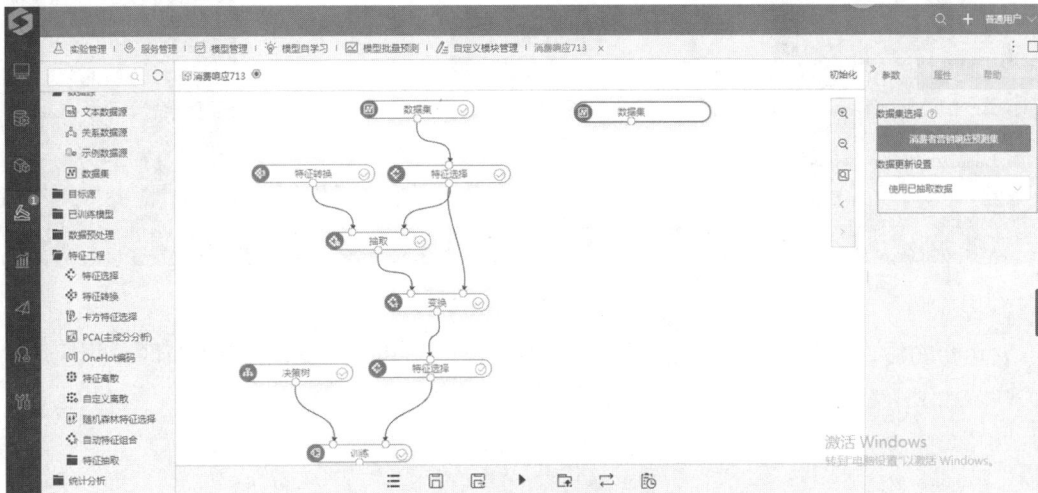

图 7-22　预测集数据准备

运行之后，在"数据集"节点鼠标右键单击，选择查看输出（见图 7-23），即可查看本数据源详细数据。

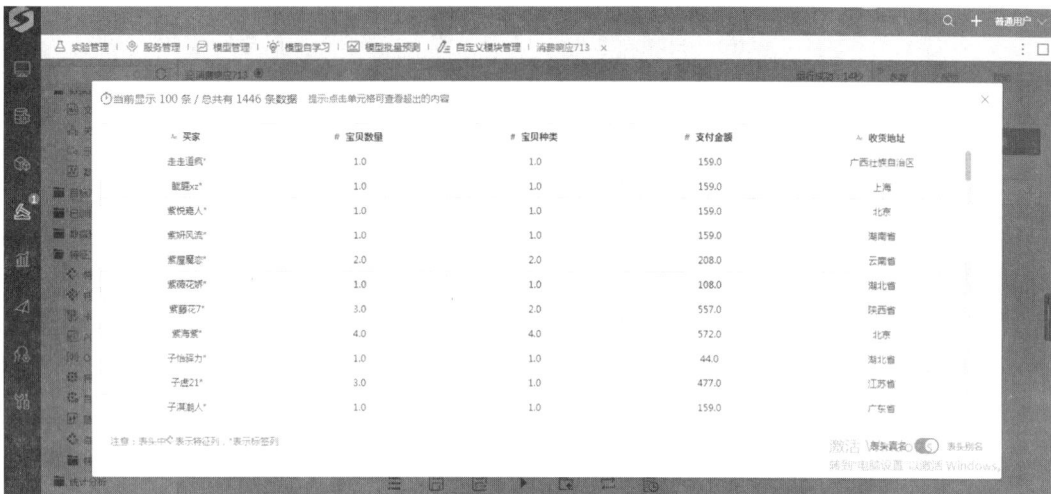

图 7-23　预测集详细数据

导入数据之后开始对数据进行处理，我们观察源数据可以发现"收货地址"是字符串形式，首先我们需要将其转换成数据类型。

拖拽"特征工程"下的"特征选择"到画布区，并与上一节点建立关联，点击"选择特征列"，将"收货地址"选择到右边，标签列不选择，如图 7-24 所示。

图 7-24　特征选择

运行之后，拖拽"特征工程"下的"特征转换""抽取""变换"到画布区，并且建立关联。如图 7-25 所示。

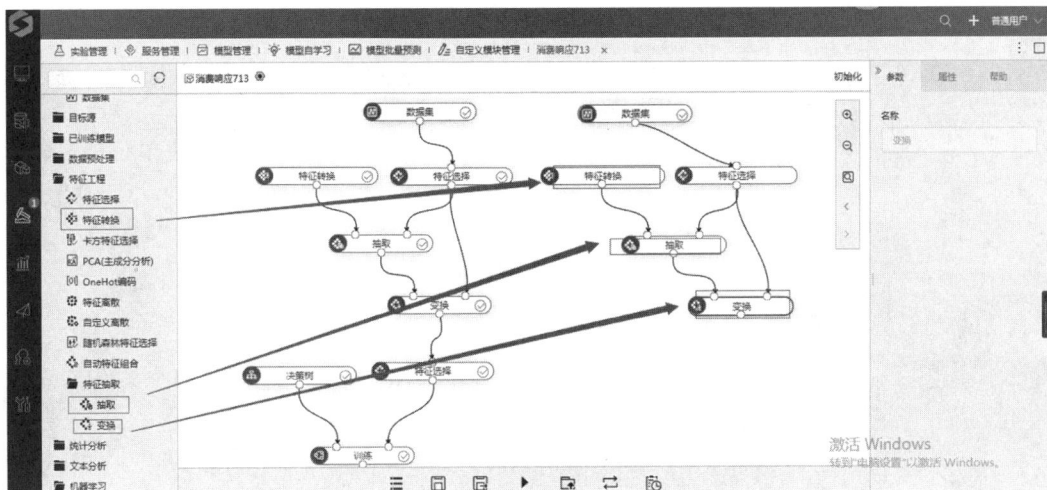

图 7-25　数据类型转换

运行全部，运行成功之后选中"变换"节点，点击右键"查看输出"，可以看到数据集的变化，在最右边新增了"收货地址 Index"列，将前一列"收货地址"进行了相应的特征转换，详细数据如图 7-26 所示。

图 7-26　详细数据

拖拽"特征选择"到画布区，并对相关参数进行配置，在右边参数区点击"选择特征列"，将 4 个关键特征因子选中，并且标签列选择为空，如图 7-27 所示。

图 7-27　特征选择

　　拖拽"预测"节点到画布区，建立完如图 7-28 所示工作流之后，全部执行，执行成功之后，右键点击"预测"节点，选择查看分析结果，就可以看到模型的预测结果数据，如图 7-29 所示。

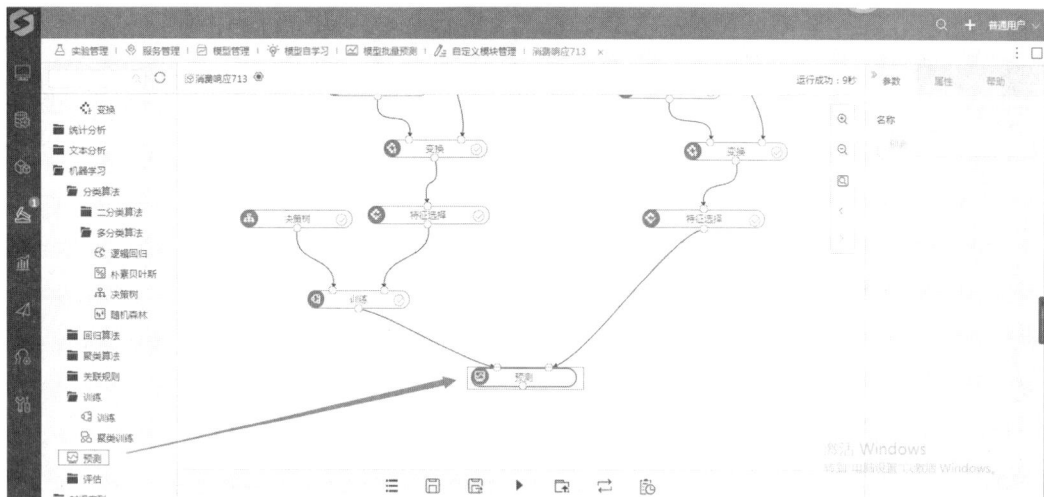

图 7-28　模型预测

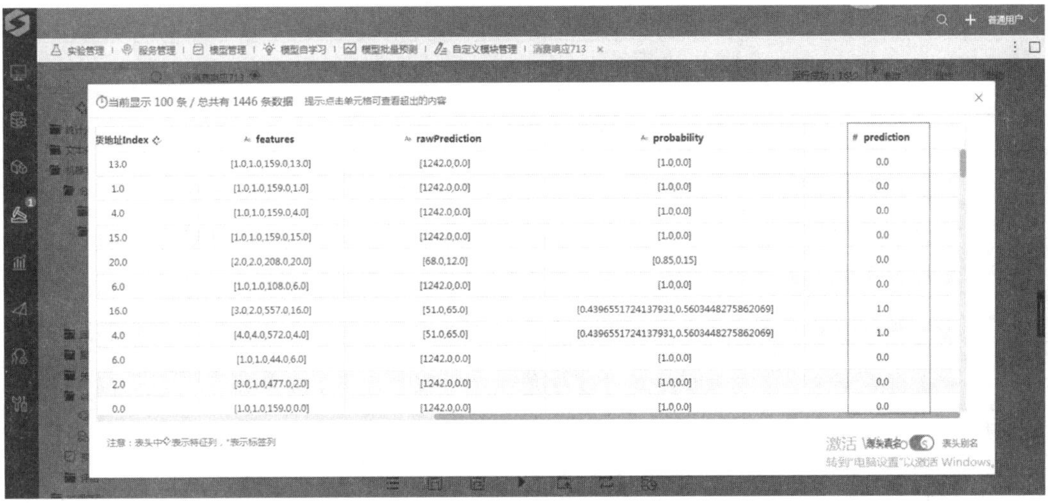

图 7-29　查看预测结果

三、实训任务三：消费者舆情分析

（一）业务背景

随着现代信息技术和互联网的高速发展，产生了大量的舆情信息，通过舆情分析挖掘有用的信息和价值越来越受到人们的重视。将舆情分析应用于商业领域，充分挖掘互联网上消费者对某产品的反馈信息，能够帮助企业把握消费者的需求喜好，对于正面的部分继续保持，对于负面的部分加以改进，不断地完善自己的产品，有利于在消费者群体中树立良好的口碑。

为了帮助企业掌握真实舆论情况，科学高效地做好舆论监测和产品改进工作，本实训对某店铺商品评论数据进行文本挖掘分析。

本次实训使用店铺商品评论的中文内容，在对文本进行预处理、分词、停用词处理后，通过朴素贝叶斯算法模型，实现对评价中文内容数据的情感倾向的判断。

本实训大致步骤如下。

第一，文本处理。通过分词、停用词、TF-IDF（词频—逆文件频率）对文本进行处理。

第二，特征转换。将评价类型转换成 0、1 形式。

第三，模型构建。通过采用朴素贝叶斯算法模型，进行消费者舆情分析。

（二）具体操作步骤

1. 数据准备

新建实验，保存之后从左边数据源中拖拽"关系数据源"到中间"画布区"，并在右边参数区"关系数据源"选择中按照图 7-30 所示路径，选择芦荟连衣裙评价数据。

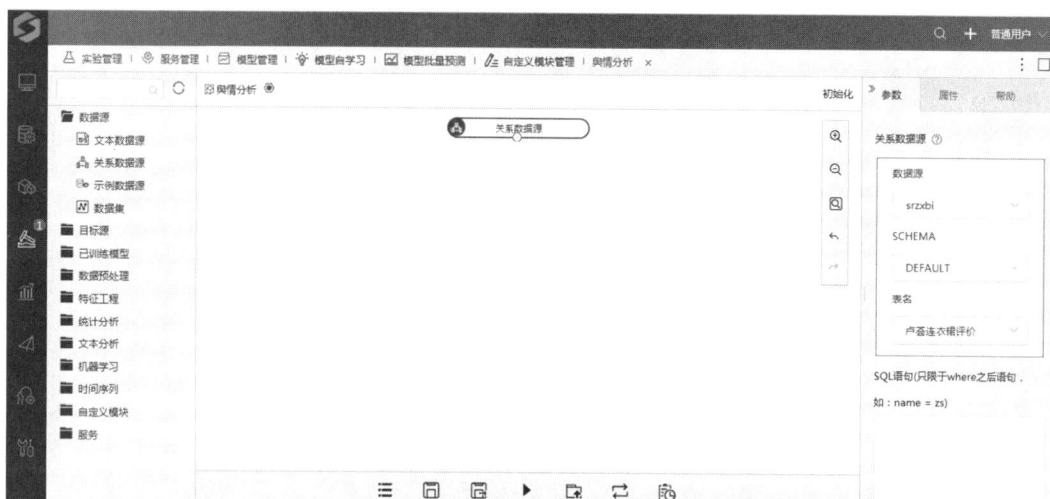

图 7-30 数据准备

运行之后，在"数据集"节点鼠标右键单击，选择"查看输出"，如图 7-31 所示，即可查看本数据源详细数据。

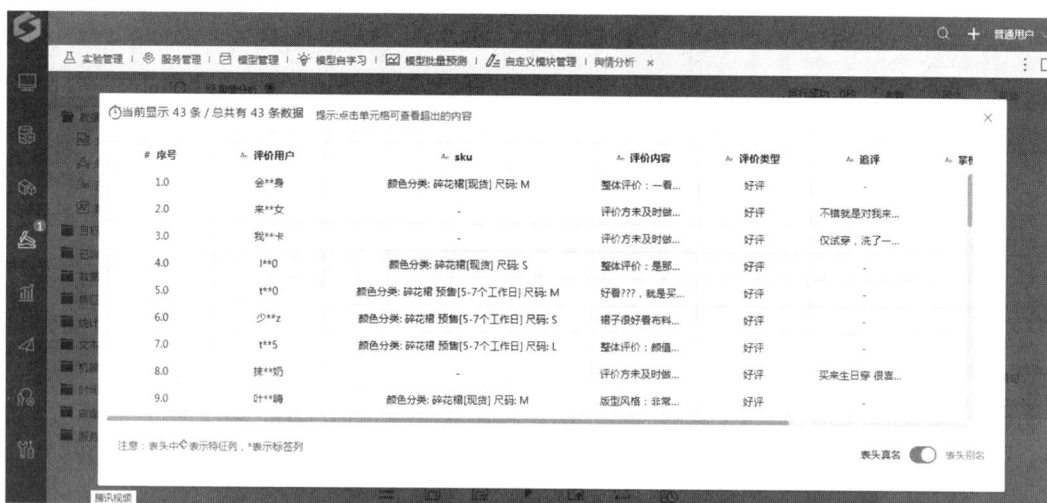

图 7-31 查看详细数据

2. 文本处理

在中文中，只有字、句和段落能够通过明显的分界符进行简单的划界，而对于"词"和"词组"来说，它们的边界模糊，没有一个形式上的分界符。因此，进行中文文本挖掘时，首先应对文本分词，即将连续的字序列按照一定的规范重新组合成词序列的过程。

拖拽"文本分析"下的"分词"到画布区，并与上一节点建立关联，点击"字段选择"，将"评价内容"选择到右边，如图 7-32 所示。

图 7-32 分词

运行之后，在"分词"节点鼠标右键单击，选择"查看输出"，如图 7-33 所示，即可查看分词后的数据。

图 7-33 分词结果

文本通过分词节点分词后，在图 7-34 中可以看到有些词语对模型训练而言并没有什么实际的意义，比如说标点符号、连接词等。我们接入"文本分析"下的"停用词处理"节点，将一些无意义的词组去除。字段选择、停用词列表如图 7-34 所示。

图 7-34　停用词处理

词组的形式无法用于计算机运算，所以为了将文本情感分析转换成机器学习问题，首先需要将词组转换成数字化的能够被计算机所识别的信息。为了实现这一转换，需要采用 TF-IDF 算法。TF-IDF 的参数特征项数这里配置 2 个，整个处理流程如图 7-35 所示。

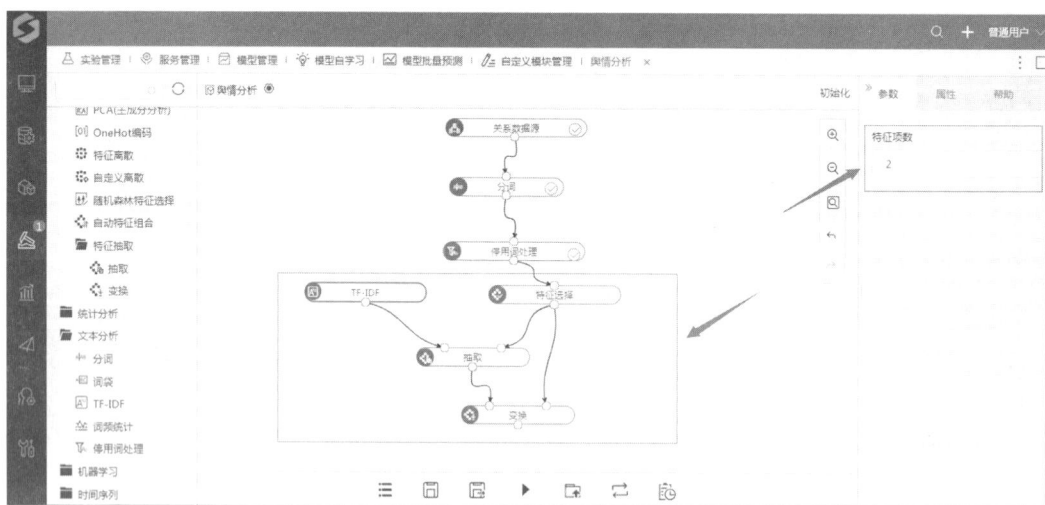

图 7-35　词组转化

这里的特征选择，选择停用词处理之后新增的列，如图 7-36 所示。

图 7-36　特征选择

3.建立模型

（1）数据处理

该模型对评价类型进行分析，我们观察源数据可以发现该字段是字符串形式，所以我们需要将其转换成数据类型。

拖拽"特征工程"下的"特征选择"到画布区，并与上一节点建立关联，点击"选择特征列"，将"评价类型"选择到右边，标签列不选择，如图 7-37 所示。

图 7-37　特征选择

运行之后，拖拽"特征工程"下的"特征转换""抽取""变换"到画布区，并且建立关联，如图 7-38 所示。

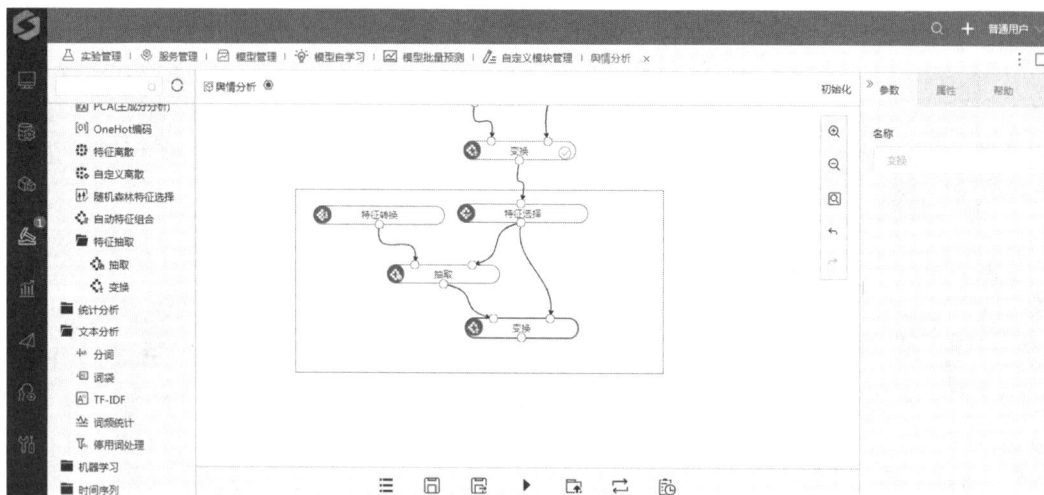

图 7-38　数据类型转换

运行全部，运行成功之后选中"变换"节点，点击右键"查看输出"，可以看到数据集的变化，在最右边新增了"评价类型 Index"列，将前一列"评价类型"进行了相应的特征转换，详细数据如图 7-39 所示。

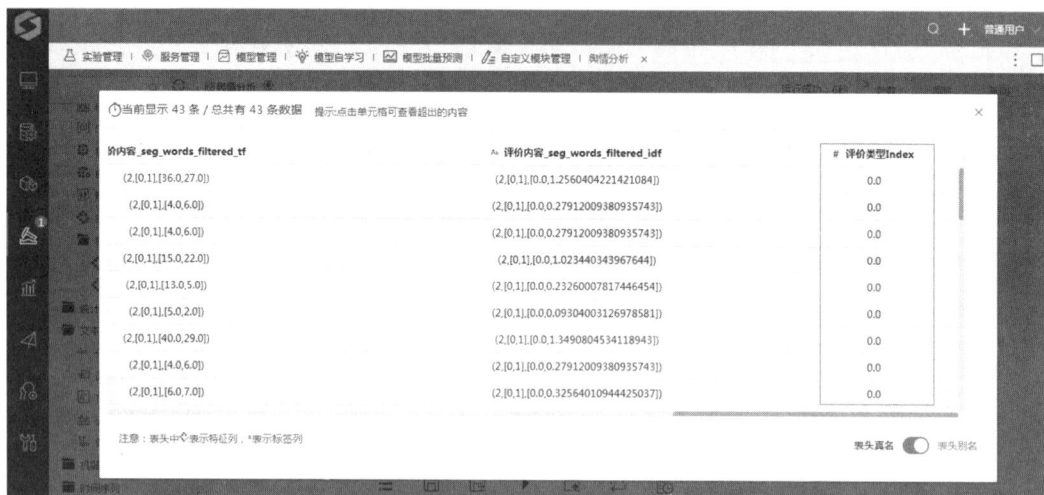

图 7-39　详细数据

（2）算法模型

接下来我们要建立算法模型，再次拖拽"特征选择"，对相关参数进行配置，在右边参数区点击"选择特征列"，特征列选择 TF-IDF 算法的输出列，并且将标签列选择为"评价类型 Index"，如图 7-40 所示。

图 7-40　拖拽"特征选择"

将"拆分"节点拖拽到画布区，将数据分为训练集和预测集。拆分节点使用默认参数配置，训练集与测试集的占比为 7:3，如图 7-41 所示。

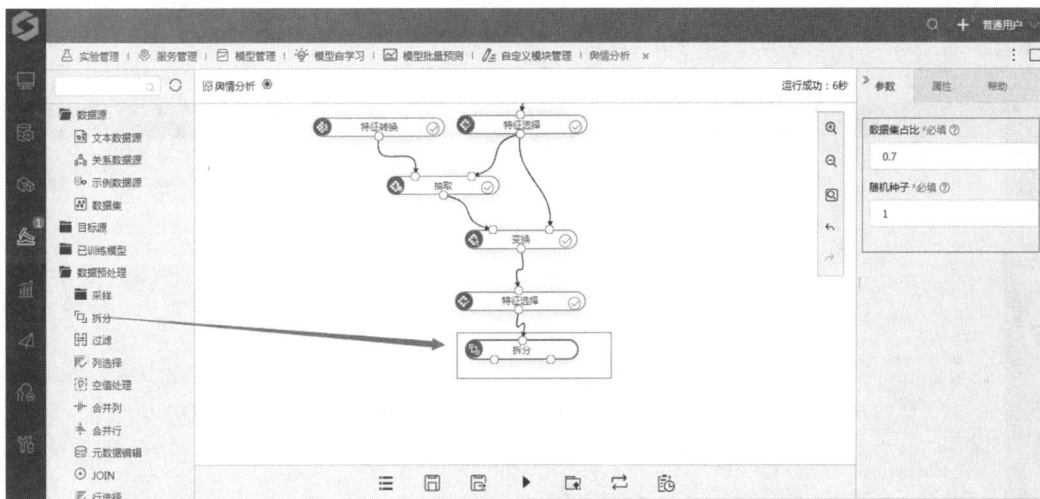

图 7-41　拆分

接下来我们进行算法的选择。舆情分析我们选择多分类算法中的朴素贝叶斯建立模型进行训练。

选择左侧"机器学习"—"分类算法"—"多分类算法"中的"朴素贝叶斯"节点，算法相关配置说明如图 7-42 所示。

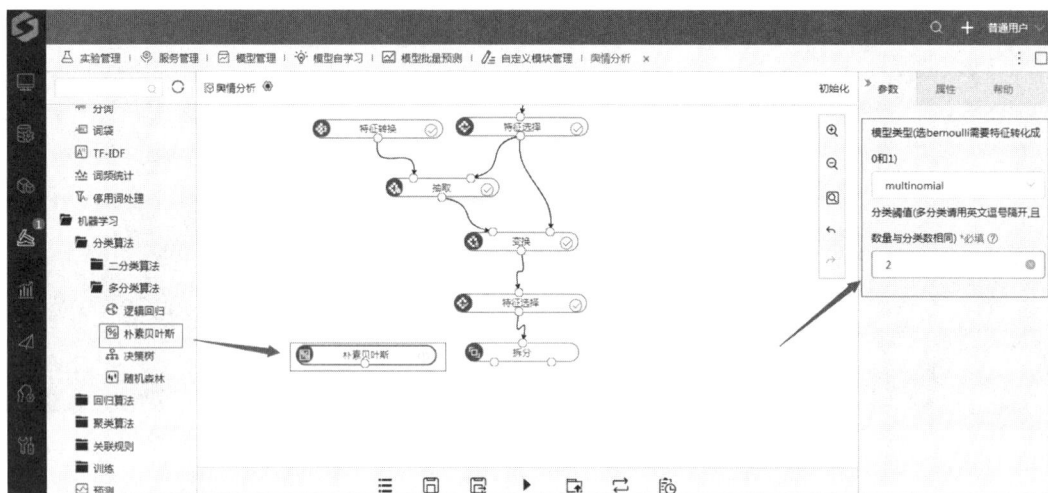

图 7-42　朴素贝叶斯算法参数配置

选择"机器学习"中的"训练"，训练方法是朴素贝叶斯，建立关联，如图 7-43 所示。

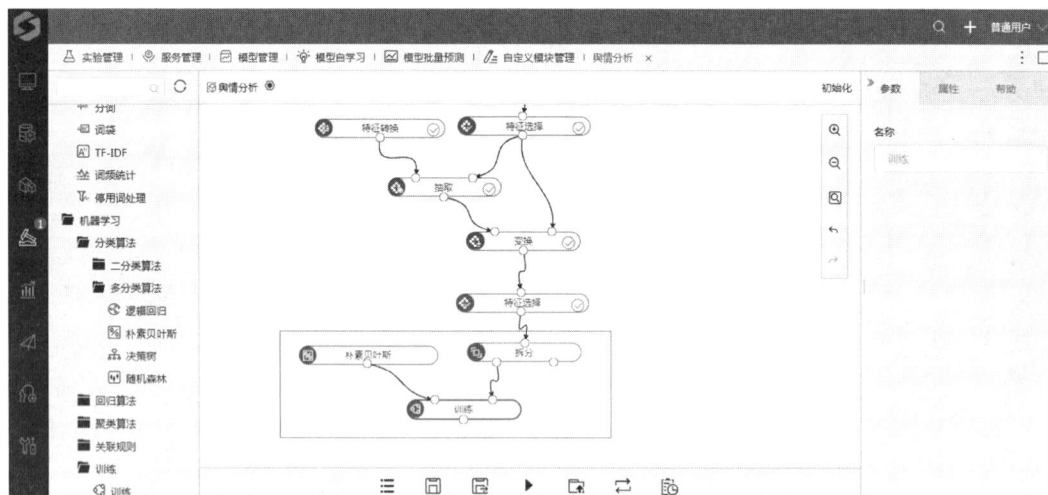

图 7-43　朴素贝叶斯算法训练

拖拽"预测"节点到画布区，建立如图 7-44 所示工作流之后，全部执行，执行成功之后，点击右键"预测"节点，选择查看分析结果，就可以看到模型的预测结果数据，如图 7-45 所示。

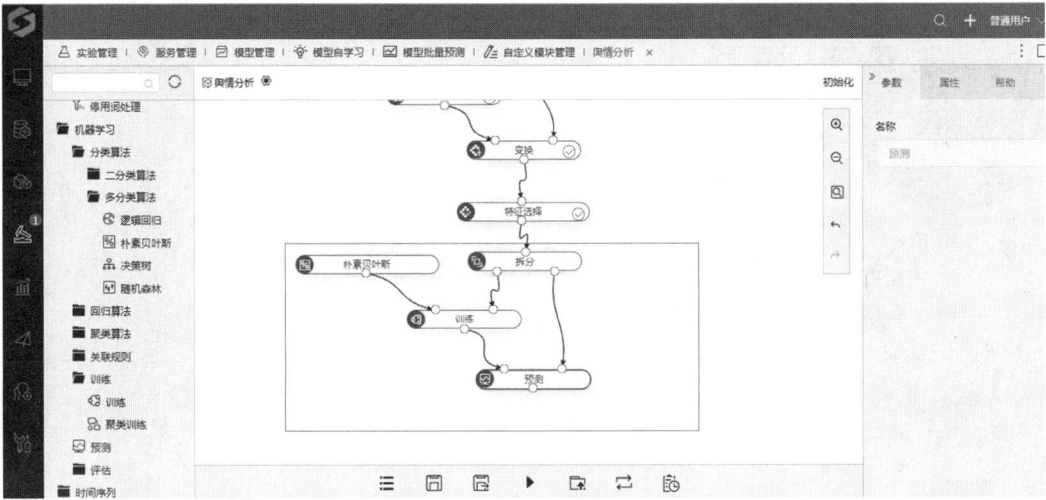

图 7-44　模型预测

图 7-45　查看预测结果

第八章

电子商务利润数据分析

章节目标

◦ 掌握电商利润数据分析基础知识。

◦ 掌握回归的分析方法。

◦ 能够熟练运用 Excel 表格进行利润数据分析。

◦ 能够运用回归法对销售额预测分析。

学习重点、难点

重点

◦ 电商利润数据的相关知识。

◦ 回归分析法的计算。

难点

◦ Excel 在电商利润数据分析中的应用。

◦ 回归法在利润数据分析中的应用。

本章思维导图（见图 8-1）

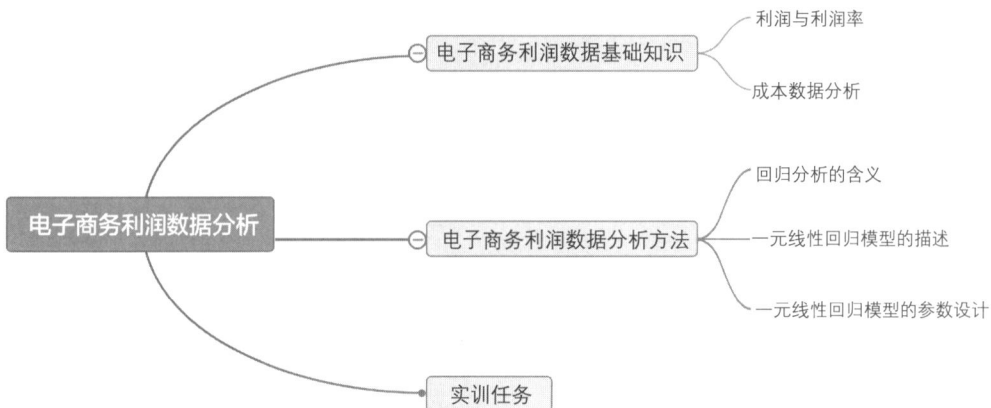

图 8-1　第八章思维导图

第一节　电子商务利润数据基础知识

一、利润与利润率

对于电子商务服务行业，特别是电子商务商家而言，掌握店铺利润数据是十分重要的。尤其是直观地理解利润和利润率。

（一）利润的含义

利润指的是成交金额与总成本的差额。其计算公式为

利润 = 成交金额 − 总成本

（二）利润率

利润率是利润与销售额或成本之间的比率，反映企业一定时期利润水平的相对指标。利润率既可以考核企业利润计划的完成情况，又可比较同一时期各企业之间和不同时期同一企业的经营管理水平。电子商务利润数据一般指的是销售利润率和成本利润率。

知识助手：销售利润率和成本利润率的解读

销售利润率和成本利润率用于衡量销售、成本等项目的价值转换的情况。其中销售利润率计算公式为

销售利润率 = 利润 ÷ 成交金额 ×100%

如果计算成本利润率，其计算公式为

成本利润率 = 利润 ÷ 总成本 ×100%

【例 8-1】表 8-1 表示玩具店铺近 3 个月利润与利润率情况，根据利润和利润率的相关知识补全表格中所缺数据。

表 8-1　玩具店铺数据

月份	成交量/个	平均成交价格/元	成交金/元	总成本/元	利润/元	销售利润率
1	856	154.70	132432.20	82574.00	49849.20	（2）
2	1005	156.40	157182.00	90630.00	66552.00	42.34%
3	695	134.30	93338.50	64448.00	（1）	30.95%

答案提示：（1）28890.50。
　　　　　（2）37.64%。

二、成本数据分析

店铺运营的根本目的和企业一样，都是为获得高额的利润，除了做好销售运营工作以外，成本控制也是关键。常见的成本包括商品成本、推广成本和固定成本。

（一）商品成本

商品成本包括商品进价和商品流通费。商品进价成本包括进货成本、税金等，商品

流通费包括物流成本、人工成本、损耗成本和其他成本等。

ⓘ 温馨提示

不同的进货渠道对商品成本有直接影响，如果在实体批发市场进货，人工成本更高；如果选择通过网络渠道批发商品，物流成本又会更高。具体选择货源时，除了应注意商品品质、货源是否充足等条件，产生的商品成本费用也是必须考虑的。

🐭 知识助手：商品进价成本与商品流通费的解读

商品进价成本是指企业购进商品的原始进价和购入环节交纳的税金。商品流通费是指企业在从事商品购进、调拨、储存、销售活动或提供劳务过程中所发生的费用支出。此外还要考虑商品在贮存和流通中的一点损耗。所以商品成本并不就是商品购进的简单成本。

【例8-2】表8-2为某店铺在当地实体批发市场和网上批发商城分别购进一批商品的情况。

表8-2　商品成本数据

渠道	进货成本（元）	人工成本（元）	物流成本（元）	损耗成本（元）	其他成本（元）
实体批发市场	5500.00	500.00	—	—	50.00
网上批发商城	1000.00	—	120.00	25.00	—

1.分别计算进货成本、人工成本、物流成本、损耗成本、其他成本在商品成本的比率。

（1）进货成本在整个商品成本中的占比为

（5500+1000）÷（5500+1000+500+120+25+50）×100%=90.34%

（2）人工成本在整个商品成本中的占比为

500÷（5500+1000+500+120+25+50）×100%=6.95%

（3）物流成本在整个商品成本中的占比为

120÷（5500+1000+500+120+25+50）×100%=1.67%

（4）损耗成本在整个商品成本中的占比为

25÷（5500+1000+500+120+25+50）×100%=0.35%

（5）其他成本在整个商品成本中的占比为

50÷（5500+1000+500+120+25+50）×100%=0.69%

2.分别计算不同渠道的进货成本消耗率，并做出分析。

（1）实体批发市场进货的进货消耗率为

（500+50）÷5500×100%=10.00%

（2）网上批发商城进货的进货消耗率为

（120+25）÷1000×100%=14.50%

分析：实体批发市场进货的成本消耗率相对于网上批发商城要低一些，除非实体批发市场没有满意的货源，否则都可以通过实体批发市场进货来减少成本损耗。

(i) 温馨提示

进货消耗率是指购进商品时伴随进货成本产生的其他所有成本与进货成本的比率。

（二）推广成本

推广成本（也叫营销费用）是指项目销售推广、物料包装，以及与营销相关的各类服务、维护保养、促销而发生的一切费用。如使用淘宝客、直通车、钻石展位等常规推广方式，以及参加各种平台组织的活动等，都会涉及推广成本。

【例8-3】表8-3表示某店铺直通车、淘宝客、钻石展位和其他推广成本的相关数据。

表8-3　某店铺推广成本的相关数据

推广方式	成本/元	交易金额/元	利润/元	成本利润率/%
直通车	358.25	756.50	398.25	52.64
淘宝客	649.35	1095.32	445.97	68.68
钻石展位	538.24	812.50	274.26	50.95
其他	252.34	405.54	153.20	60.71

分析：通过表8-3的数据分析，该店铺的这几种方式都获得了利润，但是相比较而言，4种推广方式中，直通车推广和淘宝客推广的成本利润率高一些，钻石展位和其他推广方式需要进一步优化。

(i) 温馨提示

不同方式的推广成本和交易金额数据均可以通过生意参谋的店铺流量功能来采集。

（三）固定成本

固定成本（又称固定费用）相对于变动成本，是指成本总额在一定时期和一定业务量范围内，不受业务量增减变动影响而能保持不变的成本。固定成本的特点是成本费用的变化频率低，变化幅度小。

✎ 视野拓展：你知道固定成本都包括什么吗？

主要包括办公场地的租金、工作人员的工资、设备折旧、网购平台的相关固定费用。

第二节　电子商务利润数据分析方法

一、回归分析的含义

回归分析是指对具有相关关系的变量，依据其关系形态，选择一个合适的数学模型，用来近似地表示变量间数量平均变化关系的一种统计方法（或称回归方程式）。回归分析的内容很多，按分析变量的多少不同，可分为一元回归分析与多元回归分析；按分析变量间的表现形态不同，可分为线性回归分析与非线性回归分析等。本节只讨论一元线性回归分析的有关理论和方法。

二、一元线性回归模型的描述

一元线性回归模型又称简单直线回归模型，它是分析具有线性相关关系的两个变量之间数量变动关系的数学表达式。

当 x 与 y 变量互为因果关系时，依据分析研究的目的不同，可建立两个直线回归方程式。

（1）y 对 x 的直线回归方程

$$\hat{y}=a+bx \tag{8-1}$$

式中，$\hat{y}$ 是因变量 y 的估计理论值；x 是自变量的实际值；a，b 是待定参数。

a，b 的几何意义是：a 为直线方程的截距，b 为斜率。其经济意义是：a 为当 x 为 0 时 y 的估计值；b 是当 x 每增加一个单位时 y 的平均增加量，b 也称 y 对 x 的回归系数。

（2）x 对 y 的直线回归方程

$$\hat{x}=a'+b'y \tag{8-2}$$

式（8-2）中 a' 与 b' 的意义相同于式（8-1）中的 a 与 b，只是 x 与 y 的位置互换而已。

当 x 与 y 变量只有单向的依存关系时，只能建立一个直线回归方程，一般是 y 对 x 的回归直线，即式（8-1）。

三、一元线性回归模型的参数估计

在相关图中，如果自变量与因变量对应的散布点近似为直线，或计算出的相关系数具有显著的直线相关关系，则可拟合一条回归直线。当然，我们拟合回归直线的目的是要找到一条理想的直线，用直线上的点来代表所有的相关点。统计理论已证明，用最小平方法配合的直线最具有代表性，是最佳线。

应用最小平方法配合直线，其基本要求是实际值与估计理论值的离差平方和为最小。用公式表示为

$$\sum(y-\hat{y})^2+\sum(y-a-bx)^2=最小值 \tag{8-3}$$

设

$$Q=\sum(y-a+bx)^2$$

则 Q 是两个待定参数 a，b 的函数。要使 Q 为最小值，就要用数学中对二元函数求极值的原理，求 Q 关于 a 和 b 的偏导数，并令其等于零，整理得出直线回归方程中求解参数 a 和 b 的标准方程组为

$$\begin{cases} \sum y = n\mathrm{a} + \mathrm{a}\sum x \\ \sum xy = \mathrm{b}\sum x + \mathrm{b}\sum x^2 \end{cases}$$

这就是求解参数 a，b 的二元一次方程组。解之即得求 a，b 的公式，如下所示

$$\begin{cases} b = \dfrac{n\sum xy - (\sum x)(\sum y)}{n\sum x^2 - (\sum x)^2} \\ \\ a = \dfrac{\sum y}{n} - b\dfrac{\sum x}{n} \end{cases} \qquad (8\text{-}4)$$

【例 8-4】现在以某地区 8 个同类工业企业 2019 年的有关月产量与生产费用的资料，编制相关表，如表 8-4 所示。

表 8-4　月产量与生产费用相关表

企业编号	月产量x/千吨	生产费用y/万元
1	1.2	62
2	2.0	86
3	3.1	80
4	3.8	110
5	5.0	115
6	6.1	132
7	7.2	135
8	8.0	160

现在用表 8-4 的资料，计算 8 个企业月产量与生产费用之间的相关系数。所需资料如表 8-5 所示。

表 8-5　相关系数计算表

企业序号	月产量x/千吨	生产费用y/万元	x^2	y^2	xy
1	1.2	62	1.44	3844	74.4
2	2.0	86	4.00	7396	172.0
3	3.1	80	9.61	6400	248.0
4	3.8	110	14.44	12100	418.0
5	5.0	115	25.00	13225	575.0
6	6.1	132	37.21	17424	805.2
7	7.2	135	51.84	18225	972.0
8	8.0	160	64.00	25600	1280.0
合计	36.4	880	207.54	104214	4544.6

由表 8-4、表 8-5 中资料得如下有关数据

$$r = \frac{n\sum xy - \sum x\sum y}{\sqrt{n\sum x^2 - (\sum x)^2}\ \sqrt{n\sum y^2 - (\sum y)^2}} = \frac{8\times 4544.6 - 36.4\times 880}{\sqrt{8\times 207.54 - 36.4^2}\ \sqrt{8\times 104214 - 880^2}}$$
$$= 0.9697$$

计算结果表明月产量和生产费用之间存在高度的正相关关系。

【例 8-5】现仍用表 8-4 某地区的 8 个同类工业企业 2019 年的有关月产量与生产费用

的资料为例，具体说明求解 a，b 值和建立直线回归方程的方法。

通过表 8-5 相关系数的测算，得知二者之间为高度的正相关关系，由此可建立 y 对 x 的直线回归方程。根据表 8-6 的资料求出所需的有关数据。

表 8-6　直线回归模型计算

企业序号	月产量 x/千吨）	生产费用 y/万元	x^2	xy	估计理论值 $\hat{y}$/万元
1	1.2	62	1.44	74.4	66.79
2	2.0	86	4.00	172.0	77.11
3	3.1	80	9.61	248.0	91.30
4	3.8	110	14.44	418.0	100.33
5	5.0	115	25.00	575.0	115.81
6	6.1	132	37.21	805.2	130.00
7	7.2	135	51.84	9720.0	144.19
8	8.0	160	64.00	1280.0	154.51
合计	36.4	880	207.54	4544.6	880.04

$$n = 8 \quad \sum x = 36.4 \quad \sum x^2 = 207.54 \quad (\sum x)^2 = 1324.96$$

$$\sum y = 880 \qquad \sum xy = 4544.6$$

将上述数据代入式（8-4），求解 a 和 b 的数值。

$$a = \frac{\sum y}{n} - b\frac{\sum x}{n} = \frac{880}{8} - 12.90 \times \frac{36.4}{8} = 51.31$$

$$b = \frac{n\sum xy - (\sum x)(\sum y)}{n\sum x^2 - \sum(x^2)} = \frac{8 \times 4544.6 - 36.4 \times 880}{8 \times 207.54 - 1324.96}$$
$$= 12.90$$

将 a 和 b 的数值代入式（8-1），得出生产费用对月产量的直线回归方程

$$\hat{y} = 51.31 + 12.90x$$

回归方程的实际意义是：a=51.31，是回归直线在 y 轴上的截距；b=12.9，表示月产量每增加一个单位（千吨），生产费用平均增加 12.9 万元。

回归直线确定后，将各企业的月产量依次代入方程式，即可求得各企业生产费用的理论值，将其填入表 5-4 中，以供绘制回归直线图和计算回归估计标准误差使用。例如

企业 1：$\hat{y} = 51.31 + 12.9 \times 1.2 = 66.79$（万元）

企业 2：$\hat{y} = 51.31 + 12.9 \times 2.0 = 77.11$（万元）

利用回归直线模型还可以进行预测。例如，某企业月产量预计可达 4000 吨，在其他条件相对稳定时，可预测其生产费用为

$$\hat{y} = 51.31 + 12.9 \times 4 = 102.91 （万元）$$

这里需要指出，一个直线回归方程只能做一种推算，不能进行另一种相反推算。即只能以自变量 x 推算因变量 y，而不能以 y 推算 x。如【例 8-4】所配合的直线回归方程，只能

在给定月产量时，来推算生产费用，不可给定生产费用来推算月产量。而在互为因果关系的变量之间，根据研究需要，可建立 y 对 x 的直线回归方程和 x 对 y 的直线回归方程，但此时的两个回归方程是两条不同的回归直线，具有不同的斜率和意义，只能给定自变量推算因变量。

第三节　实训任务

本章实训任务为预测"双十一"购物狂欢节销售额。

一、业务背景

电子商务的飞速发展给中国互联网市场带来了巨大的商机，B2C 市场竞争日益激烈。本文通过 2009—2019 年"双十一"购物狂欢节的销售额来学习如何预测这个数值。

本实训大致步骤如下。

第一，选择特征字段。从"双十一"成交额（亿元）、年份、ID 中选择关键的特征因子。

第二，"双十一"销售额预测模型的构建。通过采用机器学习中监督类的方法，如线性回归的方法，基于前一步寻找到的特征字段，训练得到"双十一"销售额预测模型，用于预测"双十一"的价格。

第三，效果评估。根据"双十一"实际销售额与预测得到的结果，评估预测模型的误差。

二、具体操作流程

（一）数据准备

第 1 步：新建实验，保存之后从左边数据源中拖拽"数据集"到中间"画布区"，并在右边参数区"数据集选择"中选择"双十一预测数据集"，如图 8-2 所示。

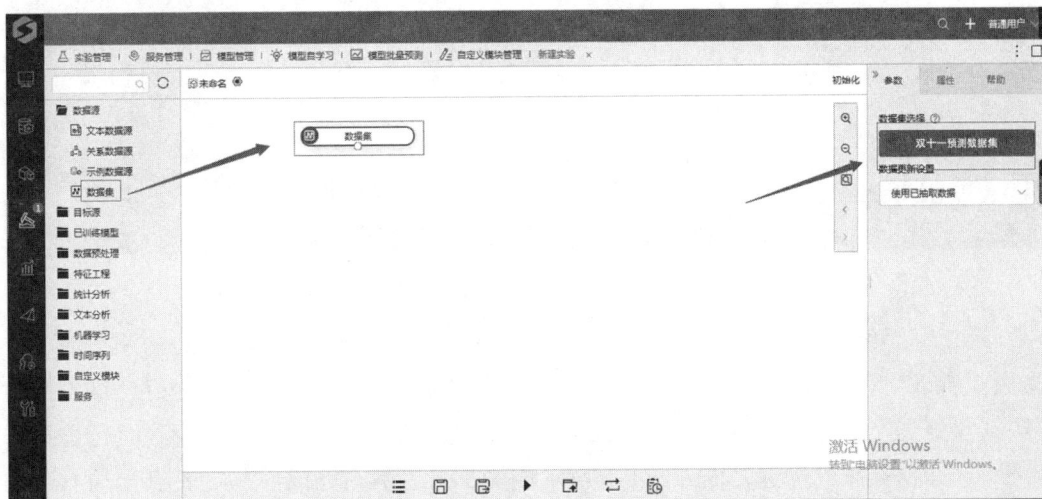

图 8-2　数据准备

第2步：运行之后，在"数据集"节点鼠标单击右键，选择"查看输出"，如图8-3所示，即可查看本数据集详细数据。

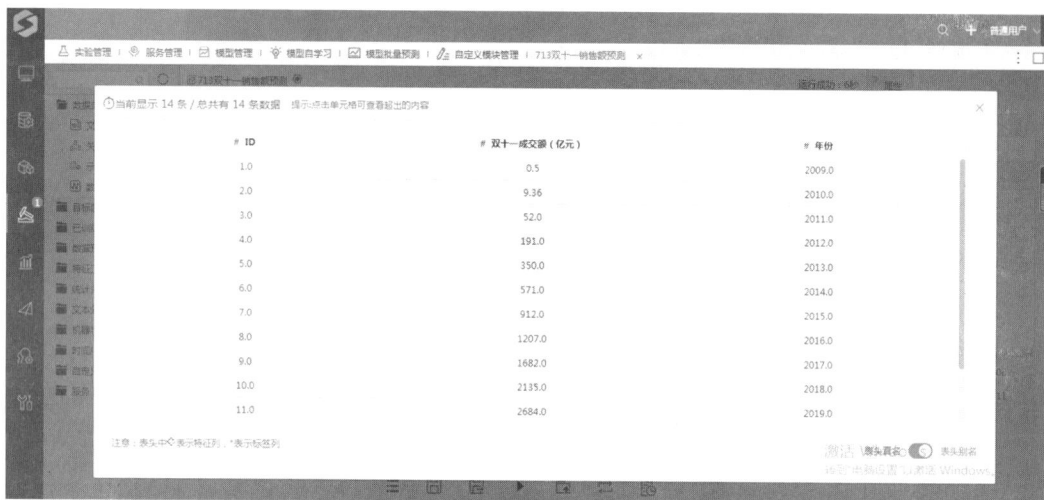

图8-3　查看详细数据

（二）建立模型

第1步：拖拽"特征工程"下的"特征选择"到画布区，与前面的节点建立关联，特征列选择ID，标签列选择"双十一"成交额，如图8-4所示。

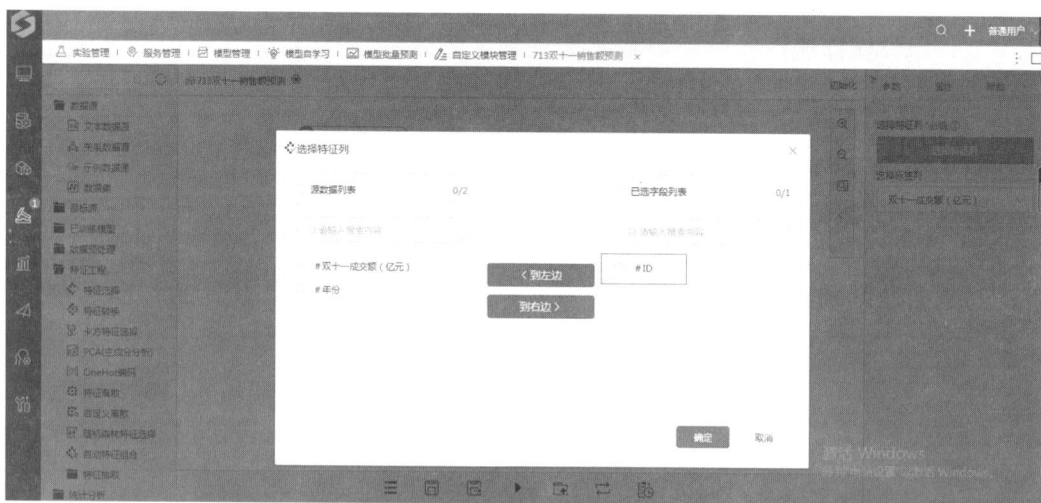

图8-4　特征选择

第2步：该模型是对前11年的"双十一"成交额进行训练，然后以此预测后面的成交额。所以上一节点运行成功之后对数据进行行选择，选择进行训练的行。首先拖拽"数据预处理"下的"行选择"，与前面的节点建立关联，点击右边参数区的"行选择条件"，选择根据条件筛选，输入图8-5所示相关配置参数，完成后一定要点击最右边的"+"号键才能生效。

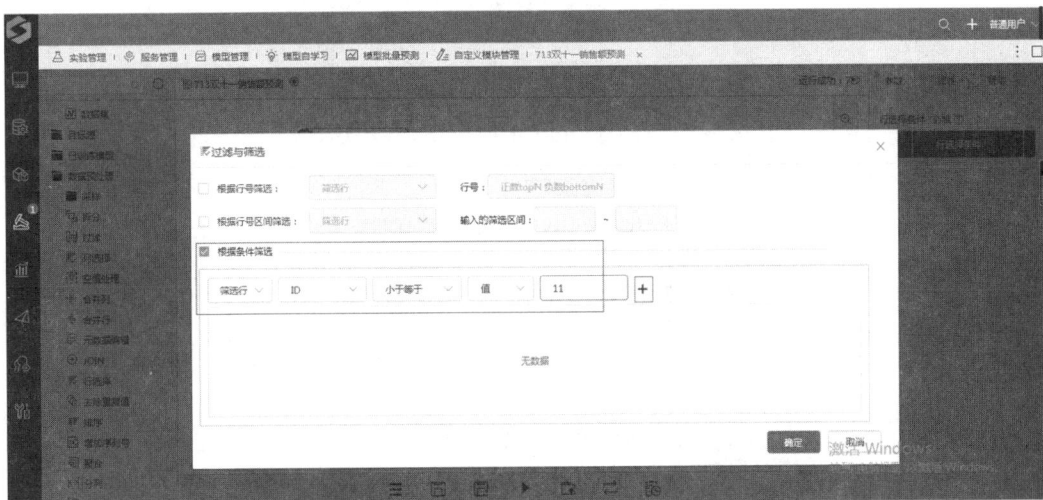

图 8-5　行选择

第 3 步：接下来我们进行算法的选择，通过采用机器学习中监督类的方法，如线性回归的方法，基于前一步寻找到的主要特征，训练得到"双十一"成交额预测模型，用于预测"双十一"未来的成交额。

选择算法节点："回归算法"—"线性回归"。

在左侧选择"机器学习"—"回归算法"中的"线性回归"节点，如图 8-6 所示。

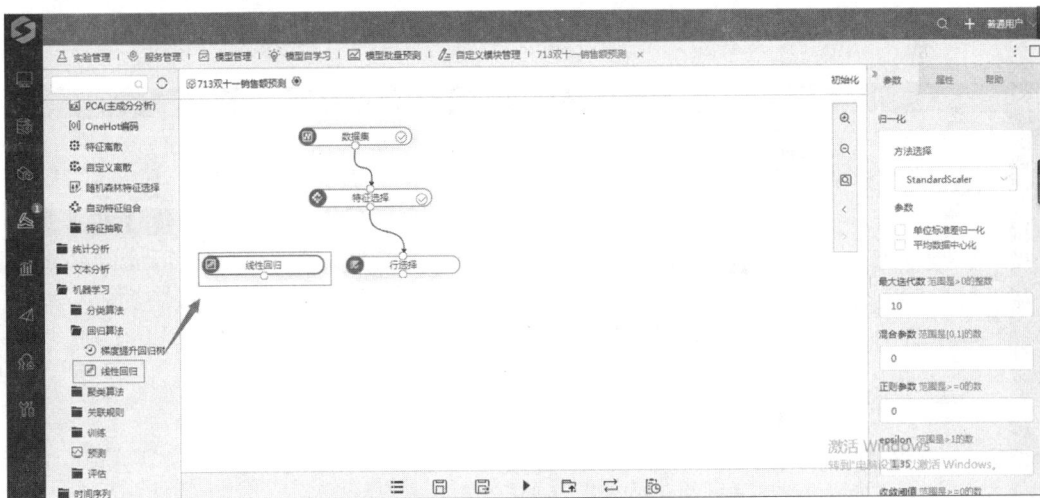

图 8-6　选择线性回归算法

线性回归算法相关参数说明如表 8-7 所示。

表 8-7 线性回归算法相关参数说明

参数		说明
归一化	方法选择	在拟合训练模型之前,是否标准化特征: Normalizer:范数归一化 StandardScaler:零均值标准化,该项系统默认值 MinMaxScaker:最大一最小归一化 MaxAbsScaler:绝对值规范化
	参数	单位标准差归一化:数据减去均值再除以标准差 平均数据中心化:数据减去均值
最大迭代数		算法的最大迭代次数,达到最大迭代次数即退出。参数范围是≥0的正整数,默认值为10。注:最大迭代次数的值越大,模型训练越充分,但会耗费更多时间
混合参数		惩罚类型,参数范围为[0,1]的数。其中:0表示L2惩罚,1表示L1惩罚,0~1表示L1和L2惩罚的结合 默认值为0
正则参数		正则项系数。参数范围为大于等于0的数 默认值为0
epsilon		空值算法模型的健壮性 参数范围为>1的数 默认值为1.35
收敛阈值		收敛误差值,参数范围为≥0的数 默认值为0.000001
损失函数		可待优化的损失函:squaredError表示平方误差,huber也是一种损失函数

第4步:这里的参数配置一般我们采用系统默认的即可,不过大家可以自行调高一点最大迭代数,比如设置成40、50等。

选择"机器学习"中的"训练",训练方法是线性回归,同时引入训练集,如图8-7所示。

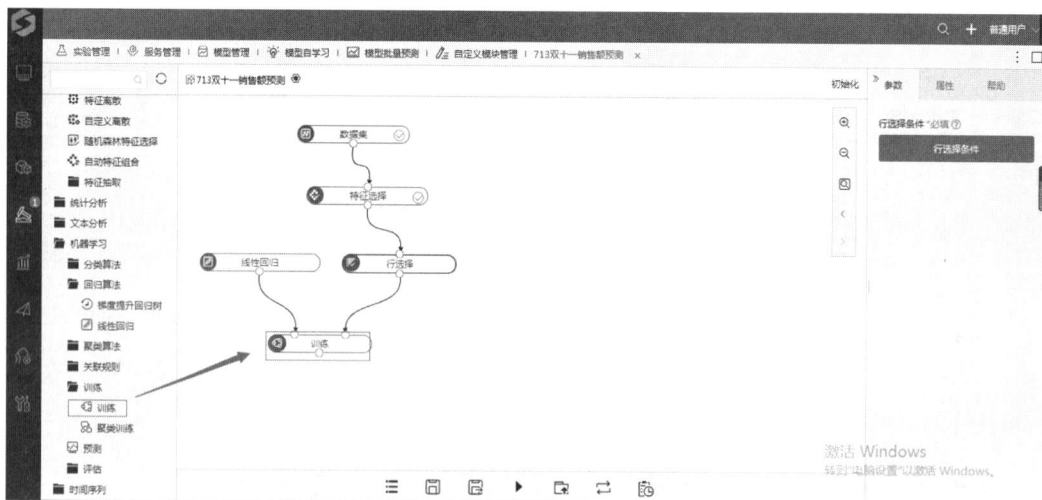

图 8-7 训练

第5步:运行成功之后从左边拖拽"机器学习"—"评估"下的"模型系数"到中间"画布区",如图8-8所示。运行成功之后点击右键可以"查看输出",显示模型的参数信息,如图8-9所示。

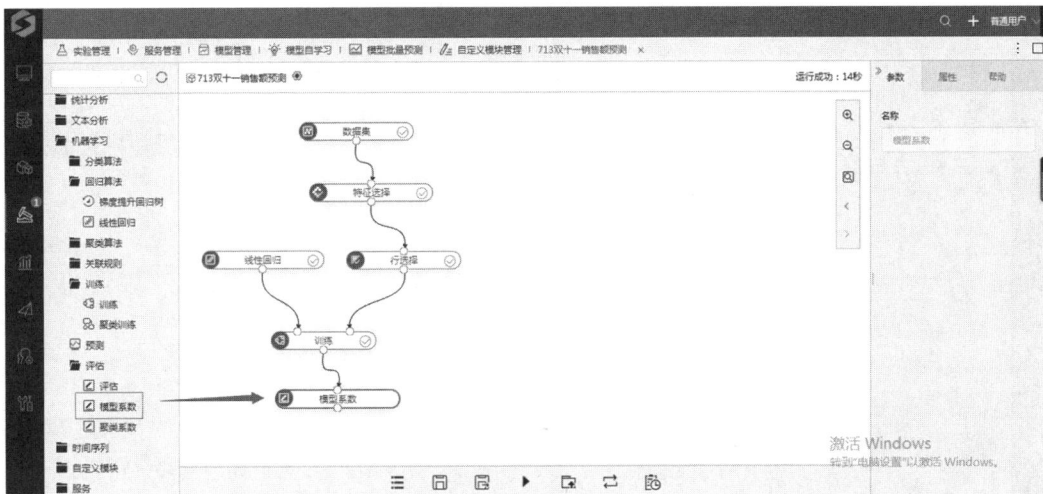

图 8-8　模型系数

图 8-9　参数信息

第 6 步：接下来我们对后面年份的"双十一"销售额进行预测，拖拽"数据预处理"下的"行选择"，与前面的节点建立关联，如图 8-10 所示。点击右边参数区的"行选择条件"，选择根据条件筛选，输入 ID ≥ 11，完成后一定要点击最右边的"+"号键才能生效，如图 8-11 所示。

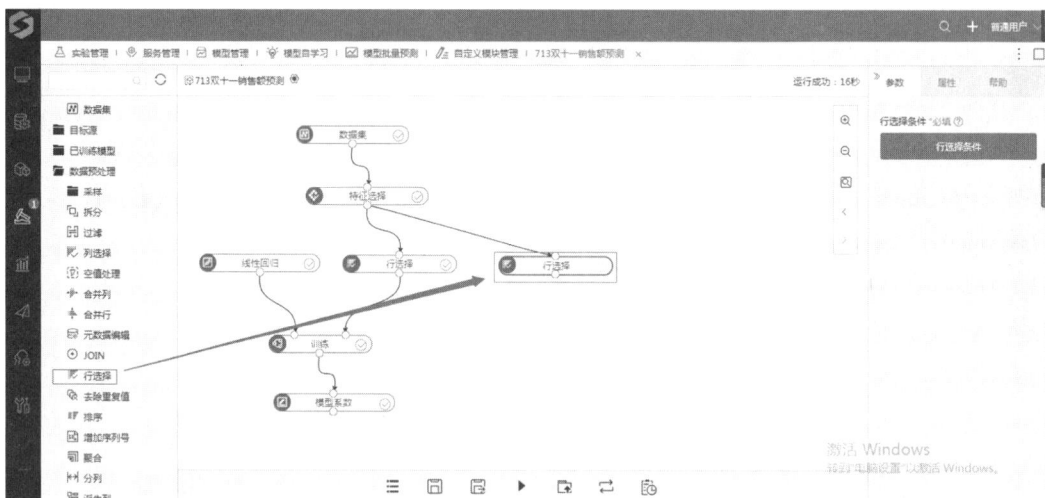

图 8-10　行选择

图 8-11　筛选条件

第 7 步：最后根据前面建立的训练模型预测"双十一"销售额，拖拽"机器学习"下的"预测"节点到画布区，于前面的节点建立关联，如图 8-12 所示。

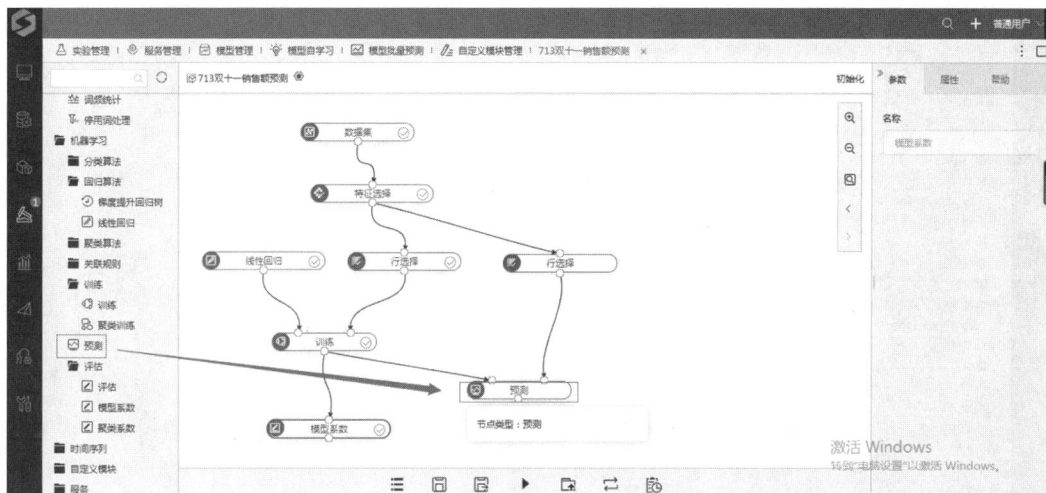

图 8-12 预测

第 8 步：运行成功之后可以点击右键"查看输出"，查看具体的预测结果，如图 8-13 所示。

图 8-13 预测结果

（三）评估

从左边拖拽"机器学习"—"评估"下的"评估"到中间"画布区"，如图 8-14 所示。运行成功之后点击右键可以查看输出，检测回归模型的可靠性，如图 8-15 所示。

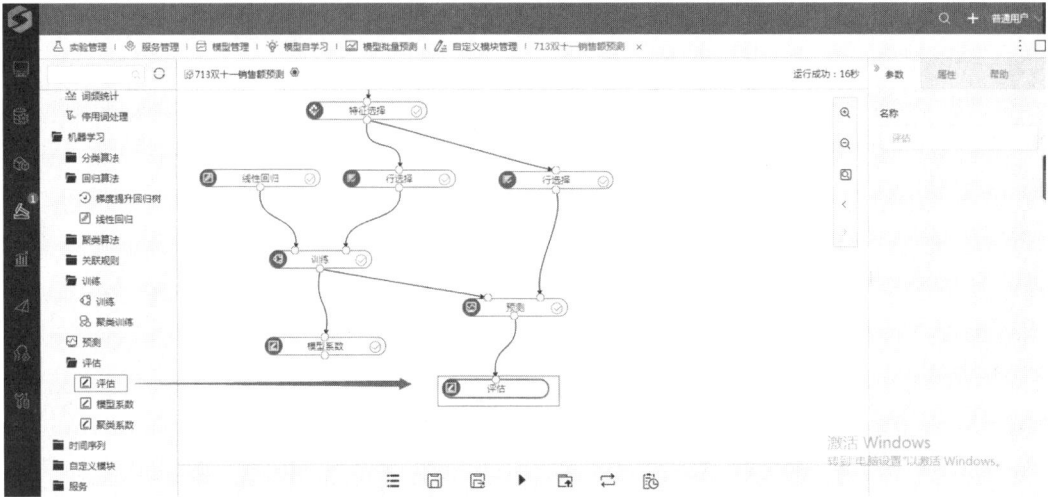

图 8-14　评估

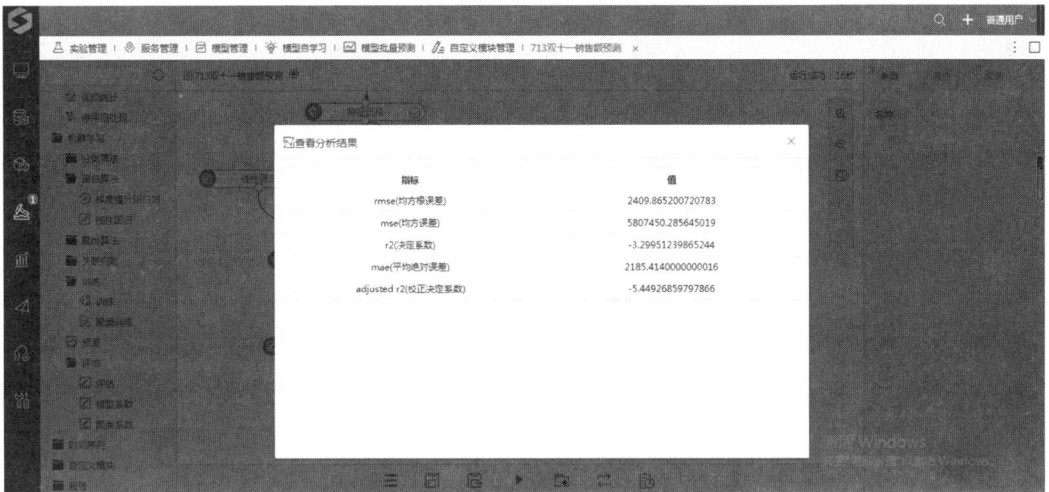

图 8-15　查看输出

第九章

电子商务数据可视化

▶ **章节目标**

◦ 掌握电子商务数据可视化的意义。

◦ 掌握电子商务数据可视化的步骤。

◦ 掌握电子商务数据可视化的种类。

◦ 能够熟练运用 Excel 进行电子商务数据可视化的图表的制作。

◦ 能够运用商业智能平台进行电子商务数据可视化的图表的制作。

▶ **学习重点、难点**

重点

◦ 电子商务数据可视化图表。

◦ 电子商务数据可视化方法。

难点

◦ 电子商务数据可视化图表制作。

◦ 商业智能平台可视化应用。

▶ **本章思维导图**（见图9-1）

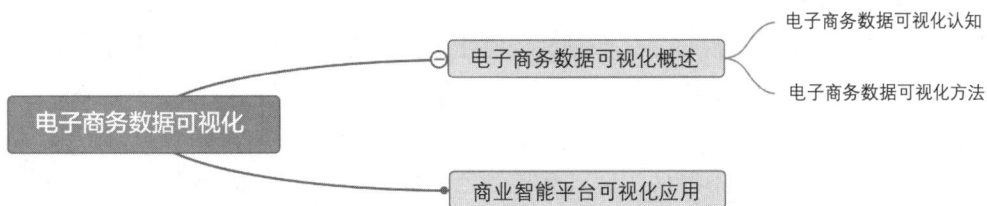

图 9-1 第九章思维导图

第一节　电子商务数据可视化概述

一、电子商务数据可视化认知

电子商务数据可视化可以借助人脑的视觉思维能力，帮助人们理解大量的数据信息，并深入了解其细节层面的内容，发现数据中隐含的规律，查找、分析及揭示数据背后的事实，从而提高数据的使用效率和决策的正确性。

（一）电子商务数据可视化的意义

在生活和工作中，一张图片所传递的信息往往比很多文字更直观、更清楚。所谓"字不如表，表不如图"，图表的重要性可见一斑。统计分析产品、用户画像等方面都需要从业者具备优秀的数据可视化能力。现在常见的如"一图看懂××"等信息交流方式，都是用图表来传递信息的，这是典型的数据可视化成果。

商务数据图表的另一个优势就是可以通过更简单的逻辑和视觉体验让用户快速把握要点，通过图表能够一眼看出哪个月的销量或者销量增幅最高，而不用将每个数字都放到大脑中进行比较，否则无法得到很直观的结果。大脑的视觉系统可以迅速地识别、存储、记忆图形信息，本能地将图形信息中的理念转化为长期记忆。

商务数据可视化还可以改变我们解读世界的方式，相同的数据、不同的表达方式就能产生不同的效果。在展现商务数据时，一张清晰而又独特的数据图能够让别人更加直观且准确地理解我们所要表达的信息和意图，同时也可以让信息表达看上去更加具有说服力，让商务数据的价值最大化。

🖰　知识助手：你知道电子商务数据可视化还有哪些现实意义吗？

对电商数据进行可视化处理，既可以提高阅读效率，也符合人类的生理本性。电商用户可以利用图像、曲线、二维图形、三维动画等可视化方式来表现商务数据，可以对数据的模式和相互关系进行可视化分析，从而传递出更多的信息，同时也可以提高商务数据的视觉吸引力和说服力。

（二）电子商务数据可视化的视觉效果

创造外观精美的可视化商务数据对设计人员来说是一种挑战。优秀的商务数据内容表达不仅仅是简单的图文混排，还必须在视觉上能够表达出数据的主旨，这就要求在进行视觉设计前必须了解数据内容的框架，同时掌握一定的技巧。

要想呈现出良好的商务数据可视化视觉效果，可以从以下 10 个方面进行提升。

（1）色彩：图表建议不要使用超过 5 种颜色，色彩使用要收敛，仅仅用于突出关键信息。

（2）字体：所有文字必须字体清晰、大小合适，适用于用户快速选择信息。

（3）版式：要提供符合逻辑的层级，引导用户进行信息阅读，尽可能让图表元素保持对齐，从而保证视觉一致。

（4）标注：谨慎使用标注，仅用于标注关键信息。

（5）留白：要保持足够的留白空间（如果信息量太大，整体看起来会很杂乱）。

（6）插图：插图必须符合主题基调，能够提高内容传达效率，否则没有插图的必要。

（7）图标：简约、易懂且具有普遍性，其作用主要是为了便于内容理解。

（8）数据：一组数据对应一份图表就足够了，不要画蛇添足。

（9）比例：确保数据可视化设计中的组成元素比例得当，以便于用户快速阅读。

（10）简约：避免不必要的设计，如文本的3D效果、装饰性的插图和毫无关联的元素等。

二、电子商务数据可视化方法

将数据生成生动、形象的图表，不仅可以增强数据的可读性，还可以根据数据图表发现隐藏在数据背后的各种重要信息。下面我们将从可视化的步骤与可视化图表类型两个方面来介绍电子商务数据可视化的方法。

（一）电子商务数据可视化的步骤

对电子商务数据进行可视化处理，一般可以按照以下4个步骤来进行。

1.明确数据可视化的需求，寻找数据背后的故事

在开始创建一个商务数据可视化项目时，首先需要明确数据可视化的需求是什么。设计人员可以先试着回答一个问题：这个可视化项目能够怎样帮助用户？设计人员思考这个问题，可以避免在数据可视化设计中出现一个常见的问题：把一些不相干的数据放在一起进行比较。

在确定可视化项目的目标之后，还要经过整理、分组与理解信息，寻找其中进行可视化的可能性，同时需要通过观察与比较，总结信息之间的关系，建立起基本的数据关系结构，然后思考如何利用含义清晰的视觉元素将这些数据包装成为更加有趣的"故事"。

2.为数据选择正确的可视化类型

在确定需求之后，就可以为数据选择一个正确的可视化类型。有些设计人员会选择使用不同类型的图表来实现相同的目标，但实际上这种做法并不值得借鉴。数据可视化的效率很高，但前提是必须准确运用，并能够精确地传达数据。不同类型的数据，有其最适合的某种图表类型，如果设计人员选用一个错误的类型去展现，就很容易造成误解。

3.确定最关键的信息指标并给予场景联系

高效的数据可视化不仅取决于信息可视化的类型，还取决于某种平衡：既要保证总体信息的通俗易懂，同时也要在某些关键点上有所突出：既能提供深刻、独家的信息解读，也能提供合适的场景进行上下文的联系，从而更加合理地架构数据。

设计人员不需要把"故事"讲完，也不需要全篇进行说教，而需要通过设计让数据最大限度地彰显出它的价值，同时引导用户自己得到相应的结论。

4.为内容而设计，优化展现形式

如果设计形式很糟糕，即使"故事"再美好，数据再有吸引力，用户也不会被其吸

引。因此，优秀的设计形式同样是一个很关键的方面，它可以帮助设计人员高效地将信息进行转换，利用精美的外观来吸引用户阅读。

视野拓展：你知道优秀的设计通常具有哪些特点吗？

（1）一致性：所有的相关元素应在视觉上保持一致。

（2）清晰性：逻辑结构清晰，用户可以方便地使用导航，找到自己所需要的内容。

（3）愉悦性：设计内容在视觉上应当富有吸引力，同时能够反映出基调和主观态度，让用户在阅读时能够保持比较轻松的心态。

（4）遵循内部语言：在传达重点、宣传方式上要"因地制宜"，需要参考品牌内部的设计语言，保持品牌和设计风格的一致性。

（二）电子商务数据可视化图表

Excel 是目前使用最广泛的数据可视化工具之一，它基本包含了所有常用的图表。除此之外，还有许多在线的数据可视化工具，如 ECharts、Dydata、Plotly、Ggplot2、Tableau、Raw、Infogram、ChartBlocks、JpGraph，基于 JavaScript 的 D3.js、Chart.js、FusionCharts、JavaScript InfoVis Toolkit 等。

知识助手：你知道可视化图表可分为哪几种类型吗？

常用的数据可视化图表分为反映发展趋势、反映比例关系、反映相关性、反映差异化、反映空间关系，以及反映工作流程等可视化类型。

1. 反映发展趋势的可视化图表

反应发展趋势的可视化图表通过图表来反映事物的发展趋势，让人们一眼就能看清趋势或走向。常见的表现随时间变化趋势的图表类型有柱形图、折线图和面积图等。

（1）柱形图是以宽度相等的条形高度的差异来显示统计指标数值大小的一种图形，如图 9-2 所示。按照时间绘制柱形图，可以反映事物的变化趋势，如某个指标各时段的变化趋势，也可以按照其他维度，如区域、机型、版本等来反映事物的分布情况。

（2）折线图是点和线连在一起的图表，可以反映事物的发展趋势和分布情况，如图 9-3 所示。与柱形图相比，折线图更适合展现增幅、增长值，但不适合展现绝对值。

（3）面积图是通过在折线图下加上阴影的面积大小来反映事物的发展趋势和分布情况，如图 9-4 所示。

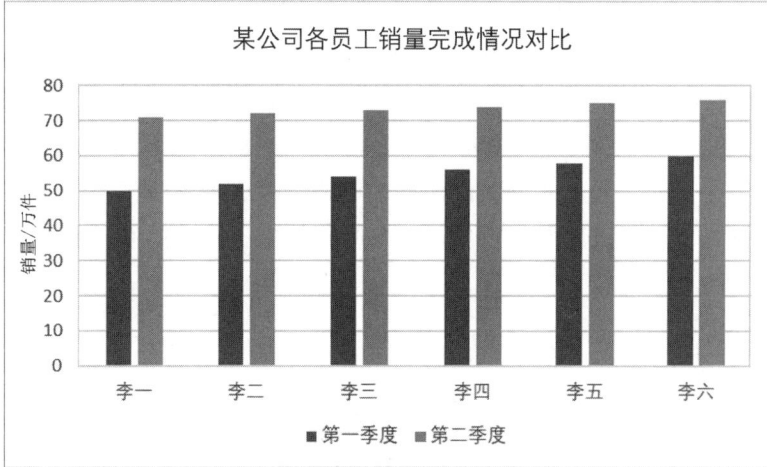

图 9-2　柱形图

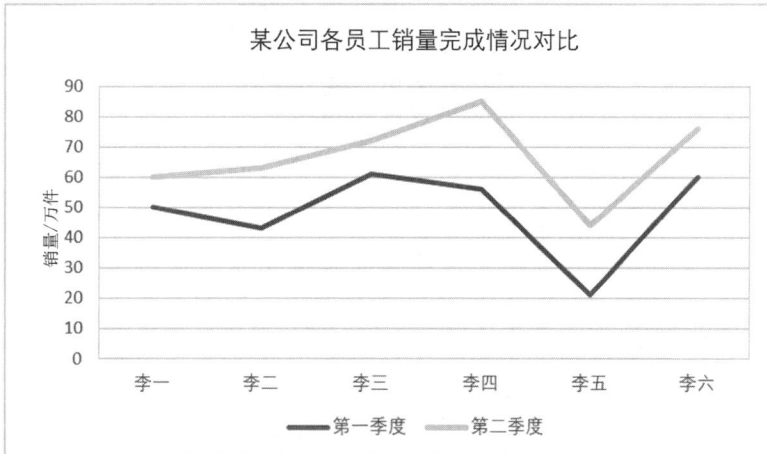

图 9-3　折线图

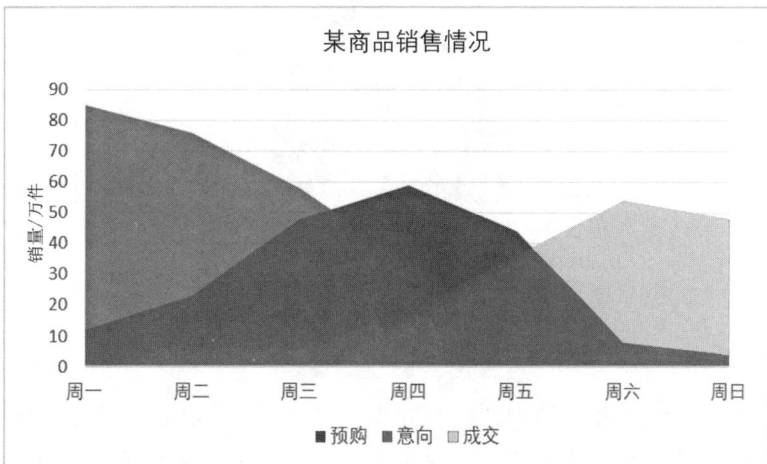

图 9-4　面积图

2.反映比例关系的可视化图表

反映比例关系的可视化图表是通过不同的面积大小、长短等反映事物的结构和组成，从而让用户知道什么是主要的，什么是次要的。常见的反映比例关系的图表类型有饼图、旭日图、瀑布图等。

饼图是将一个圆饼分为若干份，用于反映事物的构成情况，显示各个项目的大小或比例的图表，如图 9-5 所示。饼图适合展现简单的占比比例，在不要求数据精细的情况下使用。

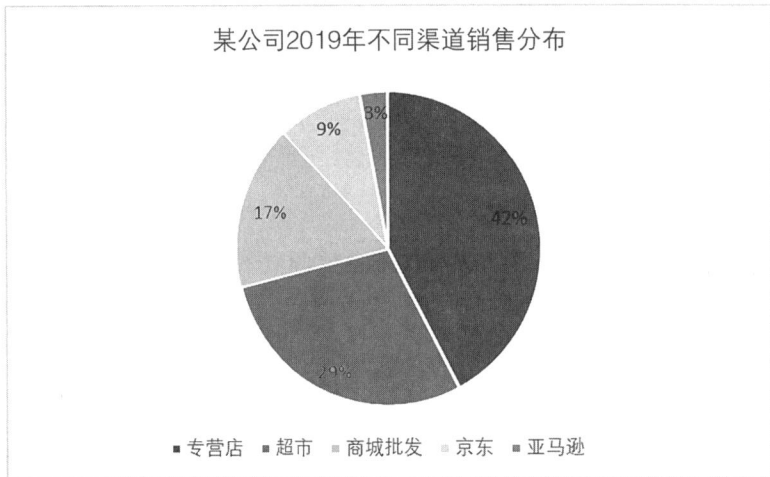

图 9-5　饼图

旭日图有多个圆环，可以直观地展示事物组成部分下一层次的构成情况，如图 9-6 所示。

图 9-6　旭日图

瀑布图采用绝对值与相对值相结合的方式，用于表达特定数值之间的数量变化关系，最终展示一个累计值，如图 9-7 所示。瀑布图能够反映事物从开始到结束经历了哪些过程，用于分解问题的原因或事物的构成因素。例如，某企业想了解项目的收支情况如何，就可以通过瀑布图分解每个收入与支出组成部分所做的贡献，找出哪一组成部分提升了收入，哪一组成部分降低了收入。

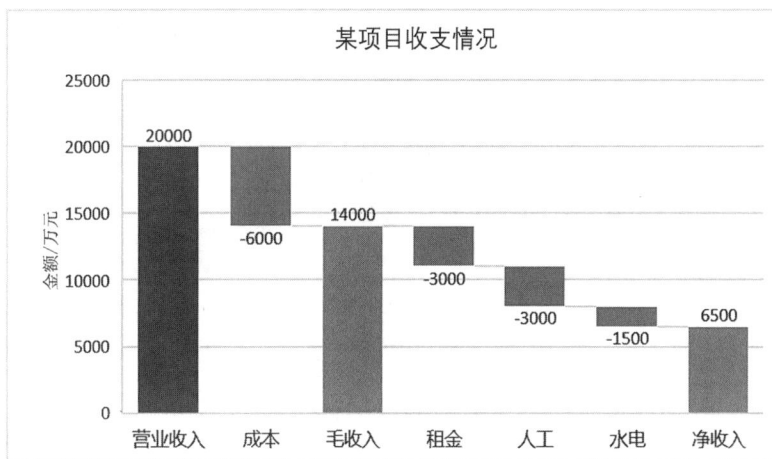

图 9-7　瀑布图

3. 反映相关性的可视化图表

反映相关性的可视化图表通过图表来反映事物的分布或占比情况，从而展示事物的分布特征、不同维度间的关系等。常见的反映相关性的图表类型有散点图、气泡图、热力图、词云图等。

（1）散点图主要反映若干数据系列中各个数值之间的关系，类似 X 轴、Y 轴，判断两个变量之间是否存在某种关联，如图 9-8 所示。此外，通过散点分布还可以看出极值的分布情况。

（2）气泡图通过气泡面积大小来表示数值的大小，与散点图相比多了一个维度，如图 9-9 所示。

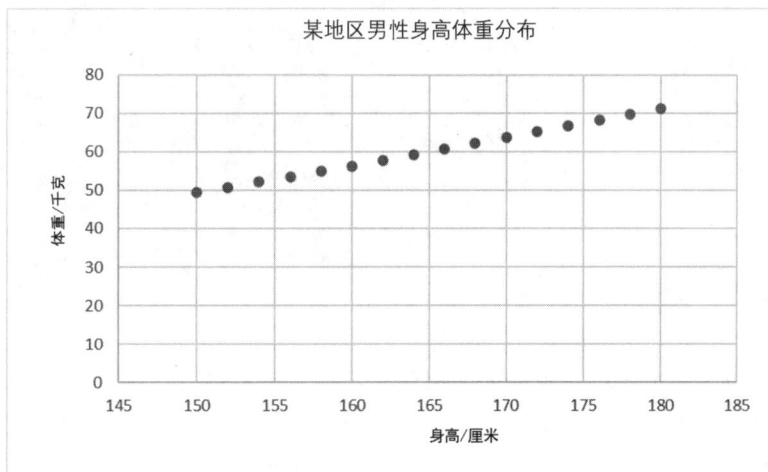

图 9-8　散点图

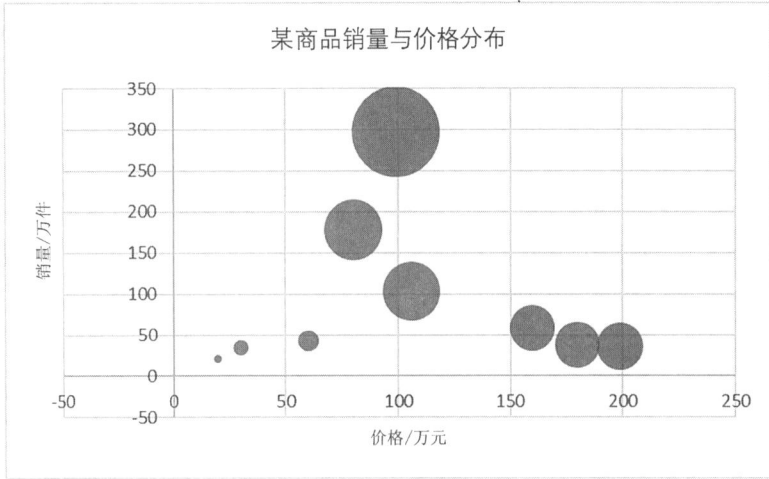

图 9-9　气泡图

（3）热力图是以特殊高亮的形式显示访客热衷的页面区域和访客所在地理区域的图示。此外还有城市热力图，例如，百度地图热力图是用不同颜色的区块叠加在地图上实时描述人群分布、密度和变化趋势的一个产品，是基于百度大数据的一个便民出行服务。如图 9-10 所示。

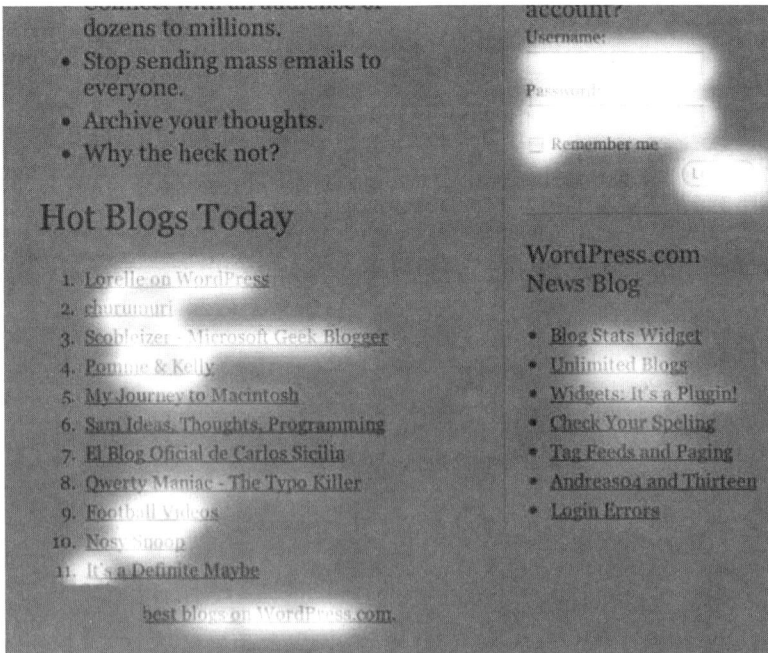

图 9-10　热力图

（4）词云图主要用于描述事物的主要特征，要求能够让人一眼就看出一个事物的主要特征，越明显的特征越要突出显示，如图 9-11 所示。同时，象形的词云图，如轮廓是一个人、一只鸟等，用于反映事物的主题，这样会更形象、更生动。此外，词云图还可以显示词汇出现的频率，可以用于制作用户画像、用户标签等。

图 9-11　词云图

4.反映差异化的可视化图表

反映差异化的可视化图表通过对比来发现不同事物之间的差异和差距，从而总结出事物的特征。常见的反映差异化的图表类型是雷达图。

雷达图主要展现事物在各个维度上的分布情况，从而看出事物在哪些方面强、哪些方面弱。例如，一个运动员各方面能力的得分可以通过雷达图清晰地表达出来，让用户一眼就能看出这个运动员哪方面能力强，哪方面能力弱，如图 9-12 所示。此外，一个产品在各个评价维度上的评分也可以通过雷达图来进行展现。

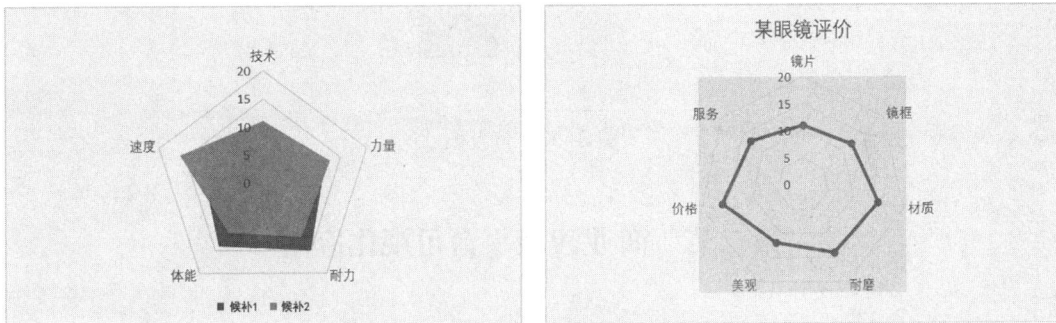

图 9-12　雷达图

5.反映空间关系的可视化图表

反映空间关系的可视化图表通过地图来反映事物的地理分布情况或用户的出行轨迹。常见的反映空间关系的图表类型有全球地图、中国地图、省市地图、街道地图、地理热力图等。

地图可以形象地反映事物在地理上的分布情况及人群迁徙情况，主要包括地理分布图（全球、全国、各省市等）、迁徙图、热力地图等。热力地图主要反映地理、点击热力分布情况,从而看出哪里是人群最多的地方,哪里是用户点击最多的地方等,可以反映用户出行习惯、使用习惯等。

6. 反映工作流程的可视化图表

反映工作流程的可视化图表通过图表来反映工作流各个环节的关系,可以帮助管理者了解实际工作活动,消除工作过程中多余的工作环节,合并同类活动,使工作过程更加经济、合理和简便,从而提高工作效率。常见的反映工作流程的图表类型是漏斗图。

漏斗图主要用于反映关键流程各个环节的转化情况,让人们一眼看清整个流程的转化情况。通过分析各个环节的转化情况,能够发现问题所在,从而找准改进的方向。

在电商数据分析过程中,漏斗图不仅能够展示用户从进入网站到实现购买的转化率,还可以展示每个销售环节的转化率,能够帮助卖家直观地发现问题,如图9-13所示。

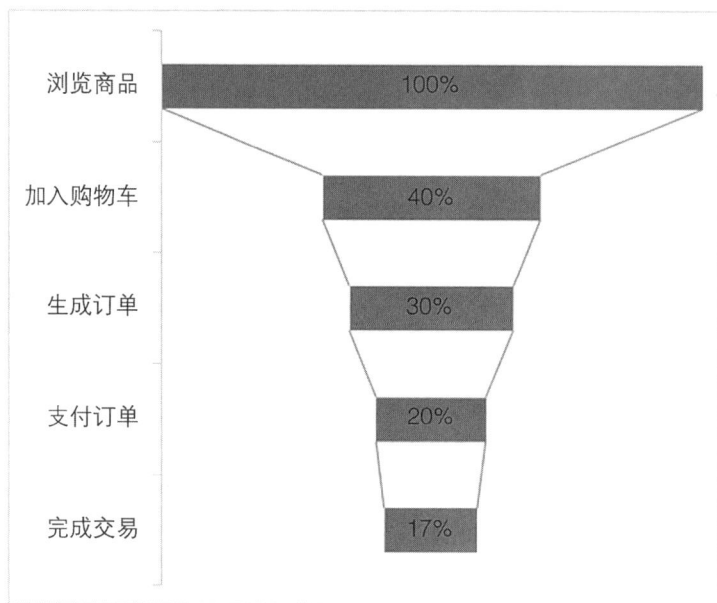

图9-13 漏斗图

第二节　商业智能平台可视化应用

一、实训任务一:商业智能平台电子商务数据报表制作

商业智能平台可根据用户需求实现电子商务报表的制作,主要分为即席查询和透视分析两种方法。其中即席查询在业务中通常用于满足明细数据的查询需要;透视分析采用"类Excel数据透视表"的设计,使多维分析不再需要建立模型,就能够组合维度、汇总计算、切片、钻取,洞察数据。

（一）即席查询

1.即席查询概述

在数据仓库领域有一个概念叫 Ad hoc queries，中文一般翻译为"即席查询"。即席查询是指那些用户在使用系统时，根据自己当时的需求定义的查询。即席查询生成的方式很多，最常见的就是使用即席查询工具。一般的数据展现工具都会提供即席查询的功能。通常的方式是，将数据仓库中的维度表和事实表映射到语义层，用户可以通过语义层选择表，建立表间的关联，最终生成 SQL 语句。即席查询与通常查询从 SQL 语句上来说，并没有本质的差别。它们之间的差别在于，通常的查询在系统设计和实施时是已知的，所以我们可以在系统实施时通过建立索引、分区等技术来优化这些查询，使这些查询的效率很高。而即席查询是用户在使用时临时生产的，系统无法预先优化这些查询，所以即席查询也是评估数据仓库的一个重要指标。即席查询的位置通常是在关系型的数据仓库中，即在 EDW 或者 ROLAP 中。多维数据库有自己的存储方式，对即席查询和通常查询没有区别。在一个数据仓库系统中，即席查询使用得越多，对数据仓库的要求就越高，对数据模型的对称性的要求也越高。对称性的数据模型对所有的查询都是相同的，这也是维度建模的一个优点。

知识助手：即席查询能够满足的用户需求

即席查询在业务中通常用于满足明细数据的查询需要。

场景 1：提供自助化的操作界面，用户基于语义层（或数据源）可以在权限受控下自主定义筛选条件（及其显示格式），以及选择需要的具体字段。

场景 2：允许用户通过简单的鼠标勾选数据字段与查询条件快速获得所需数据，并提供聚合计算、告警规则、重定义表关系、改变条件组合逻辑等高级功能。

2.即席查询示例

即席查询的特点为易用、快速、即查即得，非常适用于业务分析人员根据需要制定相应的自定义统计报表。即席查询示例如图 9-14 所示。

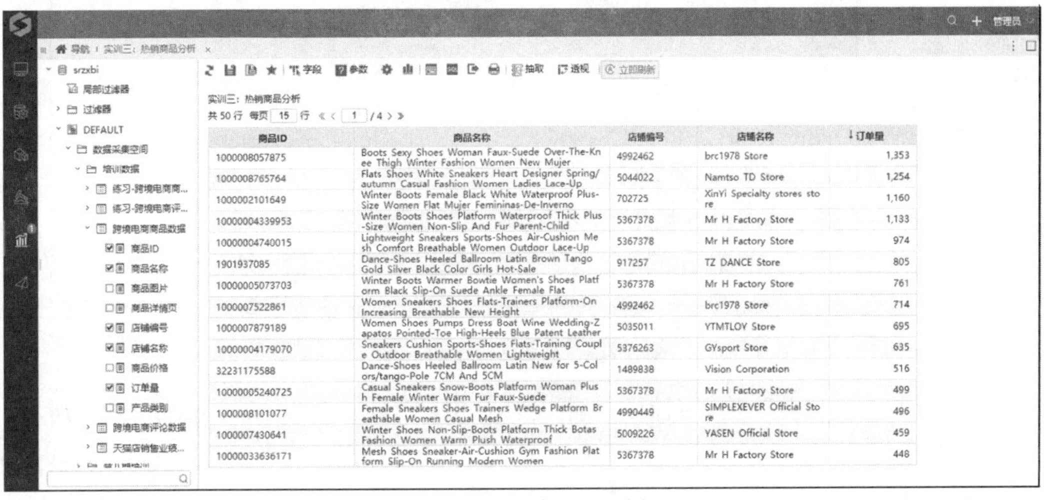

图 9-14　即席查询示例

3. 即席查询界面介绍

即席查询主要涉及两个界面。

（1）初始界面

任选其一入口，如在"分析展现"界面主菜单选择"即席查询"，通过"新建即席查询"功能进入即席查询定制界面，如图 9-15 所示。

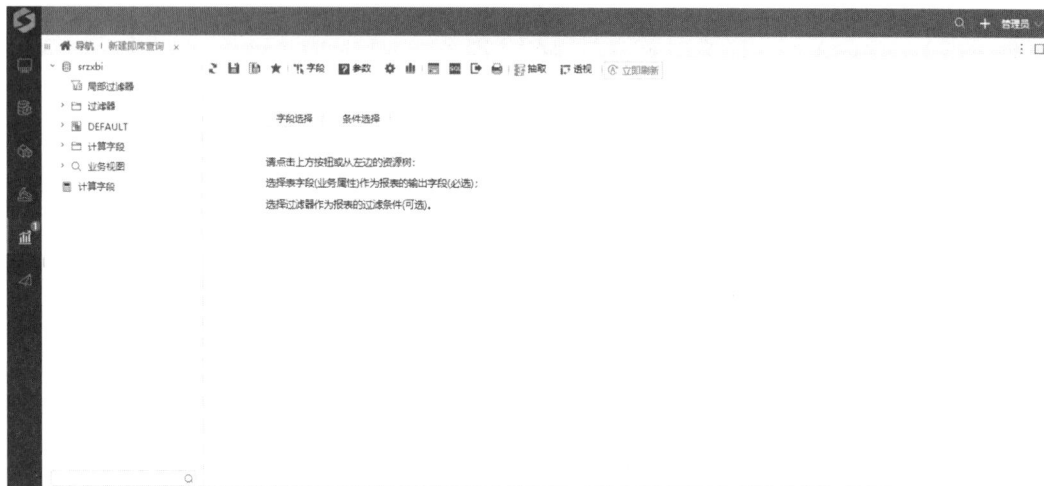

图 9-15　即席查询初始界面

（2）设计界面

一旦勾选确定了即席查询的字段则显示了即席查询的设计界面，如图 9-16 所示。

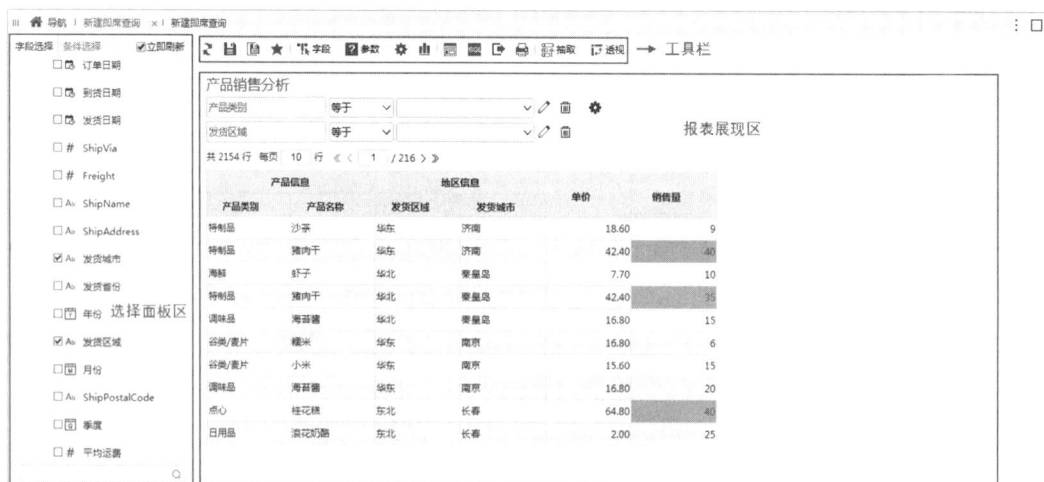

图 9-16　即席查询设计界面

该设计界面主要分为选择面板区、报表展现区、工具栏 3 个区，详情如表 9-1 所示。

表 9-1　即席查询设计界面划分详情

区域	说明
选择面板区	以页签的形式分别显示"字段选择"和"条件选择"面板： 1.字段选择：用于在"业务主题"树或"数据源"树下，选择当前即席查询需要分析的字段 2.条件选择：用于在条件树下选择当前即席查询需要设置的条件 3.该区的"自动更新"项：用于设置选择字段后系统是否立即自动更新数据；若未勾选该项，则需要用户手工更新
报表展现区	该区以报表形式构建并展现所选的字段和条件；显示了报表的所有元素及设计效果，且支持相应的操作
工具栏	该区集合了当前即席查询的存储、设计、数据处理等功能按钮

4. 即席查询定义流程

在实际工作中，通常需要通过清单表来对数据进行统计汇总分析，并且辅以条件筛选、告警、数据格式显示等功能，此时我们可以定制即席查询来满足这类数据分析的业务需求。即席查询的定义流程如图 9-17 所示。

图 9-17　即席查询定义流程

5. 定制即席查询

进入商业智能实训平台，在"分析展现"模块中选择"即席查询"选项，为新建即席查询做准备，如图 9-18 所示。

图 9-18　新建即席查询

选择数据来源是即席查询定义的数据基础，即席查询支持的数据来源包含：数据源和业务主题两种方式。例如，此处我们选择的是系统所内置的一个跨境电商商品数据，在"数据源"—"srzxbi"中，在"选择数据源"对话框中双击"srzxbi"即可，如图 9-19 所示。

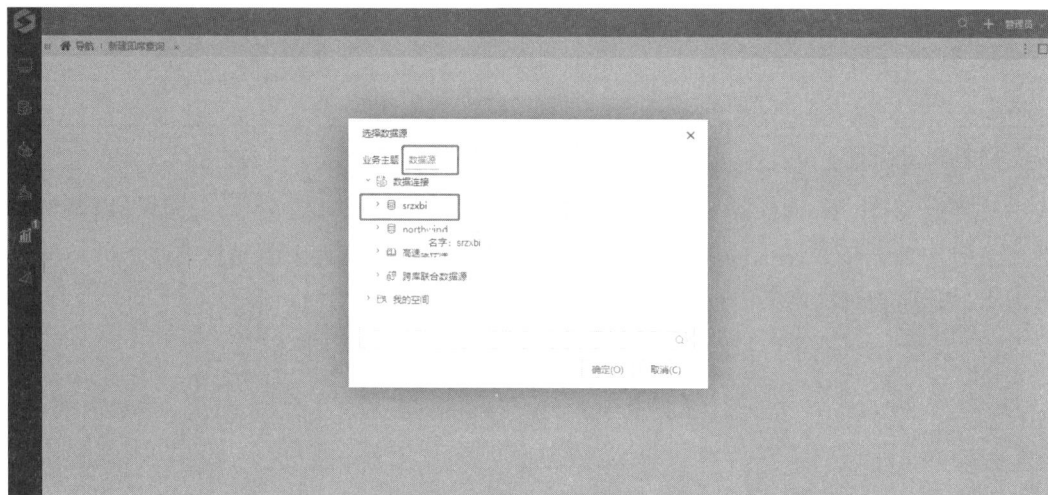

图 9-19　选择数据源

在新建即席查询界面，左侧资源目录中找到我们所需要的"练习—跨境电商商品数据"并打开其字段列表；勾选相应的字段，即可在展示区将这些字段的数据以列表的形式展现出来；在此基础上可以在列表中点击鼠标右键，选择"列名"，对字段进行排序、聚合等操作；还可在上方工具栏中进行参数、图形等其他设置。如图 9-20 所示。

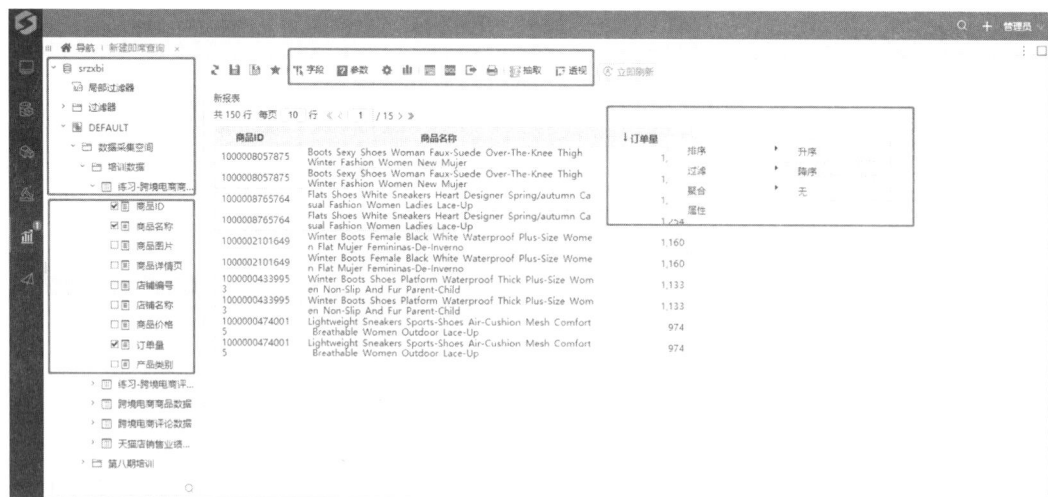

图 9-20　即席查询界面

（二）透视分析

1. 透视分析概述

透视分析采用"类 Excel 数据透视表"的设计，多维分析不再需要建立模型，就能够组合维度、汇总计算、切片、钻取，洞察数据。不仅如此，任何字段都可直接作为输出字段或筛选条件，轻松实现对数据的查询与探索。

🖱 知识助手：你了解数据透视表相关的知识吗？

数据透视表（Pivot Table）是一种交互式的表，可以进行某些计算，如求和与计数等。所进行的计算与数据跟数据透视表中的排列有关。

之所以称为数据透视表，是因为可以动态地改变它们的版面布置，以便按照不同方式分析数据，也可以重新安排行号、列标和页字段。每一次改变版面布置时，数据透视表会立即按照新的布置重新计算数据。另外，如果原始数据发生更改，则可以更新数据透视表。

2. 透视分析示例

透视分析的特点为多维度交叉表现、钻取分析、时间计算，适用于业务分析人员根据需要制定相应的自定义统计报表。透视分析示例如图 9-21 所示。

图 9-21　透视分析示例

3. 透视分析页面介绍

（1）初始页面

任选其一入口，如在"分析展现"页面主菜单选择"透视分析"，通过"新建透视分析"功能进入到透视分析制定页面，如图 9-22 所示。

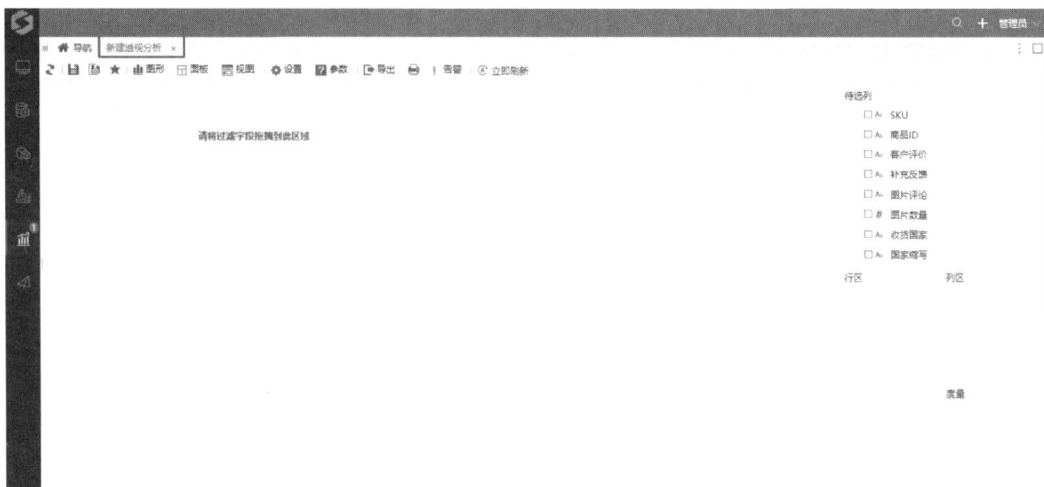

图 9-22 透视分析初始页面

（2）设计页面

一旦勾选确定了透视分析的字段则将激活显示透视分析的设计界面，如图 9-23 所示。

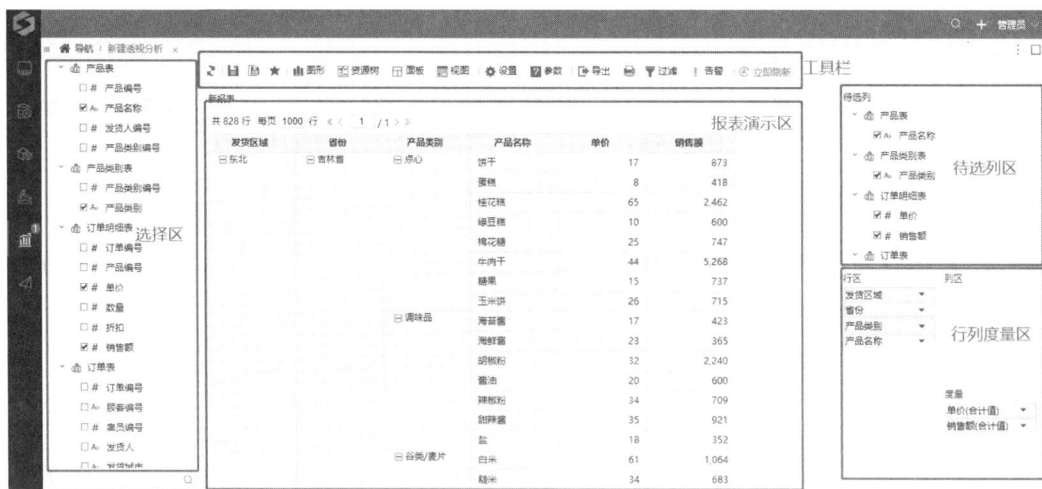

图 9-23 透视分析设计页面

该页面包含"选择区""待选列区""行列度量区""报表展示区""工具栏"等 5 个区域，各区域具体说明如表 9-2 所示。

表 9-2　透视分析设计页面各区域说明

区域	说明
选择区	该区是以"业务主题"为数据来源特有的一个区域，它以树的形式分别组织可选字段和过滤器 通过勾选的方式选择字段或过滤器：字段以报表行头或列头的方式组织，过滤器通常作为条件存在
待选列区	该区集合了透视分析用到的字段，其中勾选的字段展现在报表中，未勾选的字段可通过执行维度钻取展现
行列度量区	该区用于组织已选择的字段列表，以及当前透视分析中行区、列区、度量区展现的字段及字段操作入口
报表展示区	该区用于以报表形式构建并展现所选字段和过滤器：显示了报表的所有元素及设计效果，且支持相应的操作
工具栏	该区集合了当前透视分析的报表元素设计、视图显示等功能按钮

4. 透视分析定义流程

透视分析的定义流程如图 9-24 所示。

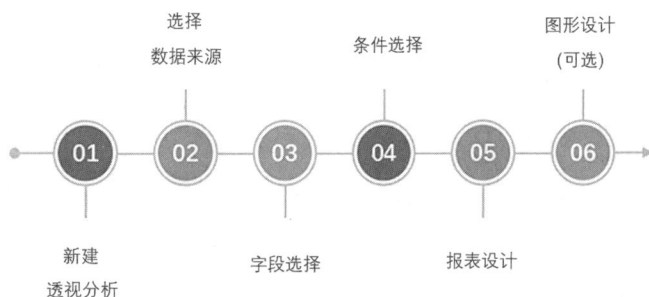

图 9-24　透视分析定义流程

5. 定制透视分析

进入新商科大数据商业智能实训平台，在"分析展现"模块中选择"透视分析"选项，为新建透视分析做准备，如图 9-25 所示。

图 9-25　新建透视分析

选择数据来源是透视分析定义的数据基础，透视分析支持的数据来源包含：业务主题、数据源中的表和数据集 3 种方式。例如，此处我们选择的是系统所内置的一个跨境电商评论数据，在"数据源中的表"—"srzxbi"—"DEFAULT"—"数据采集空间"—"培训数据"中，在"选择数据源"对话框中找到相关目录，最终双击"练习"—"跨境电商评论数据"即可，如图 9-26 所示。

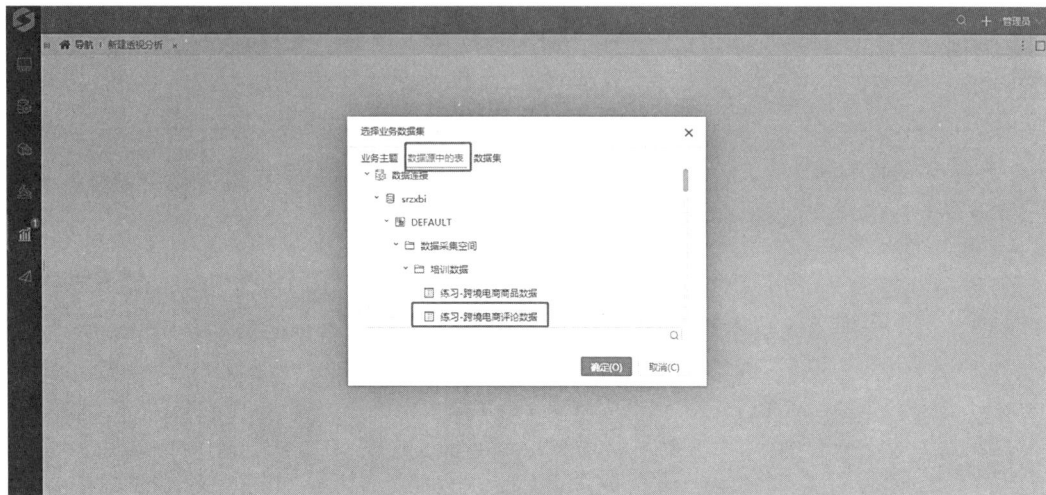

图 9-26　选择数据源

在新建透视分析界面，在右侧"待选列"区勾选或拖拽相应的字段至"行列度量区"，即可在展示区将这些字段的数据以列表的形式展现出来；在此基础上可以在列表中点击鼠标右键，选择"列名"，对字段进行排序、聚合等操作；还可在上方工具栏中进行参数、图形等其他设置，如图 9-27 所示。

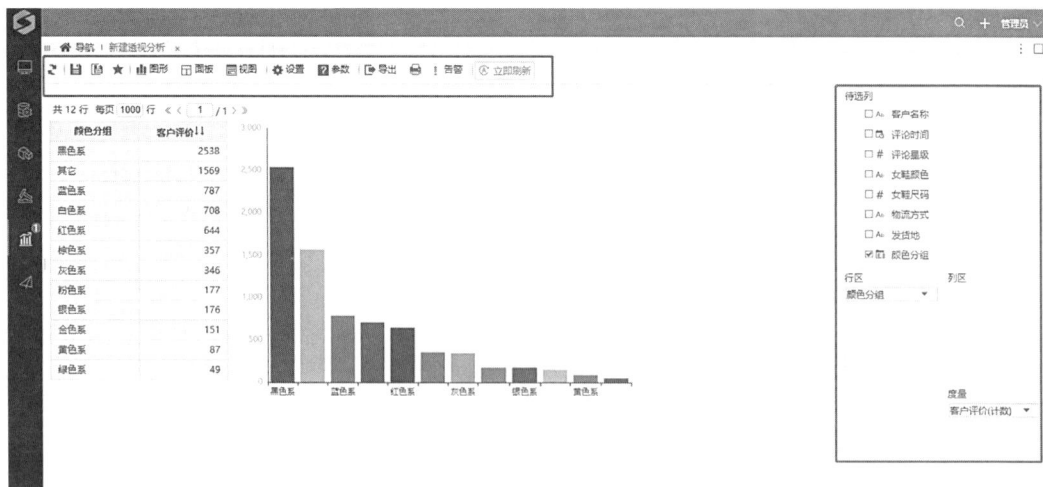

图 9-27　透视分析界面

二、实训任务二：商业智能平台电子商务数据图表制作

商业智能平台可根据用户需求实现多种电子商务图表的制作，借助自助仪表盘功能，能够让业务人员轻松实现数据的可视化呈现。

（一）自助仪表盘概述

自助仪表盘是在页面中通过文字、图形、表格等可视化形式，结合交互动态效果展现数据的一类报表展现形式，只需通过鼠标拖拽、点选等操作，即可让业务人员快速、自助式地完成数据集准备、可视化探索和仪表盘的制作，全程操作零技术门槛，让运营人员也能完成"技术"工作。

自助仪表盘中可以选择不同的图形场景，制作时需要先清楚数据想要展示什么？了解每个图形的特性，接下来再进一步进行图形的选择，如图 9-28 所示将数据展示分为 4 种类型。

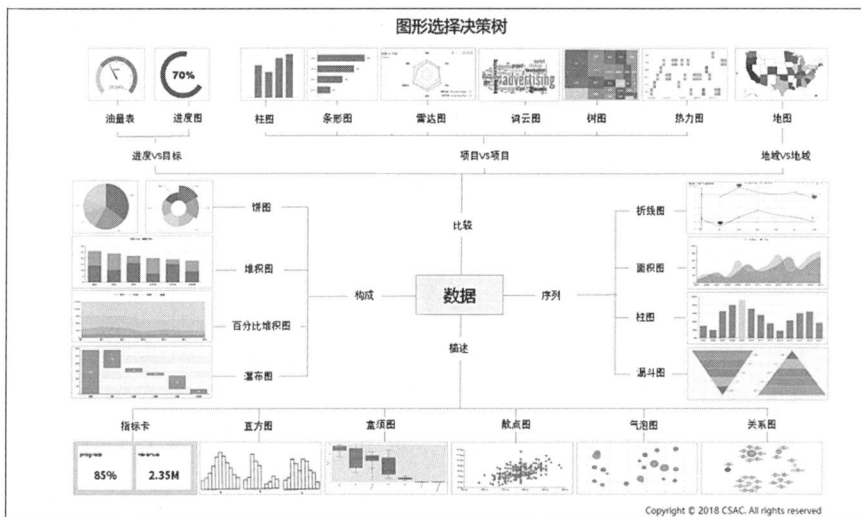

图 9-28　图形选择决策树

（二）自助仪表盘示例

自助仪表盘为用户提供数据自助分析服务，化数据为价值，有效解决企业大数据隐患，大幅度降低沟通成本，提高企业营运效率。

（三）自助仪表盘定义流程

1.选择数据来源

业务主题或自助数据集。

2.选择组件

拖拽图形、清单表等组件到布局区域。

3.调整布局样式

调整整体或者单个组件的布局及样式。

4.设置组件交互

设置组件与组件之间的交互方式。

5.发布预览

将制作好的自助仪表盘发布预览。

（四）界面介绍

任选其一入口，例如在"分析展现"页面主菜单选择"自助仪表盘"，通过"新建自助仪表盘"功能进入到自助仪表盘制定页面，如图9-29所示。

图9-29 自助仪表盘初始页面

自助仪表盘页面各区域分布如图9-30所示。

图9-30 自助仪表盘各区域分布

自助仪表盘各区域介绍如表9-3所示。

表 9-3　自助仪表盘各区域分布介绍

区域	说明
工具栏	从左至右集合了刷新仪表盘数据、保存、另存和预览仪表盘效果的工具按钮
页面工具	包括设备、布局、设置
组件栏	集合了常用的组件及样式菜单
数据区/主题区/页面区	分页签显示仪表盘可选数据资源及页面样式设计项
行列区	用于设计字段资源所展现的行或列选区，通过双击或者拖拽字段的方式将字段布局在行或列中
筛选区	用于设计仪表盘的筛选器
标记区	提供子图选择、颜色、标签、大小等标记项对所选组件进行设计
智能配图	用于切换在"展现区"中所选定的图形组件类型
展现区	仪表盘效果展现的区域

（五）定制自助仪表盘

进入商业智能实训平台，在"分析展现"模块中选择"自助仪表盘"选项，为新建自助仪表盘做准备，如图 9-31 所示。

图 9-31　新建自助仪表盘

进入到自助仪表盘页面后，可以先点击左上角"保存"按钮保存实验，并选择数据来源，例如此处我们选择的是系统所内置的一个跨境电商数据集，按照图 9-32 所示的目录找到"练习—跨境电商数据集"，双击即可选中数据集。

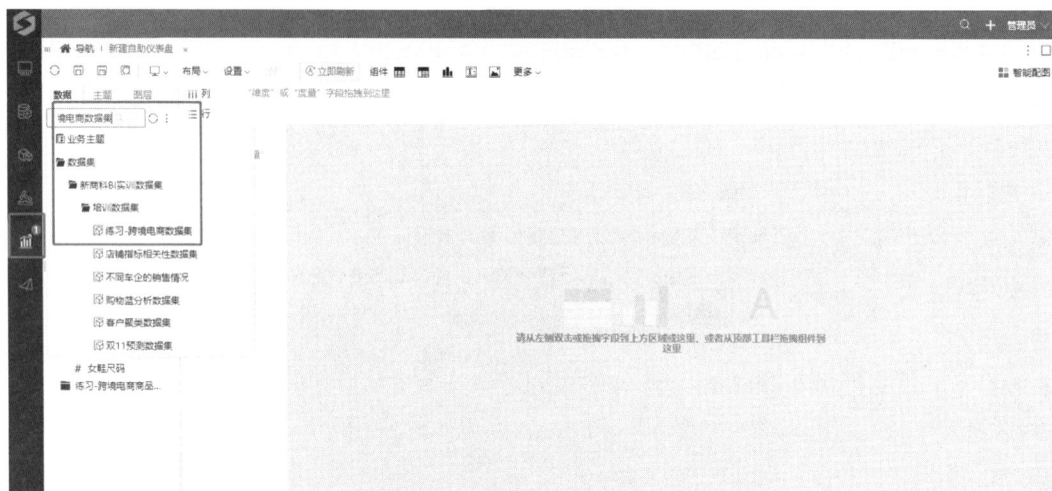

图 9-32　选择数据源

在新建自助仪表盘页面中，先从组件栏拖拽想要的图形组件（例如此处拖拽一个图形组件），然后分别在左侧"维度"和"度量"区勾选或拖拽相应的字段至"行列区"，即可在展示区将这些字段的数据以图形组件的（或"清单表""交叉表"等其他组件）形式展现出来；在此基础上可以在图形组件右上角点击"组件设置"按钮，对组件进行标题、坐标轴等元素的设置。如图 9-33 所示。

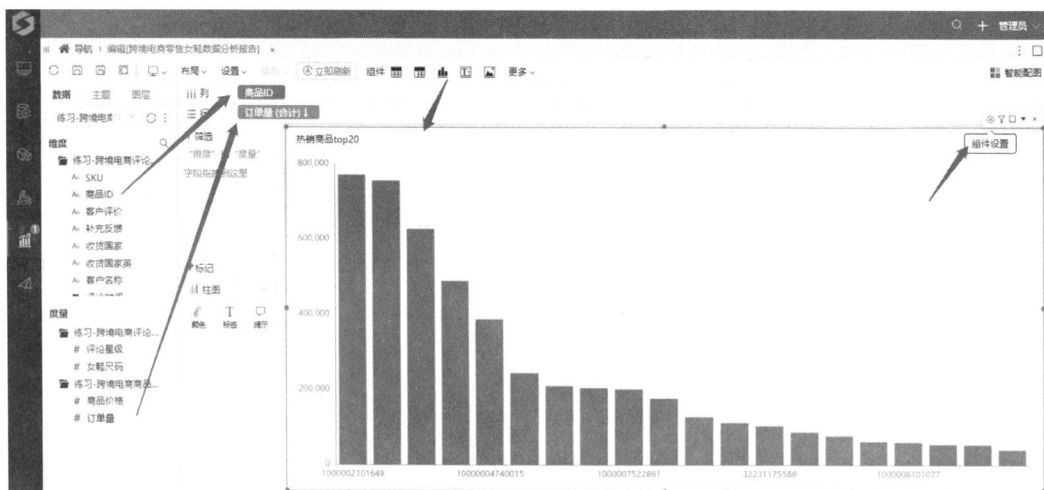

图 9-33　透视分析页面

同样的原理，继续拖拽添加并设置组件，最终可得到一个数据全面、图形丰富的自助仪表盘。

第十章

电子商务数据分析报告

◈ **章节目标**

◎ 掌握电子商务数据产品分析报告要点。

◎ 掌握电子商务数据市场调研报告要点。

◎ 掌握电子商务运营分析报告要点。

◎ 掌握电子商务数据商业报告要点。

◈ **学习重点、难点**

重点

◎ 数据分析报告写作要点。

◎ 各数据分析报告的内容。

难点

◎ 各数据分析报告的制作步骤。

◎ 学习并完整制作各数据分析报告。

◈ **本章思维导图（见图 10-1）**

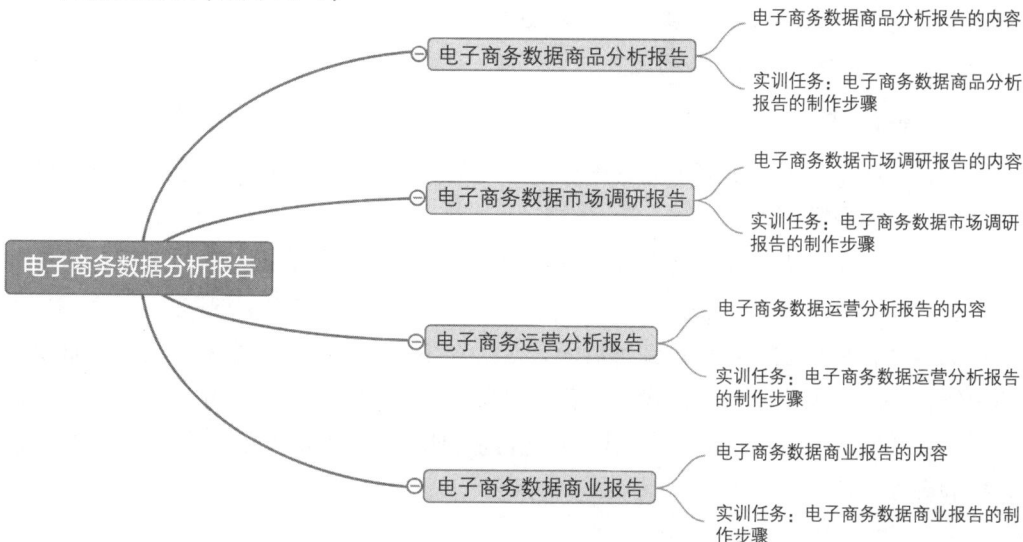

图 10-1　第十章思维导图

第一节　电子商务数据商品分析报告

一、电子商务数据商品分析报告的内容

一份完整的商品分析报告通常涵盖销售分析、价格分析、库存分析等商品分析的基本方面，此外还可拓展单品分析、商品诊断、商品价格带分析、购物篮分析等内容。本章将对几个拓展内容进行介绍，通过本章的学习需要同学们熟悉制作商品分析报告的方法。

（一）分析商品基本情况

分析商品的基本情况通常指针对商品进行的单品分析，这个过程可以直接采集商品相关数据或者借助一些分析工具来实现。

视野拓展：单品的分析维度包含且不局限以下各点

1. 所属类目：产品发布的类目路径，用于判断产品是否在同一个战场，不同类目属于不同的战场。

2. 主打卖点：商家设置的产品卖点，在前端页面有显示，用于掌握竞品的核心卖点。

3. 月销量：近 30 天的销售件数，在前端页面有显示。

4. 总销量：商品所有的销量记录，用于了解竞品的销售情况。

5. 评价人数：产生评价行为的客户数量，在前端页面有显示。

6. 活动促销：商品的促销信息，用于了解竞品的促销情况。

7. 商品价格：商品的一口价及折扣价信息，在前端页面有显示。

8. 商品收藏数：收藏的人气数，在前端页面有显示。

9. 商品创建时间：商家在后台创建宝贝的时间。

10. 上下架时间：商品上下架的时间。

11. 月销售额：根据销量和价格计算的销售额。

12. 服务承诺：商品给消费者提供的服务承诺。

13. 商品分享：商品分享行为的次数。

（二）商品诊断

降权，一般是指搜索引擎（如百度等）给网站评定的级别下降了，也是搜索引擎对网站进行的一种处罚方式。

在电子商务平台上，商品会存在因各种原因导致降权而使商品综合排名受到影响的情况。

商品被降权后搜索排行会排到最后面，令买家不容易搜到，这是对违反规则商品的处罚手段。基本上所有不规范的操作，都会被降权，如虚假交易、利用软件收藏、标题滥用、类目错放、淘宝刷销量、故意堆砌关键词、使用广告商品、价格作弊、重复铺货、邮费虚假等。

🔭 视野拓展：商品诊断维度

1. 商品标题：对商品标题打分，检查标题的设置是否合理。

2. 商品类目：类目和标题是否不一致，如果不一致将会导致降权。

3. 商品评价：是否差评太多，差评太多将会影响转化率。

4. 商品主图：主图是否完整，主图不完整将会影响转化率及权重。

5. 商品小视频：是否有上传小视频，小视频占有一定权重，也可以提高转化率。

6. 商品同款：同款商品数量是否太多，太多的话竞争过于激烈，影响流量和转化率。

7. 商品价格：商品调价是否异常，如果异常将会影响权重。

8. 新品打标：是否有新品标签，这对于新品特别重要，有权重影响。

9. 商品上下架：商品的上下架时间是否合理，如果在消费者休息时段上下架效果可能不好。

10. 商品权重：过于频繁地修改宝贝的标题、描述、属性；滥用、堆砌关键词；刷单、类目错放等违规行为都会导致商品降权，被降权的商品严重的话将获取不到流量。

11. 商品问大家：问大家的问题是否没有回复，没有回复将会影响转化率。

12. 手机淘宝预览：是否发布了手机淘宝的详情页，没有发布的话将会影响用户体验，降低权重。

13. 全店销量：全店销量影响店铺权重，如果店铺总体销量都很低，那所有商品的初始权重也都会较低。

14. 店铺DSR：DSR是否低于行业平均值（俗称飘绿），低于行业平均值将会影响权重，也会影响转化率。

15. 相似店铺：相似店铺是否太多，太多的话竞争过于激烈，影响流量和转化率。

（三）商品价格带分析

价格带是指某种商品品种的出售价格从低到高形成的价格幅度。例如，各种牌号的洗发水，其中的最高价格为36元，最低价格为10元，那么就称这是一个价格带为10~36元的商品群。

零售商观察竞争对手网店的商品，不能只是看对方的商品陈列方式和陈列位置这种表面的事情，一定要更深层次地去了解堆放的商品构成和价格分布。只有看到隐藏的那部分，才会有获胜的机会。

商品的价格带是一种同类商品或一种商品类别中的最低价格和最高价格的差别序列。价格带的宽度决定了网店所面对的消费者的受众层次和数量。在进行竞争网店商品结构的对比分析时，商品价格带分析方法可为市场调查提供简单而明确的分析结果。

📢 视野拓展：通过以上知识讲解，你能基于数据进行商品价格带的分析吗？

例如，竞争对手有5个规格的红葡萄酒，分别是10元、20元、30元、40元、60元共计5种价格，本店也有5个规格的红葡萄酒，分别是8元、10元、15元、20元、30元共计5种价格，经过价格带的对比后发现如下情况。

1. 竞争对手的价格带是 10~60 元, 价格带宽度为 50 元; 本店的价格带是 8~30 元, 价格带宽度为 22 元, 相比较而言, 竞争对手的价格带比本店的宽。

2. 竞争对手的最低价格为 10 元, 最高价格为 60 元, 平均价格为 35 元; 本店的最低价格为 8 元, 最高价格为 30 元, 平均价格为 19 元, 相比较而言, 竞争对手的红葡萄酒价格定位更高一些, 本店的红葡萄酒价格更便宜一些。

3. 如果本店增加 60 元和 100 元规格的红葡萄酒: 价格带变成 8~100 元, 平均价格 54 元, 本店红葡萄酒的价格定位立马变高了。

(四) 购物篮分析

作为商业领域最前沿、最具有挑战性的问题——购物收益分析问题是许多企业重点研究的问题, 它通过发现顾客在一次购买行为中放入购物篮中不同商品之间的联系, 来分析顾客的购买行为并辅助电商企业制定营销策略。

消费者心理的日趋成熟、需求的多样化及市场竞争日趋激烈, 使得充分分析并有效了解顾客成为企业成功必不可少的要素。虽然大多数电商企业已经充分意识到了这个问题并做了许多工作, 如进行人口统计分析、计算机辅助销售、各种顾客登记分析等, 但是依然收效甚微, 他们并没有准确掌握顾客的购买行为。因此, 购物篮分析的方法便应运而生, 它有效地解决了这些问题并受到了不少电商企业的关注。所谓的购物篮分析就是通过购物篮所显示的交易信息来研究顾客的购买行为。顾客在购买过程中很少单独购买一种商品, 他们往往购买多种商品, 并且这些商品通常具有很强的相关性。因此他们的购买行为通常是一种整体性行为。一件商品的购买与否, 都会直接影响其他商品的购买, 进而会影响每个购物篮的利润。因此, 必须挖掘隐含着重要而且有价值信息的消费者的购物篮。例如, 企业可以通过购物篮分析来了解顾客的品牌忠诚度、商品偏好、消费习惯等。

二、实训任务: 电子商务数据商品分析报告的制作步骤

(一) 实训背景

作为互联网从业者, 免不了要写产品分析报告, 有些人在体验产品时, 常会陷入种"无目的"的状态, 不知该如何思考, 体验之后也总结不出什么, 最终写出来的东西老板不满意, 自己也觉得没深度。究其原因还是没有找到一条有效的思考路径, 想要找到路径就要来解剖产品。首先将产品想象成是一块圆形蛋糕, 将其切成两半: 一半叫商业, 一半叫产品。商业是"魂", 起到导向作用; 产品是"形", 通过设计与视觉来体现商业理念。这就是思考路径——分离商业与产品。之后将产品先放一边, 单看商业部分, 商业是促成产品成形的根基部分, 搞懂它能够帮助你更快地理解产品设计。一般情况下, 产品的诞生都是先由一个有特征的人群, 做出了某种行为, 在行为过程中, 遇到了让他们不舒服、受挫的体验, 他们很希望这个不舒服的体验能得到改善, 直到某个商业产品的出现, 帮助他们解决了这个问题。这是个循环过程, 产品基本会沿这条路径一直演变, 那么当面对一个没接触过的产品时, 就先试着用产品的诞生过程作为思考路径来思考如

何撰写产品分析报告，然后尝试将这些信息逐一填满。

（二）实训要求

选择一家网店的一个引流商品作为分析对象，撰写商品分析报告。报告的基本内容包括：商品概况——背景、商品简介、商品定位、商品销售和盈利情况分析、商品用户画像分析；基于使用场景的核心商品层次分析——商品质量和性能分析；基于使用场景的有形商品层次——商品外观和品牌分析；基于使用场景的延伸商品层次分析；基于使用场景的期望商品分析——客户评价分析；基于使用场景的潜在商品层次分析；商品价格分析，商品库存分析，产品生命周期分析，商品市场行情分析，竞品分析等。

（三）实训步骤

步骤1：选择一家网店的一个引流商品作为分析对象。

步骤2：展开商品单品信息，分析商品概况并进行价格、销售和盈利、库存分析等。

步骤3：进行商品诊断，判断是否存在商品降权情况。

步骤4：收集该商品的同款或相似品信息，进行价格带分析、竞品分析等。

步骤5：收集商品的订单信息（购物篮信息），进行购物篮分析。

步骤6：收集客户信息，进行用户画像分析。

步骤7：进行品牌分析、产品生命周期等其他方面的分析。

步骤8：得出结论，撰写《某网店商品分析报告》。

步骤9：做好汇报的准备。

第二节　电子商务数据市场调研报告

一、电子商务数据市场调研报告的内容

市场调研是市场调查与市场研究的统称，它是个人或组织根据特定的决策而系统地设计、搜集、记录、整理、分析及研究市场各类信息资料、报告调研结果的工作过程。

市场调研报告是指经过对某一商品客观实际情况的调查了解，将调查了解到的全部情况和材料进行分析研究，揭示出本质，寻找出规律，总结出经验，最后以书面形式陈述出来的文件形式。调研报告必须实事求是地反映和分析客观事实，主要包括两个部分：一是调查，二是研究。调查，应该深入实际，详细地占有材料，准确地反映客观事实，按事物的本来面目了解事物，不凭主观想象。研究，即在掌握客观事实的基础上，认真分析，透彻地揭示事物的本质。调研报告中可以提出一些对于所研究的事物的看法。

市场调研报告有明确的主题、清晰的条理和简捷的表现形式。报告的结构体系应包括调研目的、调研方法、调研范围及数据分析在内的一系列内容。这种体系基本上在每个同类型的报告中都适用，因此，此处不做更详细的说明，以下主要介绍数据分析结论的表现方法。数据分析的结论通常情况下是采用图表来表示的。图表是最行之有效的表

现手法，它能非常直观地将研究成果表示出来。在将调研的分析结果变成令人信服的图表之前，首先要谨记，它只是一种传递和表达信息的工具，使用它的重要原则是"简单、直接、清晰、明了"。每个图表只包含一个信息，图表越复杂，传递信息的效果就越差。最常用的图表形式是柱状图表、条形图表、饼形图表、线形图表。使用图表的目的在于将复杂的数据变成简单、清晰的图表，让人能够一目了然地了解数据所表达的含义。

电子商务数据市场调研报告通常包括下列内容。

（一）调研概况

调研概况通常包括调研目的、调研方法、调研内容等方面的内容。

视野拓展：你了解调研目的、调研方法、调研内容都包含哪些内容吗？

案例：某公司主要经营食品的电子商务业务，5年来取得了可喜的业绩。公司的运营人员并没有因为企业的可喜成绩而骄傲自满，安于现状。相反，他们不仅具有敏锐的市场洞察力，而且具有长远的眼光，在发觉国内国外电商行业发展迅猛，企业将面临日益严酷的经营形势的情况下，他们决定提前进行风险控制，采取措施应对市场变化。制订科学合理、具有可行性的风险应对计划，首先需要对电商市场进行调研。

1. 调研目的：明确的目的是调研工作的前提。在本次该公司市场运营人员进行的市场调研中，主要的调研目的是明确企业进行电商业务拓展的必要性及电商业务拓展方向，以确保企业能够继续保持当前良好的发展态势，并能够不断加大市场开拓力度，扩大市场份额，为企业后续发展奠定坚实的基础。

2. 调研方法：调研方法多种多样，例如，该公司运营人员在本次市场调研中，运用了文案调研法，利用互联网及相关书籍对现有电商市场及电商平台资料进行收集、整理和分析，得到相关数据。

3. 调研内容：调研内容是围绕调研目的开展的一系列相关的调研工作。例如，该公司运营人员在明确了调研目的后，开展了本次市场调研工作，主要的调研内容是探究国内外零售电商市场行情、电商平台发展趋势和企业在经营发展中遇到的问题。

（二）行业环境分析

主要包括我国的GDP（Gross Domestic Product，国内生产总值）分析、居民消费结构、居民价格指数、恩格尔系数分析、我国宏观经济发展预测等方面的内容。

（三）主营商品类目市场概述

包括商品类目的定义，市场特点、发展周期等方面的内容。

（四）市场行情

通常包括市场规模、盈利情况、增长态势等方面的内容。

（五）同行业的细分分析

分析每个细分领域的成长空间及市场成熟度等方面的内容。

（六）热销商品分析

包括流量和人均 PV 及停留时长等硬性指标、增长态势、产品的核心优劣势等方面的内容。

（七）发展机会与行业风险

分析行业未来新的发展机会及未来可能遇到的风险等。

二、实训任务：电子商务数据市场调研报告的制作步骤

（一）实训背景

一份合格而优秀的报告，应该有明确、清晰的架构，简洁、清晰的数据分析结果。合格的报告不应该仅仅是简单的看图说话，还应该结合项目本身特性及项目所处大环境对数据表现出的现象进行一定的分析和判断，当然报告写作者一定要保持中立的态度，不要加入自己的主观意见。另外，通常的市场调研报告都会有一个固定的模式，我们应该根据不同项目的不同需要，对报告的形式、风格加以调整，使市场调研报告能够有更丰富的内涵。

（二）实训要求

针对网店的主营商品类目展开市场调研，基于前面所讲的市场调研报告的内容制作电子商务数据市场调研报告。

（三）实训步骤

步骤 1：选择一家网店的某商品类目作为分析对象。

步骤 2：首先展开调研概况的介绍，写明调研的目的、方法、范围等信息。

步骤 3：进行行业环境分析，判断宏观经济环境。

步骤 4：分析该店铺的主营商品类目，进行市场特点、发展周期等方面内容的分析。

步骤 5：分析市场行情，了解市场规模、盈利情况、增长态势等。

步骤 6：进行同行业的细分分析，分析每个细分领域的成长空间及市场成熟度等。

步骤 7：进行热销商品分析，包括流量和人均 PV 及停留时长等硬性指标、增长态势、产品的核心优劣势等方面的内容，并可拓展竞品、竞店的分析，判断未来竞争态势如何。

步骤 8：分析发展机会与行业风险，得出结论，撰写《某网店市场调研报告》。

步骤 9：做好汇报的准备。

第三节　电子商务运营分析报告

一、电子商务运营分析报告的内容

数据化运营之所以越来越重要，是因为数据是由消费者所产生的，通过数据多角度分析能够更好地理解平台规则、消费者行为、市场变化、竞争对手运营手法，从而寻找到运营规律。电子商务运营分析报告包括的内容可从网店运营体系的 6 层数据模型来展开，通常包括以下内容。

（一）日常基础数据分析

1. 流量数据分析指标

包括独立访客数、浏览量、平均停留时长、跳失率、店铺新客占比等。

2. 订单数据分析指标

包括下单买家数、支付买家数、退款率、支付金额、客单价、营业利润金额、营业利润率、支付商品件数等。

3. 转化率数据分析指标

包括下单转化率、支付转化率等。

4. 效率数据分析指标

包括连带率、动销率等。

5. 库存数据分析指标

包括库存天数、库存周转率、售罄率等。

（二）每周核心数据分析

1. 网店流量分析指标

跳失率、回访者占比、访问深度比率。

2. 运营数据分析指标

运营数据分析指标主要有总订单数、有效订单数、订单有效率、总销售额、客单价、毛利润、毛利率、下单转化率、付款转化率、退货率、DSR 等。

（三）用户分析

所谓用户分析主要是对访客数据进行分析。访客分析的主要指标有新访客数、新访客转化率、访客总数、访客复购率、所有访客转化率。访客分析用于概括性地分析访客的购物状态，重点在于了解本周新增了多少访客，新增访客转化率是否高于总体水平。如果新访客转化率很高，那说明引流方法有效，值得加强。

（四）流量来源分析

我们可以借助一些外部工具来统计流量来源数据，淘宝网店可以用生意参谋，京东网店可以用数据罗盘，独立网店可以用 Google Analytics 或百度统计，它们统计的流量来源数据都比较详细。

流量来源分析视为运营和推广部门指导方向的，除了关注转化率，还有浏览页数、在线时间等都是评估渠道价值的目标。

（五）内容分析

网店内容分析主要有两个指标：跳失率和热点内容。

（六）商品销售分析

这部分是内部数据，根据每周、每月的商品销售详情，了解网店的经营状况，做出未来销售趋势的判断。商品销售分析指标包括商品销售计划完成率、销售利润率、成本利润率。

二、实训任务：电子商务运营分析报告的制作步骤

（一）实训背景

数据化运营之所以越来越重要，是因为数据是由消费者所产生的，通过数据多角度分析能够更好地理解平台规则、消费者行为、市场变化、竞争对手运营手法，从而寻找到运营规律。通过对网店运营数据进行诊断，能够得到问题的反馈，如搜索流量是否增长，直通车 ROI（Return on Investment，投资回报率）是否提升，退款率是否上升，商品库存结构是否合理，销售额下降是由什么原因引起的等。根据数据反馈进行优化，才能够做好全局精准运营，实现运营效益最大化。

（二）实训要求

基于网店运营数据展开诊断与分析，基于前面所讲的电子商务运营分析报告内容制作电子商务运营分析报告。

（三）实训步骤

步骤 1：选择一家网店作为分析对象。

步骤 2：获取网店诊断的相关数据。

步骤 3：分析各层次运营数据指标。

步骤 4：对比分析，找出差距。

步骤 5：得出结论，撰写《某网店运营分析报告》。

步骤 6：做好汇报的准备。

第四节　电子商务数据商业报告

一、电子商务数据商业报告的内容

一份商业报告所需包含的主要内容包括公司简介、报告目标、制作流程、数据来源、数据展示、数据分析和结论 7 个部分。本任务将对这 7 个部分的内容进行介绍。通过本任务的学习需要同学们熟悉制作商业报告的方法。

（一）公司简介

公司简介通常是对一个企业或组织的基本情况的简单说明。通常在商业报告中撰写公司简介时，首先需要明确公司的背景，比如公司性质和组成方式（集资方式）等，再从整体上介绍公司的经营范围、公司理念和公司文化。然后再概括性地介绍一下公司现在的经营状况，最后指明公司未来的发展方向或者是现阶段的发展目标。还有一点比较重要的是，需要让目标公司确认报告中的公司简介是否正确。

（二）报告目标

通常情况下，在撰写商业报告目标时要明确商业报告的目标。首先阐明客户对于经营的疑虑，再针对客户的疑虑提出解决办法。

（三）制作流程

商业报告制作流程的介绍，就是要写出制作商业报告的思路，概括出该商业报告写作的步骤及每个步骤所用到的方法。

另外，为了给企业呈现出更清晰的商业报告写作流程，我们还可以将文字内容转换成流程图的模式，如图 10-2 所示。

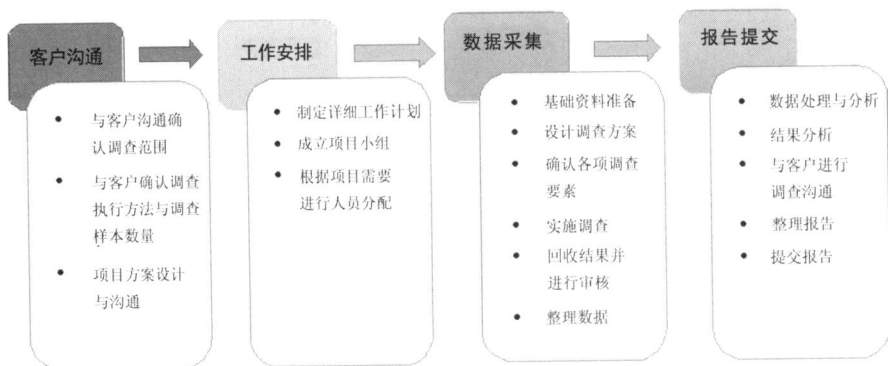

图 10-2　商业报告流程

（四）数据来源

这一部分的内容是需要向客户说明商业规划中所有数据的来源，并指出为什么要选择这些数据源，以及数据的搜集方法。企业可以使用数据统计工具，获得相关数据。例如分析会员数据的 CRM 软件，分析网店运营的生意参谋软件等。

（五）数据展示

这一部分的内容需要将商业规划中所用到的数据展现出来。例如，前面介绍了计算机产品相关数据的各种处理方法，如果制作一个关于计算机产品销售网店的商业报告，就可以把得到的数据结果展示出来。

（六）数据分析

数据分析主要分为 5 个方面：商品类目成交量、商品类目销售额、商品品牌成交量、商品品牌销售额、销售平台数据。只需根据上一部分中展示的数据，依次进行详细的解释和合理的推测即可。

（七）结论

在商业报告结论的撰写中，要从企业的诉求出发，为企业提供建议。例如，立华公司想要知道在开设网店时，什么商品类目和品牌能有好的成交量或者好的销售额，淘宝和天猫哪个具有更大的优势等。

二、实训任务：电子商务数据商业报告的制作步骤

本任务以制作立华公司开设网店的商业报告为例，展示了一份完整的商业报告的制作过程。完成本任务后，同学们应该能够制作一份完整的商业报告。

（一）制作公司简介

立华公司是集销售和服务于一体的专业平板电脑经销商，涵盖平板电脑、MID（Mobile Internet Device，移动互联网设备）、平板电脑电源和耳机等众多平板电脑品牌和平板电脑配件。立华公司具有专业的进货渠道，是众多平板电脑品牌的特约经销商。秉承"客户至上·商品完美"的公司理念，立华公司已经在 20 个城市地区开设实体店，为千万客户带来了高质量、高性能的平板电脑及其配件。针对新时代消费群，立华公司在原有的 20 个城市地区中的实体店配备了完善的渠道营销网络和售后服务分支机构，为客户提供专业的售后服务。为了顺应网购的大潮流，2014 年，立华公司准备进驻互联网，组建立华平板商城，打算在淘宝或者天猫上开设网上旗舰店，服务更多的客户。

（二）编写报告流程

这里的制作流程是指商业报告的数据分析流程，首先在淘宝和天猫两个平台上找到销售量前十的店铺，搜集这 10 家店铺销售的商品类目和品牌。再分别对各商品类目和品牌的成交量和销售额进行分析，找出最佳商品类目和平板电脑品牌。最后，对销售量前十的店铺所对应的销售平台（淘宝和天猫）进行分析，找出最佳销售平台，如图 10-3 所示。

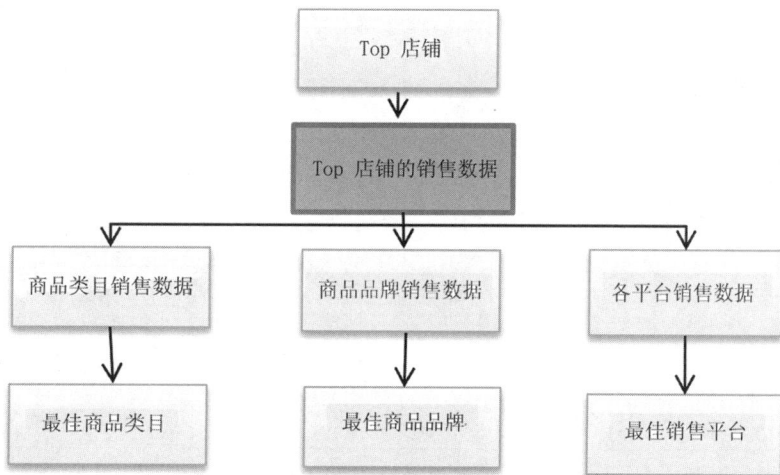

图 10-3　商业报告流程

（三）收集数据

由于立华公司网店的开设平台主要是阿里巴巴旗下的淘宝和天猫，所以相关数据来源可以从阿里巴巴的专业数据统计机构获得。

（1）因为立华公司想要在淘宝或者天猫上开店，所以制作商业报告时的数据应主要来自淘宝和天猫这两个平台。

（2）淘宝和天猫两个平台中前十店铺中的商品类目和商品品牌数据。

（3）使用数据搜集的方法有以下 2 种。

①通过阿里巴巴指数寻找销售量前十的店铺。

②通过卖家网独立店铺运营数据搜集各家店铺的商品类目信息和商品品牌信息。

（四）显示报告中的数据

由于立华公司的业务主要涉及平板电脑、MID、平板电脑电源、耳机等与平板电脑相关产品，所以可以利用第六章中采集的数据，这里将直接使用第六章中的数据进行报告的制作。

（1）商品类目展示的内容是对销售量前十的店铺进行数据采集后，按类目进行排序分类汇总后的数据，主要包括标准类目、成交量及销售额，如图 10-4 所示。

	A	B	C
1	标准类目	成交量/笔	销售额/元
2	保护套	780	50002.390
3	充电器（电源）	53	3428.798
4	平板电脑	3012	6129038.000
5	平板电脑配件	398	13980.000
6	数据线（键盘、底座支架、其他配件）	5	480.000
7	贴膜	382	13228.000

图 10-4　与平板电脑相关的商品类目

然后分别对商品类目中的商品成交量与销售额创建图表，分别如图 10-5 和图 10-6 所示。

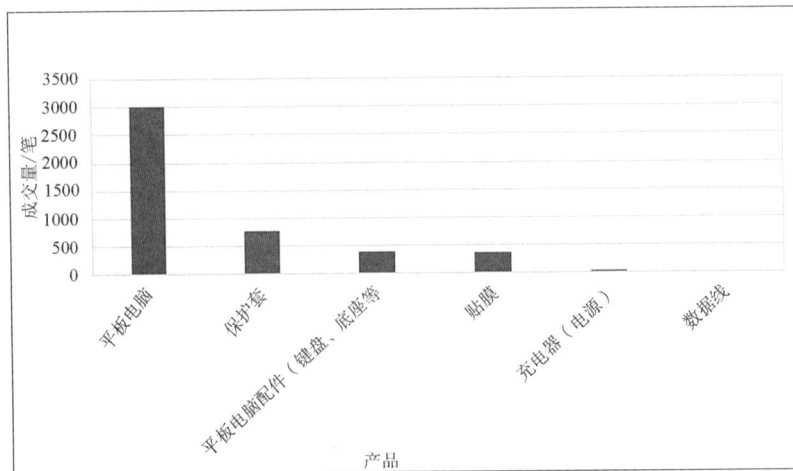

图 10-5　平板电脑及相关配件的成交量

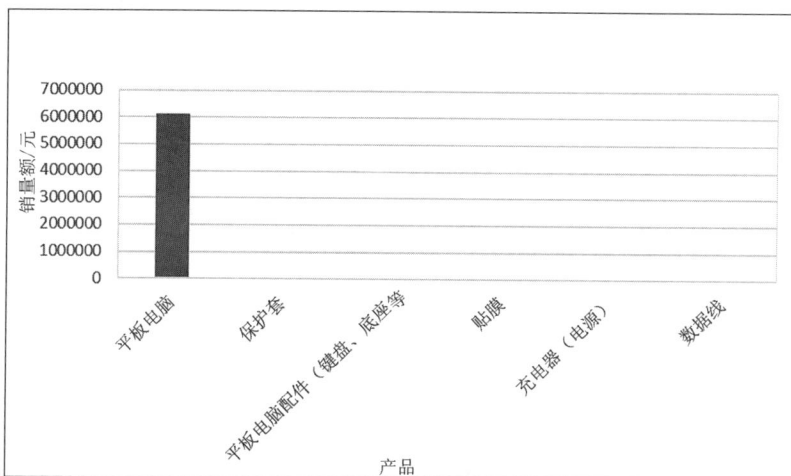

图 10-6　平板电脑及相关配件的销售额

（2）平板电脑品牌展示的内容主要包括标准品牌、成交量和销售额，如图 10-7 所示。

	A	B	C
1	标准品牌	成交量/笔	销售额/元
2	Apple	2088	4520880.00
3	联想	150	465750.00
4	Colorfly	732	342905.80
5	e人e本	142	327893.00
6	华硕	136	143568.60
7	原道	53	61092.00
8	英特尔	11	30890.00
9	领秀	87	36098.39
10	索尼	9	23123.40
11	摩托罗拉	34	18765.05
12	三星	8	16450.00
13	OQO	43	12883.00
14	谷歌	8	8892.21
15	Dell/戴尔	6	53924.60
16	HTC	4	3996.24

图 10-7　平板电脑品牌

然后分别对品牌的商品成交量与销售额创建图表，其效果如图 10-8 和图 10-9 所示。

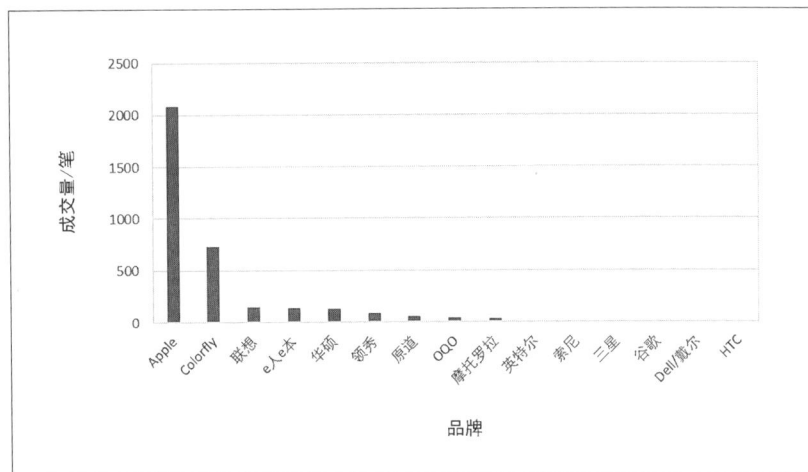

图 10-8　平板电脑的成交量

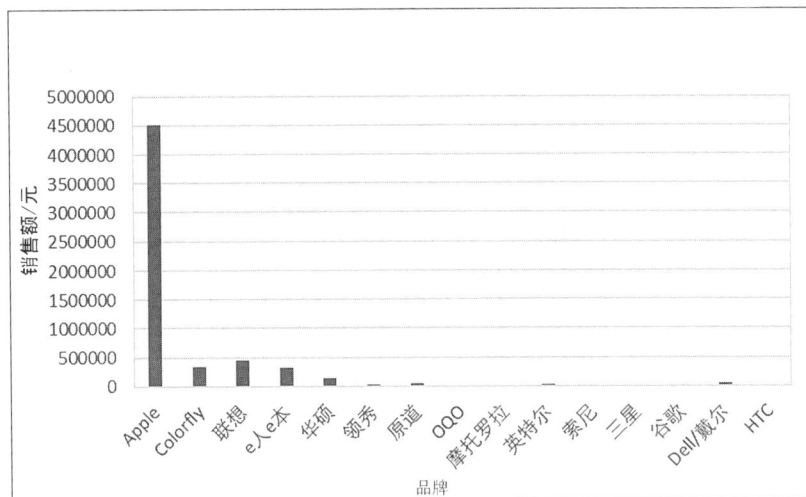

图 10-9　平板电脑的销售额

（3）立华公司的销售平台主要是在淘宝和天猫中选择，其展示的数据如图 10-10 所示。

	A	B	C
1	店铺平台	成交量/笔	销售额/元
2	淘宝	3642	6459803.34
3	天猫	1286	728095

图 10-10　平板电脑的销售平台

然后分别对平台的商品成交量与销售额创建图表，分别如图 10-11 和图 10-12 所示。

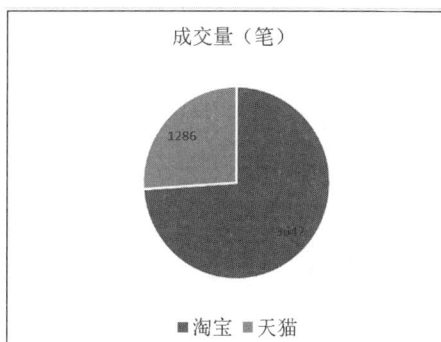

图 10-11 销售平台的平板电脑成交量

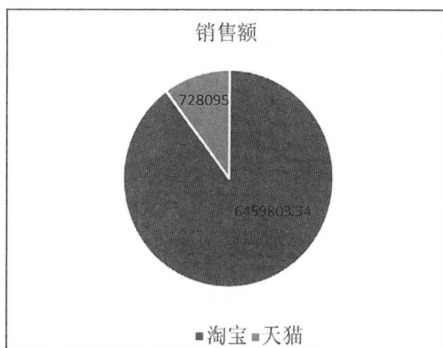

图 10-12 销售平台的平板电脑销售额

（五）分析图表数据

数据分析的意义在于一个企业通过商业报告中的数据分析，可以判定出市场的动向，从而制定合适的生产与销售计划。下面就根据数据展示的内容，对相关数据进行分析。

1. 商品类目

通过对商品类目数据的分析，可以了解市场上各种商品的成交量和销售情况。

（1）成交量

通过柱状图可以清楚地知道平板电脑的成交量位列第一，因为大部分消费者进入店铺，第一需求就是平板电脑。

成交量排名第二的是平板电脑的保护套，因为保护套不仅可以保护平板电脑外壳不受磨损，其多样的外观更可以美化平板电脑，这对于作为平板电脑主要消费群的年轻人，具有强大的吸引力，其售价也比较低廉。

排名第三和第四的是平板电脑配件和平板电脑贴膜，因为这两种都是平板电脑的必需品，加上其低廉的价格，所以也拥有较好的成交量。

而充电器和数据线属于平板电脑商品的标配，随平板电脑一起出售，所以没有大量的消费者群体，成交量较低。

（2）销售额

平板电脑以绝对优势占据商品类目销售额第一的位置。因为其他商品类目都属于平板电脑的附属配件，价格远远不如平板电脑，所以平板电脑销售额的起点就比其他商品类目更高，再加之其成交量也远远大于其他商品类目，便使得平板电脑的销售额最高（销售额＝成交量 × 平均单价）。

2. 商品品牌

分析商品品牌的成交量和销售额，可以帮助销售商认识所销售的品牌，并确定主要的销售品牌。

（1）成交量

通过商品品牌成交量柱状图（见图 10-8）可知，Apple 的平板电脑成交量以绝对优势名列第一，这与 Apple 的品牌价值密切相关。在现下的平板电脑市场，提到平板电脑，大部分消费者的第一反应都是 Apple 的 iPad。强大的品牌价值使得 Apple 平板电脑拥有大量的消费者群体。

排列第二的 Colorfly 和第三的联想都是作为国产平板电脑的领头羊，它们都拥有精良的技术和不错的性价比，这也使得它们可以在平板电脑市场占有一席之地。

而排在第四名的华硕，因为大部分消费者对于华硕的认知还停留在笔记本电脑上，对于它的平板电脑的认可度还不是很高。同样与华硕相差不大的 E 人 E 本平板电脑品牌因为品牌知名度不高造成销售额较低。

（2）销售额

通过商品品牌销售额柱状图可知，Apple 的销售额最高，因为其售价相较于其他品牌的平板电脑高，再加上较高的成交量使得 Apple 平板电脑的销售额成为第一。联想因为较高的成交量和适中的销售价格成了销售额第二的平板电脑品牌。

同时我们还应该注意到在成交量的比较中，Colorfly 的成交量要大于联想的成交量，但是此时销售额却远低于联想，那是因为联想的平均单价大于 Colorfly。

其他品牌的平板电脑因为没有强大的消费者市场，同时因为售价不高，使得自身销售额较低。

3. 销售平台

由销售平台所制作的饼图可知，无论是成交量还是销售额，淘宝都要比天猫高一些。

（六）得出报告结论

通过以上的数据分析，得出以下三方面建议。

1. 商品类目

如果该公司比较看重商品类目的成交量，那么第一应考虑的是平板电脑；保护套是大部分消费者在购买平板电脑时必买的商品类目，所以公司也应该将保护套作为重点考虑商品类目。剩余的平板电脑配件、平板电脑贴膜也都有较高的成交量，公司也可以将它们纳入考虑对象。

如果公司比较看重商品类目的销售额，那么第一考虑的也应该是平板电脑，因为平板电脑的起价远远高于其他商品类目。通过前面的柱状图，我们还可以看到，保护套和平板电脑配件也能带给企业一定的销售额，所以该公司可以将这两种商品类目纳入考虑对象。

2. 品牌选择

Apple 由于其强大的品牌实力，在平板电脑的消费者群体中拥有很高的品牌认可度，所以不管是成交量和销售额都比其他品牌的平板电脑要高出很多，所以该公司应该将 Apple 纳入重点考虑品牌。

如果该公司更看重平板电脑的成交量，那么除了 Apple 之外，还可以将 Colorfly 作为考虑对象。

如果该公司更看重平板电脑的销售额，通过前面的柱状图分析，可以看到联想是除了 Apple 之外带来最高销售额的品牌，所以该公司还可以将联想纳入重点考虑对象。

3. 销售平台

通过淘宝和天猫的销售平台数据，淘宝拥有更高的销售能力，所以该公司应该将淘宝作为第一考虑的销售平台。

视野拓展：我们学完了电子商务数据分析报告，那么应该怎样进行战略决策呢？

电子商务企业竞争战略应该从四个方面去制定，由于与传统商业方式有所不同，所以必须有所创新。第一是成本领先战略，电商运作最大的一个优势就是可以帮助企业有效降低经营成本。第二是差异化战略，电商本身不能提供差异化，但能提高产品或服务质量，并能满足顾客对产品种类的需求，有效帮助企业实现差异化的目标，降低差异化风险。第三是市场集中战略，电商能帮助企业很好地调研，整合内部资源，树立良好的企业形象。第四是低成本差异战略，电商能做到一对一营销，从而在竞争中夺得先机。

参考文献

REFERENCES

北京中清研信息技术研究院．电子商务数据分析 [M]．北京：电子工业出版社，2016.

陈晔武．商务统计实务 [M]．北京：北京大学出版社，2012.

恒盛杰．电商资讯 [M]．网店数据化管理与运营．北京：机械工业出版社，2015.

胡华江，杨甜甜．商务数据分析与应用 [M]．北京：电子工业出版社，2018.

黄成明．数据化管理 [M]．北京：电子工业出版社，2014.

老夏．电商数据化运营 [M]．北京：电子工业出版社，2015.

李杰臣，韩永平．网店数据化运营 [M]．北京：人民邮电出版社，2016.

李军．数据说服力 [M]．北京：人民邮电出版社，2016.

李奇，毕传福．大数据时代精准营销 [M]．北京：人民邮电出版社，2015.

林科炯．Excel 在电商运营数据管理中的应用 [M]．北京：中国铁道出版社，2017.

孟小峰．大数据管理：概念、技术与挑战 [M]．北京：机械工业出版社，2017.

潘蕊，等．数据思维实践 [M]．北京：北京大学出版社，2018.

数据创新组．京东平台数据化运营 [M]．北京：电子工业出版社，2016.

谭磊．数据掘金 [M]．北京：电子工业出版社，2013.

淘宝大学．数据化营销 [M]．北京：电子工业出版社，2012.

王汉生．数据思维：从数据分析到商业价值 [M]．北京：中国人民大学出版社，2017.

王彦平．人人都是网站分析师 [M]．北京：机械工业出版社，2015.

吴元轼．淘宝网店大数据营销 [M]．北京：人民邮电出版社，2015.

谢家发．数据分析 [M]．郑州：郑州大学出版社，2014.

于洪彦．Excel 统计分析与决策 [M]．北京：高等教育出版社，2001.

张九玖．数据图形化，分析更给力 [M]．北京：电子工业出版社，2012.